이 책은 성경적 행복의 해부학이다. 행복에 대한 빈약한 이해에서 깊은 이해로 이끌어 주며, 우리 시선이 참된 행복을 주시는 예수님께 머물도록 도와준다. 예수님이 말씀하신 좁은 길을 걸을 때만이 깊은 행복을 경험할 수 있음을 가르쳐 준다. 그리고 무엇보다 삼위일체 하나님의 사랑의 관계 속에서 배우고 경험할 수 있는 복음 이야기를 들려준다. 그뿐만 아니라, 이 책은 거룩하신 하나님을 통해 거룩한 행복을 누리는 거룩한 공동체로 우리를 초대한다. 고통 중에도 기쁨을 누릴 수 있는 차원 높은 삶으로 우리를 부른다. 늘 들어 왔던 행복과는 다른, 깊은 행복의 맛을 경험하도록 도와준다. 참된 행복을 갈망하는 분들에게 일독을 강권하고 싶다.

강준민 L. A. 새생명비전교회 담임 목사

삶은 모두에게 힘들다. 이 힘든 삶에서 우리는 행복하기를 원한다. 나 역시 그동안 딱히 행복을 추구하지 않았다고 생각했지만, 사실 은근히 내 삶에 행복이라는 포장지를 입히고 싶어 했던 것 같다. 그런데 이 책을 읽고 진정한 행복이란 내가 알고 있는 것과 다르다는 것을 깨달았다. 이 책은 더 깊은 차원의 행복이 무엇인지 제시해 주고, 일곱 개의 영성 신학 질문을 통해 내가 지금 누리는 행복을 진단하게 한다. '좋은'이라는 형용사가 붙은 숱한 행복을 찾아 왔는데도, 삶이 걱정과 두려움으로 가득하다면 저자가 던지는 질문을 잠시 숙고해 보라. '예수님처럼 행복하기 원하는가?' 이 책은 이 물음 앞에서 결단을 촉구하고, 진정한 행복의 길로 나아가도록 도와줄 것이다. 삶의 끝에서도 진정한 행복을 누리고 싶다면, 과감히 이 책을 집어 들기 바란다.

김재원 KBS 아나운서

래리 크랩은 심리학자이지만 동시에 영성가이기도 하다. 그는 하나님은 누구시며 우리는 누구인가라는 물음에서 출발하여 하나님과 인간의 관계적 심층을 분석하는 행복의 미학을 전개한다. 시인 윤동주는 그의 시에서 예수님을 가리켜 "괴로웠던 사나이, 행복한 예수 그리스도"라고 노래하였다. 삶에서 고통은 피할 수 없는 것이지만 소명의 실현을 통해 우리는 행복할 수 있다. 예수님의 짧은 생애는 고통으로 점철되어 있지만 그분은 마지막에 "내게 하라고 주신 일을 이루어 아버지를 영화롭게 하였다"고 고백하셨다.

하나님을 사랑하고 이웃을 위해 자신을 내어 주신 예수님에게서 참된 행복을 발견했으면 좋겠다. 더 늦기 전에 래리 크랩과 함께 인생의 문제들을 진지하게 질문하며 행복을 탐구하는 여정에 오르라고 제안하고 싶다.

이동원 지구촌교회 원로 목사·코스타 국제 이사장

래리 크랩이 다시 해냈다. 『행복』에서 나는 예수님을 그저 부드럽고 친절한 분으로 생각하는 것이 잘못되었다는 진단을 받았고 그분에 대한 더 나은 이해를 얻었다. 이 책은 심오하고 정직할 뿐 아니라, 삶을 바꾸어 놓기까지 한다. 늙고 냉소적인 설교자였던 나는 이 책을 읽으며 소망을 발견했다. 당신 역시 그럴 것이다. 사랑은 모든 것을 바꾼다. 그러나 그때의 사랑은 단지 상투적인 말 그 이상이다. 그것은 바로 서서 할렐루야를 합창하게 하는 진정한 사랑인 것이다.

스티브 브라운(Steve Brown) 라디오 진행자·작가·리폼드 신학교 명예 교수

래리 크랩 박사는 특별한 정신을 지녔고, 이 책은 처음부터 끝까지 그것을 증명한다. 당신은 이 책을 내려놓을 수 없을 것이다. 저자는 진정한 행복과 기쁨에 이르는 길을 보여 준다. 예수님처럼 되고 그분에게서 기쁨을 얻는 것을 말이다. 이 책으로 인해 당신은 깊이 묵상하게 될 것이며, 이 책을 다 읽고 난 뒤에는 결코 이전과 같을 수 없을 것이다.

R. T. 켄달(Kendall) 런던 웨스트민스터 채플 전 담임 목사

래리 크랩이 나와 나의 가족 그리고 내가 속한 믿음의 공동체에 심오한 영향을 끼쳤다는 것은 조금도 과장이 아니다. 그가 가장 좋아하는 선지자인 예레미야처럼, 크랩은 궁극적으로 성경이 관계에 관한 것이라는 메시지를 던지며 현재에 안주하는 우리에게 도전한다. 이 책은 그의 가장 최근작이자, 관계적 신학을 삶으로 살아 내라는 반갑지만 도전을 주는 요청을 담았다. 또한 희생적이고 타인 중심적인 사람으로 성장해 가는 것은 쉽지 않지만 그것이 바로 그리스도의 길임을, 그리스도의 몸인 공동체를 위한 아주 중요한 메시지임을 우리에게 상기시킨다.

제이슨 칸츠(Jason Kanz) 미국 전문 심리학 위원회(ABPP) 인준 임상 정신 치료 상담가·마쉬필드 클리닉 운영

예수님이 사셨던 대로 살고 예수님이 사랑하셨던 대로 사랑하기 위해 진심으로 헌신한 **모든** 그리스도인에게 이 책은 **필독서**다. 영적 MRI의 역할을 하는 이 책은 우리를 잘못된 행복 추구에 몰두하게 하고 그 결과 제대로 사랑하는 일에 실패하도록 부추기는 나쁜 이야기를 폭로한다. 이와 같은 진단은 불편하지만, 우리의 마음을 개조하는 일을 위해 성령께 협조하고, 하나님을 최고의 선으로 즐거워하며, 다른 이들과 관계를 맺는 방식에 있어서 하나님의 생명을 드러내려면 반드시 있어야 할 과정이다.

미리암 딕슨(Miriam Dixon)　콜로라도 골든 제일 장로교회 목사

이 책을 읽는 동안 내 마음에 예수님이 사랑하시는 것처럼 사랑하고 싶은 갈망이 있음을 발견했다. 래리 크랩이 쓰는 글은 하나님이 원하시는 것을 진정으로 원하는 나의 가장 깊은 내면을 움직인다. 나는 그리스도를 따르는 모든 이가 이 책을 읽어서 더 잘 사랑하고자 하는 비전이 그들 안에 심겨지기를 바란다. 목사로서 나는 모든 지역 교회에서 그리고 모든 지역 교회를 통해 이와 같이 그리스도처럼 사랑하는 삶이 드러나는 것을 보기 원한다. 그렇게 한다면, 세상은 예수님이 아버지께로부터 왔음을 그리고 우리가 **그분의 것**임을 알 것이다. 행복한 독서였다.

빌 렌즈(Bill Lenz)　위스콘신 애플턴 그리스도 반석 교회 담임 목사

지금은 아마도 장 칼뱅의 지혜를 재조명해야 할 때가 아닌가 싶다. 칼뱅은 진정한 지혜는 두 가지 필수 사항의 결과라고 썼다. 하나님을 아는 지식과 자신에 대한 지식이다. 언제나처럼, 래리 크랩은 관계를 맺는 방식에 실제적 영향을 끼치기 위해 독자들로 하여금 스스로에 대한 깨달음을 얻게 함으로써 하나님의 진리를 향해 가는 문을 열어 준다. 정직한 순례자에게 그것은 편하지 않은 과정이지만, 솔로몬왕이 지혜롭게 관찰했듯 생명에 이르는 길은 종종 죽음처럼 보이는 것을 통과한다(잠 14:12). 우리는 행복을 위해 창조되었다. 행복에 이르는 길은 대부분 잘 알아보지 못하거나 우리의 직관에 어긋난다. 이 책에서 저자는 생명을 주는 길을 가리켜 보여 준다. 그리고 완벽한 이해를 가지고 성경적 서사를 제시하여, 독자들은 지금 펼쳐지는 하나님의 드라마를 여러 범주로 생각해 볼 수 있다.

켄트 덴링거(Kent Denlinger)　밸리 스프링스 펠로우십 목사

나는 매일 그리스도인으로 살면서 삶에서 경험하는 것들에 대해 환멸에 빠진 이들과 만난다. 래리 크랩은 **소망**의 그림을 그려 주었다.…즉 우리의 몸부림과 공허함 아래, 희생적 사랑을 통해 누릴 수 있는 다른 종류의 행복이 있다는 것이다. 다른 이들을 사랑하고 싶지만 삶과의 투쟁이 자꾸 그것을 가로막는 이들에게 강력한 독서가 될 것이다.

토마스 보드(Thomas Board) 상담가·영성 지도자

래리 크랩은 원래부터 내가 가장 좋아하는 저자이지만, 이 책을 읽은 뒤에 더 좋아하게 됐다. 하나님과 자신 그리고 그리스도인의 삶에 대한 그의 철저한 정직함은 너무도 필요한 것이다. 그리고 아주 진귀하다! 내 자신의 힘으로는 결코 닿을 수 없을 만큼 기준을 높여 준 것에 대해, 또한 깊고 심오하며 변화를 가져오는 하늘의 통찰을 아래로 가지고 내려와 준 것에 대해 래리에게 감사한다.

마크 할보르센(Mark Halvorsen) 라디오 토크쇼 진행자·팀웍 아프리카 공동 설립자

래리 크랩의 『행복』은 성경을 제외하고 이제껏 읽어 온 다른 어떤 책보다도 예수님처럼 사랑하고자 하는 갈망을 크게 불러일으킨다. 예수님이 사랑하셨던 것처럼 사랑하는 것이야말로 사라지지 않는 진정한 행복에 이르는 유일한 길이라는, 내면의 삶에 대한 뛰어난 분석에서 나오는 담대한 확신은 정신이 번쩍 나게 한다. 저자는 깊은 연민, 냉철한 정확함, 은혜에 대한 바른 관점을 제시하면서, 다른 어떤 선택의 여지도 주지 않은 채 가장 진실한 형태의 사랑만 추구하라고 도전한다. 그는 우리가 두 손으로 진짜를 붙들 때까지, 아니면 적어도 그것을 향한 염원이라도 붙들 때까지 거침없이 모든 허위를 걷어 낸다. 그뿐만 아니라, 영적 삶의 요소들에 예리한 초점을 맞춤으로써 이 생애에서 완벽하게 얻기는 힘들지만 이후에 최상으로 주어질 것을 열정적으로 추구하라고 고무한다.

콜린 다이(Colin Dye) *The God Who Heals* 저자

나는 오랫동안 래리 크랩의 책에서 많은 유익을 얻어 왔지만, 『행복』이야말로 가장 좋아하는 책이 될 것이다. 영혼 성숙의 과정을 관계적 성숙의 맥락으로 보는 래리의 세계관에서 돌파구를 찾은 것처럼 충격을 받는다. 저자는 유려한 문장으로 마음의 가장 깊은 갈망에 가닿게 하고, 우리에게 가장 필요한 한 가지, 엄청난 값의 진주, 땅속에 감춰진 보물, 즉 예수님처럼 살고 사랑하라는 높은 부르심을 추구하되 부차적인 것을 향해 곁눈질하지 말라고 권면한다. 우리의 이야기를 이 세상의 서사 안에 끼워 넣든지, 아니면 하나님의 궁극적 서사이자 가장 위대한 이야기 안에 끼워 넣든지 둘 중 하나다. 더 나은 사랑을 위한 이 싸움의 대가는 다름 아닌 세상과 정욕과 사탄에 대한 죽음이다. 그러나 좁은 길을 따라가는 이들을 기다리고 있는 영원한 상급과 비교할 때 그것은 아무것도 아니다.

케네스 보아(Kenneth Boa) 작가·연설가·리플렉션 미니스트리 대표

C. S. 루이스는 일차적인 것과 부차적인 것을 혼동할 때 제대로 된 것이 아무것도 나올 수 없다고 확신했다. 래리 크랩은 이 원칙을 가져와 우리 삶의 핵심을 형성하는 관계에 지혜롭고 분별력 있게 적용한다. 예수님은 우리를 관계적 순수함, 거룩함 그리고 깊고 깊은 사랑으로 나아오라고 손짓하며 부르신다. 그리고 이런 놀라운 일에는 많은 것이 요구되지만 우리가 바라는 행복은 좁고 어려운 길을 따를 때 발견하게 된다고 가르치신다. 우리는 너무 자주 '부차적인 것들'을 구한다. 래리는 내가 이것을 이해하도록 도와주었고, 그 결과 나는—하나님의 은혜로—더 나은 사람이 될 수 있을 것 같다.

크리스 홀(Chris Hall) 레노바레 대표

행복

IVP(InterVarsity Press)는
캠퍼스와 세상 속의 하나님 나라 운동을 지향하는
IVF(InterVarsity Christian Fellowship)의 출판부로
생각하는 그리스도인을 위한 문서 운동을 실천합니다.

Copyright © 2016 by Larry Crabb
Originally published in English under the title
A Different Kind of Happiness by Baker Books,
A division of Baker Publishing Group
P. O. Box 6287, Grand Rapids, MI 49516, U.S.A.
All rights reserved.

Used and translated by the permission of Baker Publishing Group
through rMaeng2, Seoul, Republic of Korea.

This Korean edition copyright © 2018 by Korea InterVarsity Press
156-10 Donggyo-ro, Mapo-gu, Seoul 04031, Republic of Korea.

이 한국어판의 저작권은 알맹2 에이전시를 통하여
Baker Books와 독점 계약한 IVP에 있습니다.
신 저작권법에 의하여 한국 내에서 보호받는 저작물이므로
무단 전재와 무단 복제를 금합니다.

행복

자아의 굴레를 벗고 타인을 사랑하는 삶

래리 크랩 | 백지윤 옮김

IVP

영성 지도 학교(School of Spiritual Direction)에 참여했던 2천 명에 가까운 친구들, 그리고 영성 지도자로 섬기면서 삶을 통해 나를 감동시켰던 트립, 켄트, 칼라, 폴, 매리베스, 톰, 앤토니에게. 진심으로 감사를 전한다.

레이첼과 나에게 하나님의 사랑을 보여 주며 영적으로 성숙해 가는 공동체 콜로라도 골든 제일 장로교회의 형제자매들에게. 그리고 예수님께 받은 사랑과 지혜로 나와 우리 공동체를 인도하는 미리암(미미) 딕슨 박사에게.

톰과 제니, 밥과 클라우디아에게. 10년이 넘도록 이들과 함께 걸어온 좁은 길 여정 덕분에 레이첼과 나는 흔치 않은 위로를 얻었다. 친밀함을 나누는 오랜 친구들은 실로 진귀한 선물이다.

차례

감사의 말 _15

프롤로그 _17

서문 _29

이 책의 메시지를 읽으며 숙고할 세 구절 _51

1부 나쁜 소식처럼 들리는 좋은 소식

- 1장 예수님처럼 행복하기 원하는가? _55
- 2장 힘든 관계나 상황 속에서 듣는 좋은 소식 _65
- 3장 나는 생명에 이르는 좁은 길 위에 있는가? _75
- 4장 하나님이 언제나 응답하시는 한 가지 기도 _87
- 5장 나는 하나님이 언제나 응답하시는 기도를 하는 것에 관심이 있는가? _97
- 6장 비어 있음을 가장 절실히 느낄 때 찾아오는 가장 깊은 허기 _109
- 7장 나는 지킬 박사인가 하이드인가? 아니면 둘 다인가? _123
- 8장 불가능한 것을 향한 열정 _137
- 9장 따라갈 자유 _149
- 10장 권리 주장의 세 얼굴 _165

2부 제자들만 알아보는 좋은 소식

- **11장** 두 이야기가 들려주는 담화 _197
- **12장** 진짜인가 가짜인가? 때로는 가려내기 어려운 질문 _211
- **13장** 첫 번째 질문 하나님은 누구신가? _215
- **14장** 두 번째 질문 하나님의 관심은 무엇을 향하는가? _231
- **15장** 세 번째 질문 우리는 누구인가? _245
- **16장** 네 번째 질문 무엇이 잘못되었는가? _261
- **17장** 다섯 번째 질문 하나님은 우리의 문제를 위해 무슨 일을 하셨나? _277
- **18장** 여섯 번째 질문 우리 인간의 문제에 대한 하나님의 해결책을 실행하기 위해 성령은 어떻게 일하고 계신가? _293
- **19장** 일곱 번째 질문 우리는 성령이 하시는 일에 어떻게 협력할 수 있는가? _307

3부 가장 어두운 밤에도 아름다운 이야기는 계속 펼쳐진다

- **20장** 싸움에 임하라 _323
- **21장** 답 질문이 무엇인가? _335
- **22장** 삶 해 아래와 해 위에서 _347

후기 _359
마지막 질문 _363
주 _375

일러두기
성경 본문은 새번역을 사용했다.

감사의 말

이 책의 표지에는 내 이름이 있지만, 어떤 책도 단 한 명의 결과물일 수는 없다. 책을 쓰는 오랜 과정에서 나의 생각을 형성하고 나에게 힘을 준, 살아 있거나 고인이 된 모든 이의 이름을 나열하는 것은 사실상 불가능하다. 짧은 목록으로 대신하고자 한다.

다음의 분들께 진심 어린 감사를 전한다.

- 차드 알렌, 린제이 스풀스트라 그리고 베이커 출판사의 협력 팀. 차드와 린제이의 사려 깊은 편집은 이 책의 원고를 어마어마하게 향상시켜 주었다.
- 다섯 명의 절친한 목사 친구들. 벨기에에서 일하는 프리랜서 목사 트립 무어, 켄트 덴링거, 짐 칼람, 빌 렌즈, 제이미 라스무센. 자신의 소명을 따라가는 이 친구들의 인내 덕분에, 나도 내 소명을 꾸준히 지킬 수 있는 힘을 얻었다.
- 제임스 휴스턴 박사, 제임스 패커 박사, 제리 밀러. 지난 몇 년 동안 이들과 나눈 짧은 대화들은 그들이 생각하는 것 이상으로 나에게 의미 있는 가르침을 주었다.

- 부치와 아를리타. 하나님의 섭리로 우리의 삶이 함께 엮이게 된 것은 신기할 만큼 놀라운 일이었다. 그대들의 꿈을 따라가길 바란다. 그 꿈은 주님이 주신 것이다. 레드닷커피하우스에서 커피 한 잔과 의미 있는 대화를 나눌 시간을 고대한다.
- 켑, 키미, 켄, 레즐리, 조시, 제이크, 케이틀린, 케이라, 켄지. 두 아들과 두 며느리, 다섯 명의 손자손녀. 다른 어떤 것도 차지할 수 없는 내 마음의 자리에 들어와 있는 가족들. 너무 자주 바쁜 아버지이자 할아버지에게 이들이 보여 준 인내심은 은혜의 선물이다.
- 리치와 칼린. 이토록 신실한 조언과 격려를 해 주는 친구들은 자주 허락되지 않는 축복이다. 하나님이 하고 싶어 하시는 것에 대한 이들의 비전은 늘 내가 위를 향해 초점을 맞추게 한다.
- 진부한 표현도 때로는 의미가 있다. 이 경우가 바로 그렇다. '마지막이 가장 중요한 법이다.' 뉴웨이 미니스트리가 계속 움직일 수 있게 해 주는 우리의 '작은 팀'에게 감사를 전한다.
  - 앤디. 당신이 없었다면 우리는 이토록 역동적이지도, 축복을 누리지도 못했을 겁니다. 앤디, 당신은 정말 멋진 사람이에요!
  - 켑. 아버지로서 네가 정말로 자랑스럽고, 고용주로서 고마울 따름이다. 켑, 너는 정말 특별해!
  - 레이첼. 우리가 결혼 서약을 할 때 우리의 50년이 넘는 결혼 생활에서 어떤 일이 펼쳐질지 알았더라면, 아마 나는 무릎을 꿇고 찬양을 했을 거예요. 당신은 남편이 바라는 모든 것 그 이상이에요! 사랑해요.

프롤로그

한때 유행한 노래에서 명료하게 제시하듯이, '사랑이 이 세상을 돌아가게 한다'면 우리는 한 가지 불편한 질문을 던질 필요가 있다. **이 세상의 가장 심각한 문제는 사랑의 결핍인가?** 테러 위협에서 정치적 부패, 교내 총기 난사 사건에서 가정불화까지, 이 세상 거의 모든 영역에서 사랑의 공급이 부족하다는 증거가 드러난다.

내 생각에, 그 노래에서 언급하는 **세상**이란 인간의 문화를 지칭하는 듯하다. 사람들이 관계적으로 잘 기능할 때만 제대로 작동하는 인간의 세상 말이다. 그러나 삶과 문화의 다른 영역, 예를 들어, 영화 제작, 예술 전시, 의학 연구, 기술 발전 그리고 어쩌면 심지어 교회 활동도 깊이 있는 개인적 관계를 맺지 않아도 꽤 훌륭하게 돌아갈 수 있는 것처럼 보인다. 이런 활동에서는 인간의 능숙함과 책임감을 비롯해, 효율적 의사소통과 세심한 친화력만 있으면 성공할 수 있다. 인간적 관계 맺기라든지 오직 예수님만 가능하게 하는 영혼과 영혼의 사귐 같은 것은 필요하지 않다.

그런데 특별히 구별되는 인간의 문화, 즉 **관계적**(relational) 문화의 영역은 사랑의 에너지로만 돌아간다고 하는 것이 사실이라면,

어쩌면 지금 우리는 한때 유행한 또 다른 노래를 다시 틀고 그 메시지에 귀 기울여야 할지 모른다. "지금 세상에 필요한 것은 사랑, 부드러운 사랑." 이 가사는 오래전에 쓰였고 녹음되었다. 그러나 메시지만큼은 최신식이다. 그 메시지가 제기하는 시급한 질문은 두 부분으로 나뉜다. **진정한 사랑이란 무엇인가? 그리고 어떻게 하면 우리는 완고하고 교묘한 자기중심성에서 벗어나 진정한 사랑에 이를 수 있을까?**

우리는 진정한 사랑을 향한 심각한 결핍으로 인해 고통받고 있는가? 그리고 그것이 이 세상이 겪는 가장 심각한 문제인가? 마음을 불편하게 만드는 질문이다. 그런데 그런 질문이 두 개 더 있다. 우리는 무엇이 진정한 사랑인지 알고는 있는가, 아니면 기독교 문화를 비롯한 이 시대의 문화는 왜곡된 유사품에 빠져 있는가? 그리고 아담과 하와의 첫 싸움(그 외에도 싸움이 아주 많았을 것이라 추정할 수 있다) 이후, 정말로 예수님 외에는 순수하게 타인을 사랑한 사람이 없었는가? 이것은 위험한 질문이다. 만약 정말로 그렇다면, 이 세상에 무슨 소망이 있단 말인가?

물론 우리 모두 남다르게 잘 사랑한 사람들의 이름을 적어도 한둘 정도는 댈 수 있다. 나이가 지긋한 몇몇 분들이 남편으로서 아내를 사랑한다는 것이 무엇인지 내게 분명히 본을 보여 주었다. 내가 꽤 잘 아는 한 훌륭한 여성은 조용히 예수님께 사로잡힌 마음으로 다른 이들을 향해 이타적 관심을 뿜어낸다. 그러나 어떤 상황에 있을 때 그리고 특정 사람들과 함께 있을 때, 자기중심성이라는 끈질긴 인간의 부패한 성향은 우리 모두 안에서 심지어 우리 중 가장 성숙한 사람들 안에서도 아무리 희미하다 할지라도 그 모습을 드러낸다.

역사상 하나님이 사랑하시는 것처럼 완벽하게 사랑한 사람은 오직 한 명밖에 없었다. 그리고 그 이유는 자명하다. 그분이 하나님이셨기 때문이고 그것은 지금도 마찬가지다! 예수님을 제외한 모든 사람은 에덴으로부터 오늘날에 이르기까지 매일 어떤 식으로든 하나님의 사랑에 미치지 못한다. 우리 모두는 하나님의 영광, 사랑이신 하나님의 **관계적** 영광(relational glory)에 미치지 못한다.

그것은 나쁜 소식이다. 그러나 여기 좋은 소식이 있다. 첫째, 우리는 관계적 죄를 비롯한 모든 죄에서 완전히 용서받았을 뿐 아니라, 성령은 우리가 예수님을 닮아 가도록 우리 안에서 일하고 계신다. 따라서 천국의 때까지 우리는 완전할 수는 없겠지만 그분처럼 사랑할 수 있는 존재로 현재에도 의미 있는 성장을 이룰 수 있다. 자신의 자기중심성을 인정하고 이를 미워하는 사람들에게 이것은 좋은 소식이다. 둘째, 그리스도인들이 관계를 맺는 방식에서 예수님을 닮아 갈수록 그리스도인의 세상은 더욱 하나님의 선한 계획에 리듬을 맞추어 돌아갈 것이다. 결혼 생활은 깊어지고 우정은 지속되며 우리의 공동체는 우리를 지켜보는 세상 앞에 오직 예수님만 가능하게 하시는 사랑을 드러낼 것이다.

그러나 우리—나는 그리스도인들에 대해 말하고 있다—가 예수님처럼 사랑하지 **않는다**는 것을 먼저 인식하지 않으면, 이러한 일들 중 어떤 것도 일어나지 않을 것이다. 그것이 첫걸음이다. 그러나 자만심이 끼어든다. 우리는 사랑에 대한 하나님의 기준을 우리가 감당할 수 있는 수준으로 끌어내림으로써 자신에 대한 좋은 이미지를 유지한다. 친절하라. 다른 사람을 섬겨라. 선교적 그리스도인으로서 가난한 사람들을 위해 좋은 일을 하라. 다른 이들을 위해 약간 희생하라. 결혼 생활에 충실하라. 언제나 자녀 곁을 지켜라. 좋다! 우리는 이런 일들을 할 수 있고, 또 그런 사랑의 방식에 대해 꽤 만족한다.

하지만 우리는 알지 않는가? **더 나은 사랑이 있다는 것을!** 바로 예수님이 보여 주신 사랑이다. 정의상, 사랑은 **관계적**이다. 사랑이란 다른 이들을 위해 단지 좋은 일을 하는 것뿐만 아니라, 다른 이들과 친밀한 관계를 맺음으로써 누군가 그들에게 귀 기울이고 그들을 바라보며 소중하게 여기고, 심지어 그들이 최악일 때조차 자신이 용납되었다는 것을 느끼게 해 주는 것이다. 장차 그들이 어떤 사람이 될 수 있을지에 대한 비전과 함께 말이다. **기독교의 정의상, 사랑한다는 것은 하나님의 생명을 한 영혼에서 다른 영혼으로 문자 그대로 쏟아붓는 식으로 관계를 맺는 것이다.** 그리고 대가를 치르는 것이다. 진정한 사랑은 다른 이들을 위해, 심지어 우리를 나쁘게 대하는 이들을 위해, 우리가 가장 소중하게 여기는 것을 희생하는 것이다. 또한 다른 이들의 안녕을 위해 도움이 된다면, 우리가 가장 두려워하는 것을 견뎌 내는 것이다. 심지어 우리가 두려워할 이유를 가진 이들을 위해서도 마찬가지다. 예수님 안에서만 볼 수 있는 이러한 진정한 사랑의 가장 순수한 형태를 조금이라도 엿본 사람은 자신의 결핍을 분명하게 인식한다. 그러나 우리 영혼 안에 진정으로 사랑하고자 하는 갈망이 살아나는 것 역시 이러한 거룩한 사랑의 아름다움을 엿볼 때다. 원래 우리는 그렇게 사랑하도록 지어진 존재다.

그러나 우리는 이내 예수님처럼 사랑하는 것이 쉽게 혹은 자연스럽게 되지 않음을 깨닫는다. 당연하다. 그분은 철저히 타인 중심적이셨다. 우리의 본성은 철저히 자기중심적이다. 싸움이 요구된다. 어려운 길을 걸어야 한다. 가장 중요한 싸움은 다른 사람과 벌이는 싸움이 아니다. 소통의 전문가가 되기 위한 싸움도 아니고, 다른 이들이 우리를 공격하는 순간에 방어적으로 반응하지 않는 법을 터득하기 위한 싸움도 아니다. 그렇게 하면 그들이 우리의 칭찬할 만한 노력에 박수를 보내며 좀더 잘해 줄 것이라 기대하면서 하는 그런 싸움이 아닌 것이다. 더 나은 사랑을 위한 싸움은 우리 **안에서** 일어난다. 진정한 사랑에 대한 시각이 충분히 뚜렷해져서 때로 미묘하지만 언제나 작동하는 자기 사랑을 간파해 낼 수 있는 모든 사람 안에서 일어난다. 그것은 우리가 사랑하는 방식을 통해 예수님을 드러내고자 하는 깊은 열망을 경험한 사람이 들어가기 **원하는** 싸움이다.

이 싸움이란 무엇인가? 더 나은 사랑, 싸울 만한 가치가 충분한 이 사랑은 정확히 어떤 것인가? 우리는 더 나은 사랑을 하려고 싸우는데 정작 우리가 사랑하는 이들은 형편없이 반응한다면, 우리 안에는 어떤 일이 일어나는가? 이것이 평생 계속되는 싸움이라면, 이 여정에는 과연 기쁨이 있을까? 그리고 축복을 받는 것과 사랑을 주는 것 중 과연 어느 쪽이 더 깊은 기쁨을 가져올까?

최근 내가 대화를 나눈 세 사람이 머리에 떠오른다. 이들의 이야기는 우리 이야기와 비슷할 수도 있고 다를 수도 있지만, 당신과 나처럼 이들 역시 앞의 질문들에 대한 답 그리고 그와 관련된 그 밖의 다른 많은 질문에 대한 답을 필요로 한다. 가명으로 이 세 사람을 소개하겠다.

인정받지 못하는 목사

16년 동안 마크는 성실하게 목회 사역을 해 왔고, 등록 교인 수가 100명 미만이었던 교회는 이제 고정적인 출석 인원이 300명을 웃도는 규모로 성장했다. 그동안 줄곧 그는 개인적으로 도움이 필요한 교인들을 밤낮 가리지 않고 기꺼이 도왔다. 마크는 자신이 **목사**로 부르심을 받았다고 느꼈다. 아내와 함께, 친밀한 공동체를 이루는 데 도움이 되는 많은 친교 행사를 준비했고, 거기에 드는 비용도 대부분 자주 그리고 불평하지 않고 자신이 지불했다.

마크는 설교하는 것을 정말로 좋아했다. 하나님의 말씀을 통해 그분의 백성에게 하나님을 전하기를 갈망했다. 유익한 제안이니 고려해 보라며 사람들이 제시하는 자신의 설교에 대한 비판도 언제나 더 나은 설교를 할 수 있기 바라는 마음으로 인내심을 가지고 경청했다. "내 생각엔 실제 예화를 좀더 사용하면 설교가 더 재미있고 감흥을 일으킬 것 같아요." "이사 오기 전에 참석하던 교회는 엄선된 강해 설교로 유명했어요. 강해 설교에 좀더 신경을 쓰시면 교회 성장에 도움이 될 것 같아요." "목사님은 동성 결혼이나 낙태 같은 사회적 사안에 대해 너무 말씀을 안 하시는 것 같아요.

저희는 정말 그런 문제들에 대해 성경이 말하는 바를 알 필요가 있어요."

지친 마크는 나에게 이렇게 말했다. "정말로 이 사람들을 사랑하는 게 점점 더 어려워져요. 그것이 무슨 의미가 있을지 헷갈릴 정도입니다. 이제는 얼굴에 목사 미소를 띠고 그들을 겨우 참아 주는 정도인데, 지난주엔 그것마저도 더 이상 지키지 못하고 제 설교를 정기적으로 가장 나쁘게 비판하는 한 교인에게 그의 태도가 바르지 못하다고 말해 버렸어. 아마 그는 교회를 떠날 겁니다. 저도 그가 보고 싶을 것 같지 않아요.

제가 구제 불능으로 자신감이 없는 건가요? 저는 너무도 인정받지 못한다는 느낌이 듭니다. 비판은 수도 없이 듣는데 칭찬은 겨우 한 번 들을까 말까입니다. 제 성미가 고약한 건지, 제가 나쁜 목사인 건지, 아니면 정말로 지친 건지 잘 모르겠어요. 그렇지만 제가 그 사람들을 잘 사랑하지 못하고 있다는 것만큼은 분명합니다. 어떻게 하면 좋을까요?"

자기방어적인 아내

샌디는 24년 동안 결혼 생활을 했다. 성경 어딘가에 하나님이 이혼을 싫어하신다는 말씀이 나온다는 것을 알았던 그녀는 20년이 넘는 긴 세월 동안 거의 모든 종류의 학대를 견뎠다. 그녀의 교회에 새로 부임한 목사의 도움으로 그녀는 결국 남편과 이혼했고, 그 뒤 5년간 혼자 지내다가 재혼했다.

그녀는 나에게 물었다. "제게 외상 후 스트레스 장애가 있는 걸까요? 정말 훌륭한 남자와 결혼한 지 3년이 되어 가요. 그는 전남편과 전혀 다릅니다. 그런데도 저는 아주 사소한 일에도 그에게 화를 폭발시키고 말아요. 마치 또 다른 고통의 가능성만 보여도 제 자신을 보호하려고 하는 것 같아요. 마음이 너무 고통스러워요. 저는 남편을 잘 사랑하고 싶은데, 그렇게 하질 못하겠어요. 제 자신을 안전하게 지키기 위해 그의 진실한 애정과 친절함에도 불구하고 그와의 사이에 벽을 쌓고 있어요. 남편을 혹은 다른 누구를 진정으로 사랑할 수 있을 만큼 제가 지난 일에서 자유로워질 수 있을까요?"

열망을 품은 제자

나는 척을 꽤 잘 알고 있으며, 훌륭한 사람이라고 생각한다. 그의 부인과 장성한 아이들도 그렇게 생각한다. 그를 아는 모든 사람이 그럴 것이다. 또한 그는 성경을 사랑한다. 그가 설교자로 초대되는 주일이면 가끔 예배를 빠지는 사람들도 모두 참석한다.

그런데 어제 점심에 그를 만났을 때, 근심이 있는 것처럼 보였다. 그는 곧바로 이야기를 풀어냈다. "나는 내 가족과 친구들을 정말로 사랑한다네. 그리고 하나님과 그분의 말씀도 사랑하고. 그런데 복음서에 나오는 예수님을 알아 갈수록, 나는 내가 그분이 하신 사랑의 방식대로 사랑하고 있지 않음을 더욱 깨닫는다네. 잘 사랑해야 한다는 부담을 느낀다고는 생각하지 않아. 그저 그렇게 하고 싶을 뿐이지. 래리, 나는 1년이 넘게 거의 매주 한 시간 이상 영성 지도를 받고 있어. 그리고 하나님의 임재를 보다 깊이 경험하고 있지. 정말 감사한 일이야.

그런데 나를 괴롭히는 문제는 이거야. 내가 사람들을 사랑하는 방식에 있어서 성장하지 않는다는 것이지. 아내와 아이들 혹은 다른 사람들과 이야기를 나눌 때 점점 나는 내 자신을 만족시키려는 동기를 너무 많이 본다네. 설교할 때조차 때로 나는 성령이 나를 통해 말씀하고 계신지보다, 사람들이 나를 어떻게 받아들이는지 더 신경을 쓰고 있어. 물론 내 안의 동기는 항상 그렇게 뒤섞여 있을 거라는 것을 알아. 육신과 성령의 싸움은 죽는 날까지 계속될 테니까. 그렇지만 더 잘 사랑할 수 있지 않을까. 나는 정말 잘 사랑하고 싶네. 혹시 내가 놓치고 있는, 나를 더 나은 사랑으로 이끌어 줄 길이 있다면 무엇일까?"

※ ※ ※

나처럼, 이 사람들도 더 잘 사랑하기 위해 씨름하고 있다. 당신은 그들의 이야기를 들었다. 그렇다면 당신의 이야기는 무엇인가? 어떤 부분에서 당신은 더 인내하고 덜 방어적이며 더 자유롭고 진정성 있게 관계 맺기를 바라는가? 상대가 당신이 쉽게 좋아할 수 없는 사람일 때도 말이다. 만약 '사랑의 행동'을 훌륭히 수행할 수 있게 해 줄 영적 기술을 찾고 있다면, 이 책은 당신에게 아무런 도움이 되지 않을 것이다. 다시 말하지만, 나처럼 당신 역시 그것을 완벽히 해낼 수는 없을 것이다. 천국에 가기 전까지는 말이다. 지금은 그저 잘 사랑하는 것을 해낼 때뿐만 아니라 그렇지 못할 때도 하나님의 은혜를 경축하라. 그럴 때 우리는 더 나은 사랑을 위한 싸움으로 들어갈 수 있다.

이 책은 진정으로 사랑한다는 것의 의미를 고찰하고, 우리가 바라는 방식과 되도록 가까운 모습으로 관계를 맺을 수 있도록—즉 예수님처럼 사랑할 수 있도록—우리를 자유롭게 할 진리를 탐구하기 위해 쓰였다. 이 책의 여정을 함께하면서 그동안 내가 예수님처럼 사랑하기 위해 애쓰며 걸어온 길에 대한 이런저런 것들을 나눌 때, 당신도 스스로의 관계와 처한 상황에 대해 생각해 보기 바란다. **당신에게 더 나은 사랑을 위해 싸운다는 것은 무엇을 의미하는가?**

여정을 시작하기 전에 몇 가지 생각을 제안하고자 한다.

- 더 잘 사랑하기 위한 싸움은 오직 주님께서 말씀하신 좁은 길 위에서만 가능하다. 우리는 그 길을 발견하고 그 길 위에 서야 한다.
- 모든 싸움에는 적이 있다. 이 좁은 길에서 우리가 만나는 적은 우리가 맺는 관계에서 다른 이들을 희생시키면서 자신의 안녕을 구하려는, 사탄이 부추기고 세상이 빚어 놓은 우리의 성향이다. 관계적 죄는 종종 눈에 잘 띄지 않고 보통은 미묘해서 아주 지독한 적이다. 어쩌면 우리가 대할 최대의 적일지도 모른다.
- 좁은 길 위에서 사는 이들은 행복을 발견한다. 이 행복은 인생이 자신의 방식대로 잘 굴러갈 때 찾아오는 늘 익숙하고 유쾌한 감정은 아닐 수 있다. 오히려 그것은 영혼의 행복, 즉 사랑하기 위해 살아갈 때 우리를 소망과 기쁨으로 지탱해 주는 묵직한 닻이다.

- 하나님의 임재를 경험하고자 하는 갈망이 가장 온전히 충족되는 것은 우리가 관계를 맺는 방식에 있어서 하나님의 성품을 드러낼 때다.
- 기도는 이 싸움에서 필수적인 무기다. 좁은 길을 걸을 때 우리가 쏟아 내는 기도는 건강이나 좋은 직장, 심지어 행복한 가족과 좋은 친구 등 우리가 정당하다고 여기며 요구하는 좋은 것들에 초점 맞추지 않는다. 오히려 어떤 대가를 치르더라도 아버지의 마음을 세상에 드러내는 작은 그리스도들로 우리를 빚어 주시길 진심으로 열정을 다해 성령께 구하는 기도다.

세상은 지금 예수 그리스도의 교회인 우리가 더 나은 사랑을 위해 싸우면서 성령이 이끄시는 공동체에 참여하기를 요청한다. 어떻게 그 길로 가야할지 보여 주는 데 이 책이 쓰이기를 기도한다.

서문

교회를 비롯하여 오늘날 세상에서 사랑에 대한 이해만큼 심각하게 왜곡된 것도 없다. 그렇게 된 데는 이유가 있다. 왜곡되지 않은 사랑, 즉 다른 사람들을 위해 자신을 희생적으로 쏟아붓는 것은 예상 밖의 무거운 대가를 수반하기 때문이다. 예수님이 그 절대적인 예다. 우리를 사랑하기 위해 그분이 겟세마네와 갈보리에서 치르셨던 대가는 그분 자신도 놀랄 만큼 무거운 것이었다.

또한 웰빙이라고 하는, 우리가 경험하기를 바라 마지않는 고요하고 만족스러운 상태에 대한 흔치 않은 내적 인식, 다시 말해 '행복'만큼 현대 문화에서 빈약하게 정의되는 것도 없다. 그리고 우리의 행복하려는 욕망은 없앨 수 없다는 사실은 우리가 행복한 하나님에 의해 행복하도록, 곧 하나님**처럼** 행복하도록 창조되었음을 시사한다.

그런데 우리는 대부분 보다 하찮은 것에 안주한다. 다른 사람들이 우리를 알아주고 원하고 존중해 줄 때, 인생에서 일들이 계획대로 잘 풀릴 때, 신나는 일을 하고 있을 때, 우리 안에서 일어나는 유쾌한 기분을 즐기길 더 좋아한다. 그럴 때 우리는 종종 우리가 원하는 유쾌한 기분을 느끼게 해 주는 것은 무엇이든 당연하게 요구하고 그러한 요구가 충족되지 않으면 상심한다.

그러한 유쾌한 기분을 '부차적 행복'이라고 부르자. 그런 종류의 행복이 올 때, 분명 그것은 좋은 것이고 마땅히 누릴 만하다. 나는 가족과 친구에게서 사랑받고 있다고 느끼는 것을 좋아한다. 의사가 수술이 잘되었다고 말해 줄 때 기분이 좋다. 골프를 즐기는데, 특히 드라이브샷이 제대로 맞았을 때는 더욱 그렇다. 그러나 부차적 행복을 향한 나의 욕망으로 인해, 좋은 기분을 느끼려고 내가 통제할 수 없는 것들에 의존하게 된다.

'일차적 행복'은 완전히 다르다. 전혀 다른 느낌이고, 그 원천 역시 다르다. 하나님이 생각하실 때 더 나은 종류의 행복인 일차적 행복은 대가를 치르는 사랑으로서 다른 사람을 사랑하고자 분투할 때 자라난다. 그런 사랑은 우리를 향한 하나님의 사랑에 전적으로 뿌리를 내리고, 생명을 주시는 예수님과의 관계 안에 있을 때만 가능하다. 이 사랑 덕분에 우리는 계속되는 우리의 연약함과 실패 가운데서도 안일함이 아닌 편안함으로 쉴 수 있다.

그러나 한 가지 문제, 사실 여러 가지 문제가 있다. 그중 하나는 이것이다. 우리가 가장 간절히 알기 원하는 행복은 다른 사람을 희생적으로 사랑할 때, 즉 예수님이 십자가에 달리실 때 우리를 사랑하셨던 방식으로 다른 이들을 사랑할 때 찾아오는데, 그러한 개념은 현실적이기보다 낭만적이고 허울 좋은 이상처럼 들리기 쉽다는 것이다. 아무리 큰 대가를 치르더라도 다른 이들의 안녕을 구하는 사랑은 멋진 생각이기는 하지만, 막상 다른 이들이 우리를 형편없이 대하거나 삶이 너무 힘들어지면 그런 종류의 사랑은 실천 불가능하고 너무 어려우며 실제로 상당히 어리석어 보이기도 한다. 지금은 나를 보호하고 즉각적으로 느낄 수 있는 자신의 안녕을 먼저 구해야 할 때인 것이다. 행복하려면, 아니 적어도 안전하려면, 자기희생보다는 자기방어가 더 말이 된다. 적어도 우리는 그렇다고 생각한다.

예전에 예수님처럼 사랑하기를 배우는 집회를 인도한 적이 있는데, 거기에 참석했던 아니타는 깊은 감동을 받았다. "그동안 나는 나를 마치 존재하지 않는 것처럼 대하는 남편에게 원한을 품는 것이 당연하다고 생각해 왔어요." 그녀는 이어서 말했다. "그가 저를 무시하는 것은 정말로 상처를 주지만, 이제는 그를 대하는 방식을 바꾸어 예수님을 드러내고 싶어요. 집에 돌아가는 것이 정말 기대됩니다."

한 달 뒤, 나는 그녀에게서 이메일을 받았다.

래리, 노력해 봤어요. 그렇지만 잘되지 않더군요. 남편은 조금도 변하지 않아요. 오히려 내게 더 짜증만 내는 것 같아요. 그리고 집회에서 당신이 말했던 그런 행복은 결코 오지 않더군요. 제 자신을 보호하기 위해 예전처럼 돌아가지 않는다면, 저는 정말 죽을 것 같아요. 죄송해요. 저는 도저히 이 남자를 사랑할 수가 없어요. 그는 제게 너무 많은 상처를 줍니다.

이어진 통화에서 나는 아니타에게 두 가지를 분명히 했다. 첫째,

그녀는 예수님처럼 사랑하는 것이 충돌을 피하는 것이라 생각하고 있었다. 남편이 그녀에게 끼치는 영향에 대해 그에게 말하지 않아야 한다고 말이다. 둘째, 그녀는 남편의 서슬 퍼런 무관심 때문에 받았던 모든 상처를 없애 줄 정도의 행복을 기대했다. 그녀가 남편을 사랑하면, 그가 그녀를 잘 대해 주기 시작하거나 하나님이 기적처럼 그녀의 아픔을 잠재워 줄 기쁨을 공급해 주실 거라고 확신했던 것이다. 아니타는 우리가 예수님처럼 사랑할 때 성령이 주시는 행복은 다른 이들이 우리에게 입히는 상처 **아래** 존재한다는 것을 인정하는 데 한동안 어려움을 겪었다. 그 행복은 '임무 완수', 곧 하나님이 그분의 아들을 통해 세상에 보여 주신 사랑을 다른 이들에게 드러내어 하나님을 기쁘시게 했다는 분명한 의식으로 경험되는 행복인 것이다.

교회는 물론 오늘날 세상에서, 개탄스럽게도, 다른 사람을 사랑하는 것과 행복을 발견하는 것 간의—하나님이 연결해 놓으신—상관관계보다 더 허구로 취급받는 것도 없다. 그 둘의 상관관계가 고려의 대상이나 되는지 모르겠지만 말이다. 예수님이 우리의 본보기라면 다른 이들을 희생적으로 사랑하는 것은 행복, 곧 운명의 성취에 대한 인식을 가져온다. 그리고 그 행복은 삶이 부당하게 힘들거나 마음이 공허하고 외로울 때에도 계속 살아 있다. "슬픔의 사람"(사 53:3, 역자 사역)이셨던 예수님. 그분은 행복하셨나? 그렇다. 그런데 우리 대부분이 자신이 원한다는 것조차 인식하지 못하는 그런 행복이었다. 이에 대해서는 이후에 보다 자세히 살펴볼 것이다.

예수님처럼, 자기방어적이 아니라 자기희생적으로 사랑하는 것은 일차적 행복을 가져온다. 만약 다른 사람들을 사랑하고 있다고 생각하는데 기쁨이라 부를 만한 것은 전혀 경험하지 못하고 있다면, 누구든 진정으로 사랑하고 있는지 의심해 보는 것이 좋다.

진심으로 자녀를 아끼는 부모가 자녀들에게 "우리는 네가 행복하기만 바란다"고 말할 때, 그것은 정확히 어떤 의미인가? 그들이 원하는 것은 자녀가 행복함으로써 자신이 행복한 것, 그것이 아닐까? 그렇다면 자녀가 실망시키거나 말을 듣지 않을 때 혹은 우울해하거나 화를 낼 때, 그들의 행복은 어떻게 되는가? 또는 결혼한 그리스도인들이 '내 결혼 생활은 너무 불행해. 나는 예수님이 배우자를 사랑하기 원하신다는 것을 알아. 그렇지만 나는 그렇게 하고 있지 않고, 그렇게 할 수도 없는 걸. 나는 너무 많은 상처를 받고 있어'라고 말할 때, 그들은 사랑과 행복을 어떻게 생각하고 있는가? 더 이상 나아지지 않는 결혼 생활 속에서 행복을 누리는 것은 과연 가능한가?

사랑에 대한 왜곡된 시각과 행복에 대한 빈약한 이해는 가까운 친구가 우리를 배반하거나 여러 방식으로 우리에게 깊은 상처를 줄 때 우리는 어떤 반응을 하게 되는가? 우리의 행복은 그 친구가 뉘우치는 것에 달려 있는가? 부차적 행복은 그럴 것이다. 그러나 우리가 당연하다고 여기며 서로에게 바라는 반응에 좌우되지 않으면서도 우리 안에 행복을 퍼지게 할, 사랑하기 힘든 그 친구를 사랑할 방법은 없을까?

한 가지 시나리오를 더 살펴보자. 정말로 예수님은 오랫동안 우리를 힘들게만 했던, 때로 가학적이기까지 했던 부모도 사랑해야 한다고 말씀하시는 것일까? 정말로 그분은 하루라도 빨리 다시는 보고 싶지 않은, 단 한 번도 우리를 제대로 돌본 적이 없었던 부모를 사랑하라고 명하셨나? 그런 사랑이 가능한가? 심지어, 그런 사랑이 옳은가? 너그럽게 웃어넘기고 우리가 느끼는 상처를 그저 참기만 한다면, 마치 알코올 중독자에게 친절히 술 한 잔 더 따라 주면서 그들을 용인하는 것처럼 오로지 자기밖에 모르는 부모를 용인하는 것은 아닌가?

아니면 그런 부모를 사랑하는 새로운 길, 곧 성령이 어머니와 아버지의 마음에 들어가시게 하는 동시에 우리의 부모가 성령의 역사를 받아들이는지 여부에 상관없이 우리가 행복할 수 있는 길이 있을까? 사랑에 대한 왜곡된 시각과 행복에 대한 빈약한 이해를 가진 사람은 그런 부모를 사랑하는 일이란 불가능하다고, 적어도 불합리하고 어리석다고 생각할 것이다. 그렇게 되면 그 관계에서 행복에 대한 우리의 소망은 부모가 우리를 잘 사랑하는 법을 배우느냐에 좌우될 것이다.

세 종류의 그룹

내가 제기하는 질문들은 다음과 같이 요약된다.

- 더 나은 사랑, 상대방이 내 사랑에 만족스러운 반응을 보일 때가 아니라 그저 내가 사랑을 줄 때 기쁨을 느끼는 그런 사랑이 존재하는가?

- 다른 사람으로 인해 관계에서 겪는 최악의 고통 또는 가장 낙심되고 폐허가 된 것 같은 상황에도 불구하고 살아남을 수 있는 행복은 존재하는가?
- 왜곡되지 않은 사랑을 주는 것과 강렬한 행복을 경험하는 것에는 연관성 혹은 인과 관계가 존재하는가?
- 예수님처럼 행복하다는 것은 좋은 느낌을 경험하는 것인가, 아니면 살아 있고 우리를 지탱해 주는 실재, 곧 마땅히 살아야 할 사랑하는 삶이자 그렇게 할 수 있는 자유에 대한 인식으로 더 잘 알게 되는가?

이 책에서 이 질문들을 다루기 위해 준비하면서, 세 그룹의 사람들이 떠오른다.

그룹 하나

이 그룹에 속한 사람들은 실망스러운 관계나 어려운 상황을 대할 때, 대부분의 날들을 경미하거나 극심한 비참함 속에서 살아간다. 이들은 일차적 행복은커녕 부차적 행복도 경험하지 못한다. 대부분의 시간 동안 그저 불행할 뿐이고, 자주 비참한 마음이 든다.

당신에게 중요한 사람이 당신을 대하는 방식으로 인해 종종 화가 나고 방어적이 되는가? 더 나은 대우를 받겠다는 다짐이 당연해 보이거나, 자신보다 타인을 먼저 위하려는 열정이 줄어드는 것이 정당하다고 느껴지는가? 그렇다면 당신은 이 그룹에 속할 가능성이 크다. 아마 당신은 꿈꾸던 것이 산산조각 난 이후 성질 고약한 사람이 되었거나, 고상하게 뒤로 물러나 자신을 불의한 세상 속 피해자로 여기며 자기 연민 속에서 살고 있는지도 모른다.

그런 당신에게 나는 다음과 같이 말하고자 한다. "생명에 이르는 좁은 길을 걸으십시오." 예수님을 안다면, 그래서 하나님의 본성과 동일한 재료로 이루어진 본성을 소유하고 있다면, 당신 외부의 무엇이 바뀌지 않아도 당신의 소유가 될 그런 종류의 행복을 발견할 것이라고 말이다. 그러나 먼저 예수님이 생명에 이르는 길이라고 말씀하셨던 좁은 길을 걷는 것이 무슨 의미인지 배워야 한다. 그럴 때만 당신은 사랑하는 삶의 열매를 맛볼 것이다.

그룹 둘

이 사람들은 인생의 모든 것이 충분히 잘 돌아가서 부차적 행복을 넘치게 누린다. 만약 대체적으로 행복하고 대부분의 경우 유쾌한 기분으로 산다면, 아마 당신은 이 그룹에 속할 것이다. 이 그룹에 속하기 위해 꼭 예수님을 알 필요는 없다. 많은 사람이 이 그룹에 속하기 **때문에**, 즉 삶을 즐기고 기분이 좋기 때문에 자신이 예수님을 안다고 생각하지만 말이다.

만약 행복한 이유에 대해 질문을 받을 때 쾌활한 성격, 성공적 목회, 만족스러운 결혼 생활, 좋은 직업, 경제적 안정, 건강, 좋은 친구 등 당신이 누리고 있는 축복들이 자연스럽게 머리에 떠오른다면, 당신이 두 번째 그룹의 멤버라는 것이 확실해진다.

그런 당신에게 나는 이렇게 말하고자 한다. "당신 때문에 기쁩니다." 축복은 좋은 것이다. 축복은 하나님이 주신 것이다. 부차적 행복은 즐겨야 한다. 그러나 축복이 가져다주는 행복은 변덕스럽고 위험하다. 관계와 상황이 잘 지속될 때에만 계속되는 얇은 행복이다. 그리고 축복은 마땅히 감사할 만한 것이지만, 그것이 주는 행복과 마찬가지로 위험하다. 축복받은 삶은 하나님이 당신으로 하여금 누릴 수 있게 하신 것보다 더 하찮은 것을 즐기는 데 그저 만족하도록 부추길 수 있기 때문이다. 즐거운 인생에는 즐길 수 있는 즐거운 사랑만 필요하다.

어려운 인생에는 대가를 치러야 하는 사랑, 폭풍 가운데도 평화를 가져오는 더 나은 사랑이 필요하다. 고통은 왜곡되지 않은 사랑, 관계가 어렵고 상황이 흐트러지기 시작할 때 더욱 활기를 띨 계기가 되는 그런 사랑과 맞닿게 하는 독특한 능력이 있다. 축복받은 인생을 살 때는 왜곡된 사랑을 인식하지 못하거나 문제를 느끼지 못할 때가 많다.

사랑과 행복을 이해하는 새로운 방법, 인생의 축복들을 감사한 마음으로 누리되 더 이상 당신의 행복이 그 축복에 의존하지 않도록 당신을 좁은 길로 가게 할 방법을 생각해 보라. 그럴 때 당신은 왜곡되지 않은 사랑, 곧 당신에게 예수님의 행복을 알게 할 사랑의 방법을 발견할 것이다.

그룹 셋

이 그룹의 사람들은 생수에 대한 타오르는 갈증을 지니고 산다. 이들은 자기 안에 있는 생수를 다른 이들에게 부어 줄 때 그 안에서 생수가 다시 샘솟는다는 것을 안다. 경험적으로 그들은 다른 이들에게서 흘러오는 신선한 물은 마음 깊은 곳에 와 닿기는 하지만, 궁극적으로 가장 깊은 갈증을 해소시켜 주지는 못하며, 따라서 만족은 요원해져서 더 심한 갈증만 남긴다는 것을 안다.

당신이 다른 누구나 다른 어떤 것을 즐기는 것보다 하나님이 어떤 분이시며 당신에게는 어떤 분이신지 누리기를 더 갈망한다면, 당신은 이 그룹에 속한다. 다른 이들에게 하나님을 드러내고 그분의 사랑을 부어 주기 원할 뿐 아니라, 때로 그렇게 하는 것이 당신 안에 이미 존재하는 깊은 공허함, 하나님을 향한 당신의 갈망을 증폭시키는 그 공허함을 더 깊어지게 할지라도 그렇게 함으로써 하나님이 어떤 분이신지 경축하고 있다면, 당신이 이 그룹에 속한다는 것은 확실해진다.

공허함을 인정하고 갈증을 기쁘게 받아들일 때, 사랑할 수 있는 더 큰 자유를 경험한다. 그러한 공허함과 갈증이 완전히 충족되리라는 기대감 대신, 오히려 해소되지 않은 공허함과 갈증 안에도 행복할 수 있는 길이 존재한다는 기대감을 갖기 때문이다. 다른 이들을 사랑하겠다는 결단을 지속시키는 힘이 하나님을 **경험**하는 것보다는 하나님을 향한 **갈증**에서 나온다는 것을 깨달을 것이다. 지금은 우리가 하나님의 임재를 제한적으로만 누린다. 천국에서 그리스도와 얼굴과 얼굴을 마주하고 볼 때에야 비로소 충만한 기쁨으로 그분의 아름다움을 경험하게 될 것이다. 이 생애에서는 당신이 그분을 더 많이 즐거워하면 할수록 그분의 아름다움을 더 많이 경험하고자 하는 **현재의** 갈증은 더욱 커지며, 그 갈증은 우리의 가장 깊은 갈증이 영원히 해소될 **그때**까지 계속될 것이다.

하나님을 향한 지속적인 갈증은 이 세 번째 그룹에 속한 그리스도인의 확실한 표지다.

그런 당신에게 나는 이렇게 말한다. "당신의 삶 속에서 역사하시는 하나님께 감사드립니다." 왜곡된 사랑이 왜곡되지 않은 사랑으로 대체되어 간다. 다시 말해, 자기방어적으로 관계를 맺는 것을 허용하고 정당화하는 그런 사랑이 하나님의 성품과 그분이 관계 맺으시는 방식을 드러내는 자기희생적이고 대가를 치르는 사랑에 자리를 내어 주는 것이다. 대가는 정말로 치러야 하는 것이지만, 그럴 만한 가치가 충분하다. 당신은 하나님 나라의 삶이 갖는 능력, 곧 당신이 활동하는 영역 안에 하나님의 관계적 나라가 임하게 하는 방식으로 사랑한다는 것의 능력이 무엇인지 알아 갈 것이다.

때로 당신이 사랑하는 사람에게서 우려될 정도의 거리감을 느낄 수도 있다. 그러나 이때 느끼는 거리감은 당신의 사랑이 연약하다는 증거가 아닐 수 있다. 오히려 사람들에게 계속 사랑을 부어 주기 위해 그들에게서 만족스러운 반응을 얻어 낼 필요가 없을 만큼 당신의 사랑이 강하다는 증거일 수도 있다. 세속 영역이든 종교 영역이든, 오늘날의 문화에서 친밀함으로 통하는 것이 다른 이들에게서 우리가 원하는 것을 받아 내는 것에 불과할 때가 너무 많다. 진정한 친밀함이란 진정한 사랑, 즉 반응을 바라지만 그것을 요구하지는 않는 사랑을 줄 때 자라난다.

뚜렷한 이유 없이도 우리 안에 있던 사랑의 감정, 사랑에 대한 갈망은 종종 사라진다. 그때 단연코 필요한 것은 사랑하겠다는 우리의 의지다. 바로 의지가 예수님으로 하여금 십자가를 견디게 했다. 이 의지를 훈련하라. 천천히 그러나 반드시 예수님이 아셨던 행복을 조금씩이지만 지속적으로 알아 가게 될 것이다. 그러면 당신은 생명에 이르는 좁은 길 위에 서 있음을 기쁘게 또한 감사하며 깨달을 것이다.

※ ※ ※

왜곡된 사랑은 깨지기 쉽고 자기도취적 행복을 가져온다. 그런데 이 왜곡을 바로잡는 일이 쉽지 않은 것은 어쩌면 당연하다. 왜곡되지 않은 사랑, 즉 다른 사람의 안녕을 위해 자신을 희생하는 사랑은 부당한 자기방어를 허용하지 않는데, 그래서 피할 수도 있는 고통에 자신을 노출시키기 때문이다.

왜곡되지 않은 사랑을 위해서는 싸울 만한 가치가 있다. 거룩한 사랑, 곧 하나님이 이루고 계시는 세 위격의 공동체와 그분의 복음에서 드러내신 사랑이기 때문이다. 그 사랑이 우리 안에 살아 있을 때에야 비로소 우리는 자기희생을 특권적 기회로 받아들일 수 있다. 일차적 행복을 위한 공간을 마련하고자 하찮은 즐거움이나 부차적 행복을 요구하는 자세를 내려놓는 것을 배운다. 일차적 행복은 우리가 예수님처럼 사랑할 때, 즉 하나님을 기쁘시게 하고 우리의 영혼을 살아나게 하는 방식으로 다른 이들과 관계를 맺을 때 찾아온다. 하나님과의 친밀함 그리고 그분의 임재를 누리는 것은 하나님처럼 사랑하는 법을 배우는 만큼 자라 간다.

이 책은 보다 나은 사랑을 위한 싸움, 고통과 행복 모두를 가져다주는 왜곡되지 않은 사랑으로 다른 이들을 사랑하기 위한 분투에 관한 것이다. 이것은 천국에 갈 때까지는 완전하게 승리할 수 없는 싸움이다. 그리고 이 세상에서 이 싸움에 생산적으로 임하는 것은 생명에 이르는 좁은 길을 걸을 때만 가능해진다. 그러나 분명히 해 두자. **이것은 싸움이다.** 그리고 나는 우리가 사랑하기 위해 싸우고자 할 때 그 길을 찾아 그곳을 걷는다는 것이 무슨 의미인지 이야기 나누는 자리에 당신을 초대하고자 한다.

서론에서 하나 더 밝혀 둘 점: 행복과 기쁨은 다른가?

이 책에서 나는 **행복**과 **기쁨**을 서로 대체 가능한 단어로 사용할 것이다. 이것은 타당한가, 타당하지 않은가? 두 단어는 하나의 경험을 뜻하는가, 아니면 서로 다른 두 가지 경험인가? 답을 해야 하는 질문이다. 답을 하나 제시하자면, '다르다'인 동시에 '다르지 않다'이다! 이는 두 단어를 어떻게 정의하느냐에 달려 있다.

이 질문이 당신에게 흥미롭다면, 다음 문단을 계속 읽으라. 그렇지 않다면 다음 장으로 건너뛰길 바란다.

대부분의 기독교권에서, 이 질문에 대한 답은 즉각적으로 '다르다'이다. 행복과 기쁨은 다르다. 일반적으로 가정하기를 행복은 기쁨과 다른 원천에 기인하며, 행복을 **느끼는** 것과 기쁨을 **경험하는** 것이 항상 일치하지는 않는다. 우리 대부분은 행복을 항상 유쾌하고 가끔 황홀하며 인생이 잘 풀리거나 좋은 소식이 찾아올 때 느끼는 짜릿한 감정으로 이해한다.

반면, 기쁨은 다른 것으로 이해한다. 기쁨은 바라던 상황이 만들어 내는 즐거운 기분 같은 것이 아니다. 마침내 가려운 곳을 긁어 주는 것, 혹은 구하던 것이 주어지고 원하던 것이 이루어지는 것 그 이상이다. 가장 깊고 영적인 형태의 기쁨이란, 삶이 우리가 좋아하는 식으로 펼쳐져서가 아니라 하나님의 사랑 넘치는 임재를 의미 있게 경험하고 그분을 신뢰하기 때문에 '**내 영혼이 평안하다**'고 확신에 차서 말할 수 있는 견고한 실재라고 인식된다.

이러한 이해를 고려할 때, 앞의 질문에 대한 답은 의심할 여지 없이 '다르다'이다. 행복과 기쁨은 다른 것이다. 그러나 나는 이 답을 잠시 보류해야겠다. 내가 관찰한 어떤 사실 때문인데, 행복한 것처럼 보이는 그리스도인이나 기뻐하는 것처럼 보이는 그리스도인 모두 반드시 잘 사랑하는 것은 아니기 때문이다.

물론 그중 잘 사랑하는 사람들도 있지만, 많은 이들이 예수님과 다르게 잘 사랑하지 못한다. 나에게 있어, 행복과 기쁨은 잘 사랑하는 능력과 일정 관계가 있는 것 같다. 한번 생각해 보라. 기쁨이 사랑 많으신 하나님의 임재를 느끼는 가운데 즐거워하는 것이라면, 그러한 경험은 분명 우리가 다른 사람들을 사랑하는 방식에서 드러나야 마땅하다. 때로 드러나는 경우도 있다. 하나님께 사랑받음으로써 진정한 기쁨을 경험한다고 고백하는 그리스도인들 중 일부는 동일한 사랑을 다른 이들에게 기꺼이 쏟아붓는다. 그러나 그렇지 않은 그리스도인들도 있다.

또한 아무런 걱정 없이 축복을 누리는 행복한 그리스도인들이 다른 사람들의 안녕에도 관심을 가질 것이라 기대할 수 있다. 물론 일부는 그렇게 한다. 그러나 인생을 즐기는 행복한 그리스도인들이나 하나님의 임재를 즐거워하며 기쁨을 누리는 그리스도인들이 반드시 다른 사람을 사랑하는 것은 아니며, 특히 대가를 치르는 예수님의 사랑을 말하자면 더욱 그렇다.

내가 아는 어떤 그리스도인들이 사랑하는 방식은 나에게 더 나은 사랑으로 사랑하고자 하는 열망을 불러일으키는데, 그 수는 극히 적으며 특별히 머리에 떠오르는 사람은 딱 한 명이다. 이들은 산산조각 난 꿈으로 인해 깊은 불행을 느끼며, 하나님의 임재를 느낄 수 있기를 가장 간절히 바랄 때 애석하게도 너무 자주 그분의 부재만 느낄 뿐이다. 그들은 십자가의 요한(John of the Cross)이 말한 영혼의 캄캄한 밤이 무슨 의미인지 너무 잘 이해한다. 이 소수의 그리스도인들은 우리가 일반적으로 정의하는 방식의 행복과 기쁨을 자주 경험하지는 못한다. **그럼에도 불구하고 그들은 자신보다 다른 이들의 유익을 위해 더욱 강력한 헌신을 보여 준다.**

내 머리에 떠오르는 한 사람이 좋은 예다. 그의 가족이 끔찍한 불행을 겪은 지 얼마 지나지 않았을 때, 나는 그와 대화를 나누었다. 그는 자신이 겪고 있는 불행의 깊이에 대해 그리고 이제껏 경험해 보지 못한 방식으로 하나님을 알고자 하는 갈망에 대해 나누었다. 그러나 타들어 가는 듯한 자신의 번민을 부인하지도 않았다. 그러면서도 이내 내가 어떻게 지내는지 아는 것에 에너지를 쏟아부었다. 행복한 그리스도인들은 다른 이들의 세계를 살피기보다 최대한 자신의 행복을 즐기는 것에 더욱 마음이 기울어진 것처럼 보인다. 그와 같이, 기쁨을 누리는 그리스도인도 때로 애정 어린 호기심으로 다른 이들의 영적 여정을 궁금해하기보다 자신이 경험한 하나님에 대해 더 많이 말한다.

사랑하지만 불행하고 (행복과 기쁨에 대한 우리의 일반적 정의에 따르면) 기쁨이 없는 나의 친구에게 예수님의 행복을 아느냐고 물어보라. 그는 조용히 "그렇습니다"라고 대답할 것이다. 성령의 열매인 기쁨을 아느냐고 물어보라. 그는 평안의 확신 속에서 "물론입니다"라고 응답할 것이다. **그가 의미하는 바는 무엇인가?**

예수님의 임재를 잘 경험하지 못하거나 전혀 못하는 순간에도 예수님처럼 사랑함으로써 그분의 행복을 아는 것은 가능한가? 외로움과 슬픔의 어둠이 우리를 압도할 때도 다른 이들의 영혼 어두운 곳에 하나님의 사랑의 빛을 비추도록 부름받은 그리스도인으로서 주어진 숙명을 실현하고 삶의 목적을 성취했다고 인식하면서 기꺼이 만족할 수 있는가?

내 개인적 경험에 비추어 볼 때, 어려운 상황과 고통스러운 관계로 인해 힘들어하는 불행한 그리스도인들이 자신의 문제가 너무 크게 느껴질 때 왜 다른 이들의 문제에 그다지 관심을 가지지 못하는지 이해한다. 그리고 다시 개인적 경험에 비추어 볼 때, 하나님 임재를 느끼지 못해 어두운 절망 가운데 있을 때 다른 이들의 곁을 지킨다는 것이 얼마나 부자연스러운지도 안다. 그러나 예수님이 십자가에 달려 계실 때 그분은 정확히 그 일을 하셨다! 즐거운 상황에서 느끼는 행복이나 아버지의 부드러운 임재를 경험하는 기쁨은 없었지만, 그분은 육체와 영혼의 엄청난 고통을 감당하는 쪽을 택하셨다. 하늘을 향해 한 번만 고개를 까닥해도 그 고통을 당장 끝낼 수 있었음에도 불구하고 말이다. 왜? 예수님은 왜 고통을 끝내기 위해 고개를 까닥하지 않으셨나? **어떤 대가를 치르더라도 그분은 우리의 안녕에 전념하셨기 때문이며, 아버지의 측량할 수 없는 사랑의 영광을 드러내고자 하셨기 때문이다.** "예수님이 우리를 위해 스스로 목숨을 버리신 일로 우리는 사랑이 무엇인가를 알게 되었습니다"(요일 3:16, 현대인의 성경).

과연 우리는 예수님처럼 사랑할 수 있을까? 그렇게 하기 위해서는 무엇이 필요한가? 그분에게 그렇게 희생적으로 사랑할 수 있도록 힘을 준 것은 새롭게 정의된 행복과 기쁨이었나? 예수님은 혼인 잔치에서 포도주를 공급하실 때뿐만 아니라 자신의 손과 발이 못 박히는 순간에도 행복하셨을까? 부활 이후뿐만 아니라 십자가에 달리는 그 순간에도 기쁨을 누리셨을까? 우리가 자연스럽게 행복과 기쁨을 이해하는 방식으로는, 분명히 그리고 아주 큰 소리로 "그렇지 않다"라고 답해야 할 것이다. 그분은 십자가를 견디셨다. 예수님이 십자가의 고통이나 마음을 무너지게 하는 아버지의 부재를 즐기셨다는 것은 전혀 말이 되지 않는다. 그러나 행복과 기쁨을 이해하는, 오랫동안 잊혀져 있었고 급진적으로 다른 방식이 있다.

이 책 전체에서 살펴보고자 하는 진리는 단순하면서도 심오하다. **예수님의 행복과 기쁨은 그분 자신을 주신 것에서 기인했다.** 정말로 자신을 주는 것이 우리 모두가 가장 원하는 기쁨에 이르는 길인가? 이 진리를 이해한다면, 그래서 예수님의 행복과 기쁨을 알기 원하게 되면, 나는 진정으로 사랑하기를 갈망할까?

초기 그리스 철학자들은 행복을 자신의 가장 깊은 본성에 일치시키며 사는 것이라고 정의했다고 한다. 그런 정의는 기쁨도 마찬가지인가? 분명 그것은 예수님이 사신 방식이다. 우리는 예수님에게서 하나님의 본질적 성품인 **외부지향성**—즉 하나님이 아시는 즐거움, 오직 예수님만 주실 수 있는 즐거움을 다른 이들과 나누고자 하는 기쁨의 열정—이 있는 그대로 드러나는 것을 본다. 조나단 에드워즈(Jonathan Edwards)에 따르면, 복음의 온전한 목적은 예수님을 따르는 이들에게 그분의 행복을 전하고 그분의 외부지향성을 우리 존재의 중심으로 옮겨 놓는 것, 그래서 그러한 하나님의 열정에 일치하는 방식—즉 항상 우리 자신을 향해 굽어 있던 것에서 벗어나 점차 자주 다른 이들을 위해 자신을 쏟아붓는 방식—으로 관계를 맺는 좁은 길로 가도록 인도하는 것이다.

그렇다면 하나님을 알고도, 하나님 사랑의 아름다움을 경험하고도, 다른 사람과 관계를 맺는 방식에서 고난받고 자기를 부인하는 그리스도의 외부지향성이 드러나지 **않는** 것이 가능한가?

사도 요한의 답을 들어 보자. "하나님의 빛 가운데 산다고 하면서 형제나 자매를 미워하는 사람은 여전히 어둠 가운데 있는 사람입니다"(요일 2:9, 메시지). 요한에게 사랑이 없다는 것은 곧 미워하는 것을 의미했다. 그렇기에 앞의 질문에 대한 우리의 답은 "가능하지 않다"가 되어야 한다. 우리가 하나님의 사랑을 경험한다면, 그 사랑을 조금이라도 다른 이들에게 표현하지 않는 것은 불가능하다. 그렇게 하기 위해서는 싸움이 수반되는데, 그것은 하나님께 사랑받은 자들이라면 응하는 싸움이다.

내부지향성, 즉 내가 안녕을 느끼는 데 우선적으로 헌신하고 그 헌신이 존중될 때만 다른 이를 돌보는 것이 사랑으로 통할 때가 너무 많다. 그러나 그것은 사랑이 아니다. 내부지향성은 하나님의 성품인 외부지향성에 존재하는 관계적 아름다움에 턱없이 못 미친다. 외부지향성은 사랑이며, 다른 이들의 유익을 위한 자기 부인이다. 내부지향성은 미움이며, 다른 사람을 향한 사랑이라는 빛을 가려 버리는 자기 사랑이다.

만약 예수님을 따르는 사람이 하나님을 알고 예수님의 임재를 경험한다고 말하면서 외부지향적이기보다 내부지향적으로 관계를 맺는다면, 그 사람의 주장은 의심해 보아야 한다. 그들이 경험하는 기쁨은 가짜다. 그들이 느끼는 행복은 비그리스도인들이 인생이 잘 풀릴 때 느끼는 행복과 다르지 않다.

이제 우리의 질문이 핵심에 이르렀다. 기쁨이란 무엇인가, 그리고 행복과 다른가? 일부 재정의가 필요해 보인다. 오직 하나님의 성령이 주시는 열매인 기쁨은 유쾌한 상황이나 심지어 풍성한 하나님의 임재 경험에 따라 그 존재 여부가 결정되지 않는다. **삼위일체 하나님과의 교제가 주는 기쁨은 성령이 우리를 예수님과 닮아 가게 하심으로써 우리가 삼위일체 하나님처럼 관계를 맺을 때 자란다.**

그리고 삶이 우리를 잘 대해 줄 때만 존재하는 행복은 당연히 반가워할 수는 있겠지만, 그것은 부차적 행복이다. 이 생애에서 우리가 알 수 있는 예수님의 깊은 행복은 아닌 것이다. 부차적 행복의 원천은 무엇인지 생각해 보자.

- **인생이 순조롭다.** 축복이 넘친다. 행복을 느낀다.
- **잘 지내고 있다.** 오랫동안 갈망했던 목표를 성취한다. 행복을 느낀다.
- **하나님의 임재를 경험한다.** 찬양과 성경을 묵상하는 시간, 혹은 영적 훈련을 실천함으로써 하나님이 우리와 함께하심을 느낀다. 행복을 느낀다. 이것은 기쁨이라 할 수 있다.

그러나 이와 같은 원천들에 의한 감정이 더 나은 사랑을 위한 싸움이자 십자가에 못 박히신 예수님이 보이신 사랑을 위한 싸움으로 우리를 이끌지 않는다면, 우리는 아직 예수님의 깊은 행복과 진정한 기쁨을 맛보지 못한 것이다. 오직 부차적 행복만 경험하고 있는 것이다. 그 기분을 즐기는 것은 옳다. 그러나 그것을 기쁨이라 하는 것이 잘못이다.

다른 종류의 기쁨뿐만 아니라 다른 종류의 행복, 즉 일차적 행복은 예수님을 따라 좁은 길을 걷는 사람들만 누릴 수 있다. 일차적 행복은 사랑받으며 살고 **그래서 사랑하기 위해 살아가는** 그리스도인의 영혼을 살아나게 한다. 하나님의 성령이 주시는 열매다. 기쁨이다. 일차적 부류의 행복이다. 이런 식으로 정의할 때 행복과 기쁨은 하나다. 하나님의 사랑을 **경험**하고 그 결과로 그 사랑을 **표현**하는 사람은 기쁨, 곧 일차적 행복을 맛본다. 예수님은 "받는 것보다 주는 것이 훨씬 행복하다"고 가르치셨고, 그 가르침대로 사셨다(행 20:35, 메시지).

이제 질문에 답을 할 수 있을 것 같다. 행복과 기쁨은 다른가?

부차적 행복, 혹은 다른 이들로부터 좋은 대접을 받고 목표를 달성하고 하나님의 임재를 경험하는 것을 비롯해 삶의 축복들이 가져오는 즐거움은 합당하며 누리는 것 역시 합당하다. 그러나 기쁨은 아니다. **그렇다. 부차적 행복과 기쁨은 다르다.**

일차적 행복은 예수님의 더 나은 사랑을 진정으로 알게 됨으로써 그 사랑을 다른 이들에게도 부어 주고 싶은 타는 갈망과 생생한 갈증을 느끼며 깨닫는 삶의 목적이라 할 수 있다. 그 갈망이 충족될 때, 즉 우리가 예수님처럼 사랑할 때, 기쁨의 견고한 실재로서 경험하게 된다. 하나님을 경험하는 것은 우리가 관계를 맺는 방식에서 하나님의 외부지향적 성품이 표현될 때 진정한 기쁨이 된다. **그렇다. 일차적 행복과 기쁨은 다르지 않다.** 그 둘은 같으며, 성령이 주시는 하나의 실재다.

그리스도인들은 하나님을 아는 것과 하나님을 드러내는 것 둘 다에 대해 목마름을 느낀다. 영원한 공동체로 존재하시는 그분이 누구인지 그리고 실망을 주고 어려운 이 세상에서 그분이 무슨 일을 하고 계신지 알고자 노력함으로써 다른 사람에게 하나님이 어떤 분이며 무엇을 하고자 하시는지 알리고 싶은 꺼지지 않는 갈증이 발생한다.

❈ ❈ ❈

요점은 이것이다. 이 책에서 내가 관계적 삶을 향해 좁은 길을 걸어가는 예수님의 제자들이 맛볼 수 있는 행복에 대해 말할 때는 특별히 부차적 행복(좁은 길을 걷는 여행자에게도 때로 찾아오는)

이라는 언급이 없는 한, 더 나은 사랑을 위해 싸울 때 우리 안에 퍼지는 일차적 행복을 지칭한다. 그런 종류의 행복은 틀림없는 성령의 역사다. 기쁨이다.

이 책의 메시지를 읽으며 숙고할 세 구절

좁은 문으로 들어가거라. 멸망으로 이끄는 문은 넓고 그 길이 널찍하여서 그리로 들어가는 사람이 많다. 생명으로 이끄는 문은 너무나도 좁고 그 길이 비좁아서 그것을 찾는 사람이 적다. _예수 그리스도

너희는 우리에게 옳은 것을 예언하지 말아라. 우리에게 듣기 좋은 말을 하고 거짓된 것을 예언하라. 너희는 [좁은 길에서] 떠나고 우리 길을 막지 말아라. 우리는 이스라엘의 거룩한 자에 대하여 더 이상 듣고 싶지 않다. _다수의 사람들

주님께서 말씀하신다. "네가 가야 할 [가장 좋은] 길을 내가 너에게 지시하고 가르쳐 주마."…주의 파도와 물결이 나를 엄습하고 슬픔의 홍수가 폭포같이 나에게 쏟아집니다. [그러나] 낮에는 여호와께서 나에게 한결같은 사랑을 베푸시니, 밤에는 내가 그에게 찬송하고 내 생명의 하나님께 기도[합니다]. _소수의 사람들[1]

1부

나쁜 소식처럼 들리는 좋은 소식

나를 따라오너라.

  저를 어디로 데려가실 건가요?

진정한 삶으로.

  어떻게 가지요?

나는 너를 거친 길로 인도할 거란다.

  더 쉬운 길은 없나요?

1장   예수님처럼 행복하기 원하는가?

 몇 년 전 일요일, 둘째 아들네가 다니는 교회에서 예배 전에 장로들과 교회 스태프와 찬양팀을 만나고 있었다. 나는 방문 설교자였다. 예배 순서를 확인하고 기도하기에 앞서, 나를 잘 아는 좋은 친구인 그 교회 목사가 나를 사람들에게 소개했다.
 "여러분 대부분이 크랩 박사님을 잘 아실 거라 생각합니다. 우리 중 많은 사람이 박사님 책을 여러 권 읽었을 겁니다. 지금도 교회 학교의 어떤 반은 크랩 박사님이 쓰신 유명하고도 도전을 주는 책인 『깨어진 꿈의 축복』(*Shattered Dreams*, 살림)으로 공부하고 있습니다. 오늘 아침 일찍 박사님은 저에게 설교 제목이 '그리스도인으로 사는 삶의 행복'이라고 알려 주셨습니다."
 그러더니 그는 잠시 말을 멈췄다. 그리고 비꼬거나 농담을 하려는 기색 없이 진지한 표정으로 말을 이어 갔다. "아마 여러분은 크랩 박사님이 이 주제로는 잘 알려지지 않았다는 것을 아실 겁니다. 그래서 더욱 여러분이 행복의 의미에 대한 박사님의 생각을 듣고 싶어 하리라 확신합니다. 이제 잠깐 기도하면 좋겠군요. 크랩 박사님을 위해 그리고 오늘 우리 모두가 듣게 될 메시지를 위해서요."

내 이전 책들에 익숙한 독자라면, 지난 40년 동안 내가 인생의 어두운 면을 많이 이야기했고 혼란스러운 이 세상을 살아가는 문제 많은 우리의 실존을 탐구해 왔다는 것을 알 것이다. 나는 죄를 사랑하는 우리의 본성과 그것이 가져오는 마음의 고통을 비롯해, 명확히 설명할 수 없는 비극에 대해 깊이 성찰해 왔다. 또한 인생의 어려움을 하나님을 더 잘 알 수 있는 기회로, 우리 안에서 혹은 우리에게 또 우리 주변에 일어나는 어떤 일이든 영적으로 성숙할 수 있는 기회로 다루어 왔다. 나는 선하신 하나님이 어떻게 우리 인생의 모든 나쁜 것을 우리를 거룩하게 만드는 데 사용하시는지 이해하고 싶었다.

나는 사람들에게 행복하라고 권하는 사람으로 알려져 있지 않으며, 그렇게 알려지고 싶지도 않다. 그것이 **우리 대부분이 일반적으로 이해하는 행복**이라면 말이다. 나는 물론이고 사람들이 디즈니 월드나 해변가 리조트에서 휴가를 보낼 때, 또는 가족, 친구 관계, 건강, 재정 등 모든 것이 잘 돌아갈 때 행복을 경험하는 것에 대해 기쁘게 여긴다. 그러나 그런 종류의 행복, 즉 부차적 행복은 어떤 대가를 치르더라도 하나님을 더 알아 가고 그럼으로써 일차적 행복, 즉 예수님처럼 사랑할 때만 생기는 진정한 기쁨을 발견하고자 하는 갈망을 약화시킬 수도 있다.

한 가지 사실에 대해서만큼은 최대한 확실히 해 두고 싶다. 예수님처럼 사랑한다는 것은 사람들이 죄를 지을 때도 그들을 사랑하는 것이다. 그리고 그들이 특정한 어떤 죄에 대해 승리했다고 해서 그들을 더 사랑하는 것은 아님을 의미한다. 그러나 한 가지만 더 확실히 해 두자. 이 생애에서는 우리 중 아무리 영적인 사람이라 해도 예수님과 완전히 똑같이 사랑할 수는 없을 것이다.

또한 우리가 잘 사랑하는 것에 형편없이 실패할 때도 하나님이 우리를 덜 사랑하거나 하지는 않는다. 그렇기에 그분은 우리가 잘 사랑할 때나 그렇지 못할 때나, 늘 놀라운 은혜를 부어 주시는 하나님으로서 영광을 받으신다. 그러나 우리가 최악일 때도 우리를 사랑하시는 하나님의 은혜를 경축하면 할수록, 예수님으로부터 받은 더 나은 사랑을 위해 분투하고자 하는 열망은 더 간절해진다.

여기에 따라오는 사실은 가장 풍성한 행복이 우리가 예수님처럼 사랑하는 데 있는 것이 아니라, 우리가 엄청난 은혜로 예수님으로부터 사랑받고 있음을 아는 데 있다는 것이다. 그리고 우리가 그분의 헤아릴 수 없는 사랑 안에서 쉼을 얻을수록, 하나님의 성령은 그분의 시간에 우리로 하여금 그 은혜를 다른 이들에게 더욱 드러내게 하실 것이며 우리는 더 큰 행복을 경험할 것이다.

내 원대한 소망—나는 이것이 실현 가능하다고 생각하는데—은 어느 날 누군가 내 묘비에 다음과 같은 문구를 새기자고 제안하는 것이다.

여기 예수님처럼 행복하다는 것이 의미하는 바에 평생 사로잡혀 살았던 한 남자가 잠들어 있다.

젊은 심리학자로서 사역을 하던 초창기부터 나는 하나님이 행복하신 것은 그분이 사랑이시기 때문이라고 믿어 왔고, 다른 사람을 사랑하는 것과 행복한 것에는 서로 연관이 있다고 오랫동안 생각해 왔다. 나는 하나님이 행복하시다고, 지극히 행복하시다고 분명히 확신한다. 그분은 그 행복을 나도 누리기를 원하시며, 그분이 나 같은 사람을 사랑하시기 위해서는 고통을 겪어야 함에도 불구하고 그분은 행복해하신다.

최근 들어, 나는 놀라운 사실을 깨달았다. 고난받는 사랑을 하는 행복한 하나님은 **고난을 당하는 동안** 행복하다는 것이었다. 내가 납득하게 된 더욱 놀랍고 흥분마저 주었던 사실은 적어도 어떤 부분에서 하나님이 경험하시는 특정 종류의 행복은 **그분이 고난받으시기 때문에** 온다는 것이었다. 분명 어떤 고통도 존재하지 않았던 영원 전부터 하나님은 그분의 거룩한 공동체 안에서 행복하셨다. 그러나 삼위일체의 세 위격 안에 늘 살아 있던 깊은 행복은 하나님이 인간을 창조하셨을 때, 사랑하기 위해 창조하셨지만 결국 그분에게서 등을 돌린 인간을 창조하셨을 때 드러났다. 사랑에 대한 하나님의 특별한 열정이 가장 온전히 드러난 것은 그분이 고난을 경험하신 때였다.

하나님 사랑의 놀라운 성질과 측량할 수 없는 깊이는 다른 이들의 행복을 위해서, 심지어 어리석게도 행복을 다른 곳에서 찾는 이들을 위해서도, 기꺼이 고난을 당하시고자 한다는 것에서 드러난다. 조금 그리고 아주 멀리서이지만 그것을 이해하는 것은 나에게 새로운 깨달음을 주고 있다.

복음서에서 예수님은 우리에게 좋은 소식을 들려주기 위해, 즉 하나님은 예수님을 따르는 모든 사람이 예수님의 행복으로 행복하기를 원하시며 그 행복을 누릴 수 있게 하기 위한 어떤 대가라도 기꺼이 치르실 것이라는 소식을 들려주기 위해 오셨다. 예수님은 그것을 누릴 수 있게 하려고 죽으셨을 뿐만 아니라, 인간의 자기중심성으로 인한 비극으로 얼룩진 세상에 살면서도 하나님의 사랑으로 다른 이들과 관계를 맺을 때 오는 행복을 아는 것이 어떤 삶인지 보여 주셨다.

이제 우리가 누릴 수 있게 된 예수님의 행복에 대해 그리고 그 행복을 누리기 위해서 우리가 어떻게 사랑해야 하는지에 대해, 제한적일지라도 분명하게 이해하는 것은 아주 중요하다.

예수님이 이 세상에 인간으로 오셔서 인간과 관계를 맺으시면서 하나님의 사랑을 드러내는 삶을 사시고 그 사랑의 깊이를 드러내기 위해 죽으신 이래, 그리고 부활하셔서 하나님이 그분의 사랑을 우리 인간의 마음에 부어 주실 수 있게 하시고 우리 안에 성령이 새로운 방식으로 들어올 수 있는 자리를 내주기 위해 하늘로 올라가신 이래, 놀라운 일은 계속 일어나고 있다. 지금 이 순간에도 일어나고 있다.

바로 지금도 예수님의 영, 곧 아버지와 아들을 기쁨과 목적 안에서 하나 되게 하시는 사랑의 성령은 예수님이 행복을 아셨던 다음의 때와 같이 모든 그리스도인으로 하여금 행복을 누릴 수 있게 하신다.

- 가나의 혼인 잔치에서 사람들이 자신이 만든 좋은 포도주 때문에 기뻐하는 것을 보며 춤추셨을 때. 물론 성경에는 예수님이 춤을 추셨다는 기록은 나오지 않지만, 나는 잔치에서 다른 사람들이 춤을 췄다면 예수님도 분명 함께 추셨을 것이라 생각한다. 포도주 잔을 들고 춤을 추고 계신 예수님을 상상해 보라. 멋진 그림이지 않은가.
- 나사로의 무덤 앞에서 이제 죽음이 인생의 일부라는 사실에 분노하며 눈물을 흘리셨을 때. 그다음, 나는 활짝 웃으며 상상한다. 예수님 말씀에 따라 무덤에서 걸어 나오는 나사로를 그분이 기쁘게 맞이하는 장면을 말이다.
- 임박한 십자가의 죽음을 앞두고 자신의 슬픔을 함께 나누기를 부탁하셨음에도 세 제자들이 모두 잠들어 있는 것을 보고 깊은 실망감을 느끼면서, 그들을 향해 단호하지만 부드럽게 말씀하실 때.
- 얼마 지나지 않아, 스스로 예수님을 따르는 충성스러운 제자라고 당당히 고백했지만 이내 그분을 세 번 부인한 베드로의 눈을 용서와 자비와 소망 가득한 눈으로 쳐다보셨을 때.
- 심지어 잔혹하게 채찍질을 당한 뒤 천천히 끔찍하게 죽어 가도록 십자가에 못 박히셨을 때.
- "다 이루었다"라고 외치신 뒤 아버지께 이제 집으로 돌아간다고 말씀하셨을 때.
- 금요일에 죽으셨고 이제 일요일, 다시 살아나심을 드러내신 첫 번째 부활절 아침에 슬퍼하던 제자들에게 인사를 건네시며 그들을 놀라게 하셨을 때.

- 더 많은 사람을 제자로 삼기 위해 많은 대가를 치러야 할 그분의 제자들과 언제나 함께하시겠다고 약속하셨을 **때**.
- 이제 아버지 보좌 우편에 앉아서, 그분처럼 사랑함으로써 그분의 행복을 함께 누리는 나와 당신을 통해 자신의 고난받는 사랑 이야기를 계속 들려주실 **때**.

자, 잠깐. 과연 사실일까? 정말 예수님은 이 모든 상황에서 **행복하셨나**? 만약 그렇다면(나는 그렇다고 믿는다), 왜? 그리고 그분이 경험하셨던 것은 어떤 행복이었나? 십자가에 달리셨을 때, 특히 아버지의 사랑이 담긴 임재가 사라졌음을 모든 이들이 느꼈던 그 끔찍한 세 시간 동안의 어둠 속에서 예수님이 어떤 의미로든 행복하셨다고 주장하는 것은 상상조차 할 수 없는 터무니없는 소리로 들린다. 그 순간에 그분이 아셨던 행복이 어떤 행복이었든지, 그것은 내가 본능적으로 원하는 그런 식의 행복은 아니다. 고통에서 놓이고 축복을 즐기는 행복이 더 매력적이니 말이다.

그러나 생각해 보라. 예수님 안에 늘 왜곡되지 않은 사랑, 즉 다른 사람을 위해 고난을 받는 것에서 기쁨을 발견하는 사랑을 향해 성령의 열정이 가득했고 그분이 그것에 이끌리셨다면, 그리고 기쁨이 성령의 열매라면, 우리는 그 상상조차 할 수 없는 것을 결론으로 받아들여야 한다. 예수님은 언제나, 가나 혼인 잔치의 즐거운 순간이나 갈보리의 고통스러운 순간이나 **고통받는 사랑과 함께 오는 행복을 아셨다**. ('십자가 위에서 아버지로부터 버림받으셨을 때도 예수님은 성령으로 충만하셨을까?'라는 질문에 대한 논의는 부록을 보라.)

분명히 해야 한다. 예수님은 무력한 희생자로서 마지못해 고통을 참으신 것이 아니다. 그분은 언제나 자발적이셨으며, 따라서 희생자도 아니었다. 오히려 자신의 사랑을 받기에 합당하지 않은 자들을 위해서도 스스로 고난을 선택하는 자유로운 주체였다. 그분의 사랑은 자기중심성으로 왜곡되지 않은 사랑, 가장 어두운 밤에도 누릴 수 있도록 창조 때부터 우리에게 주어졌던 행복을 가져오는 그런 사랑이다.

이것은 아주 급진적인 이야기다. 예수님의 행복으로 행복하다는 것은 인간이 경험할 수 있는 가장 극한의 괴로움과도 공존할 수 있는 행복을 안다는 뜻이다. 그러나 이 행복은 괴로움을 견디는 동시에 예수님의 희생적 사랑을 표현할 때만 온다. 더 명확히 말하면, 다음과 같다. 우리는 예수님 안에 언제나 살아 있던 행복을 누린다는 것의 의미, 그리고 왜곡되지 않은 사랑인 예수님이 사랑하신 방식으로 다른 사람을 사랑한다는 것의 의미를 모두 근본적으로 재정의할 필요가 있다. 우리는 예수님처럼 사랑하고 싶고 예수님처럼 행복하고 싶은 우리의 깊은 갈망에 가닿아야 한다.

※ ※ ※

나는 이 책을 내가 이제껏 거의 반세기 가까이 되는 시간 동안 들려주고자 노력해 왔던 이야기의 후속 편으로 본다. 이것은 훌륭한 이야기다. 어쩌면 내가 서툴게 들려주었는지는 모르지만, 나는 우리가 그 이야기에서 하늘로부터 오는 좋은 소식을 직접 들을 것임을 안다. 이 세상을 살아가는 예수님의 제자들을 위한 좋은 소식이란, 우리가 처한 삶의 상황이 아무리 어렵거나 두려움을 주더라도 그리고 우리 영혼이 아무리 공허하고 외롭다 해도 예수님의 제자들은 그분의 행복을 알 수 있다는 것이다. 이 행복은 예수님의 사랑에서 흘러나오며, 다른 사람과 관계를 맺는 방식을 통해 그분의 사랑을 드러낼 수 있도록 우리를 지탱해 준다. 예수님의 행복은 우리가 사랑하기 위한 싸움을 싸울 때 우리의 것이 될 수 있다. 좁은 길 위에서만 할 수 있는 그 싸움에서 우리는 천국의 때까지 완전히 승리할 수는 없지만 지금도 의미 있는 승리를 거둘 수 있다.

나도 언젠가 예수님처럼 사랑하는 것의 의미를 조금이나마 배웠던 사람, 예수님의 행복한 제자로 알려질 수 있을까. 그러면 내가 전할 설교의 주제가 그리스도인으로 사는 삶의 행복이라고 알려 주어도 아무도 놀라지 않을 것이다. 그것이 하나님의 뜻을 진전시키는 일이라면, 나는 그 일을 현실로 경험할 수 있기를 바라고 그 일을 한 누군가로 기억되기를 바란다.

2장　　　힘든 관계나 상황 속에서 듣는 좋은 소식

좁은 길이 이끄는 삶이 영적 성숙을 의미한다면, 예수님처럼 사랑하는 것을 배우는 과정에는 어려움이 따른다. 우리가 바라는 목적지로 가는 길이 좁다는 것을 들었다면, 그 길을 따라 걷는 삶이 쉬울 것이라는 기대는 별로 하지 않는 것이 좋다.

인정받지 못하는 목사 마크는 이 점을 잘 보여 준다. 그는 지친 채로 대부분의 교인들에게 너그러운 마음보다 불편한 마음이 든다고 하면서, 내게 교인들을 더 잘 사랑할 수 있게 해 줄 묘안이 있는지 물었다.

사랑의 기술을 아는 것이 진짜 문제인 마음을 바꾸지는 못한다는 것을 알기에, 나는 그에게 물었다. "왜 그 사람들을 더 잘 사랑하고 싶은 겁니까?"

"글쎄요. 생각해 보지 못한 질문이에요. 그리스도인들, 특히 목사라면 모든 사람을 사랑하는 것이 당연한 일 아닙니까?"

다른 많은 사람이 그렇듯, 마크도 사람들을 사랑한다는 것을 관계를 잘 맺기보다 단지 사람들을 위해 좋은 일 하기 정도로 생각하는 것은 아닌지 염려스러웠다. 그래서 나는 이렇게 물었다. "당신이 사랑해야 한다고 생각하는 방식으로 타인을 사랑한다는 것은 어떤 의미인가요?"

"분명하지 않습니까? 사람들을 용서하고, 그들에게 친절히 대하는…그런 것들이요. 아시잖아요. 그리고 지금 저의 문제는 그렇게 행동하지 못하고 있다는 것이고요. 때로는 그냥 목사를 그만둘까 싶기도 합니다."

"그들을 사랑하길 갈망하게 할 방법이 없다면, 당신은 그들을 사랑할 수 없을 겁니다."

"저도 동의합니다. 그래서 방법이 있습니까?"

"네, 그렇지만 그다지 매력적으로 보이지 않을 수도 있어요."

영적으로 성숙해 가는 예수님의 제자인지는 단지 교회를 성실하게 출석하고, 성경을 가르치는 훌륭한 은사가 있고, 많은 이들이 따르며, 관대하고, 정치·사회 영역에서 기독교적 원칙을 고수하거나, 심지어 도덕적 선택을 하고 바른 행실로 사는 것으로는 분간할 수 없다. 미적지근한 그리스도인들도 이 모든 선한 것들을 행함으로써 인정받을 수는 있다. 그러나 전심으로 예수님을 따르는 이들, 곧 예수님이 사랑하는 이들을 위해 어떻게 희생하시는지 아는 이들만 그분처럼 사랑하기를 **원할** 수 있다.

아무리 주님께 순복하는 제자라 할지라도 완벽하게 사랑할 수는 없다. 누구든 실패한다. 그러나 영적으로 성숙한 제자는 예수님처럼 사랑하기를 배우는 일에 열정적이고 소망을 품으면서 끈기 있게 매진한다. 상처를 주는 가족이나 실망스러운 친구와의 관계에서도 예수님의 마음을 드러내고자 애쓴다. 그들은 인생이 어렵고 힘들더라도 진정한 자유 의지로 하나님 예배하기를 바라기에, 성령이 주시는 갈망과 능력에 잇대어 만나는 모든 사람을 예수님이 사랑하셨던 것과 동일한 사랑으로 사랑한다.

예수님처럼 사랑한다는 것의 의미를 조금씩 배우다 보면, 제자들은 그에 따르는 부산물로 그들 안에 깊고 견고하게 중심을 잡아가는 무언가를 인식할 것이다. 그것이 바로 예수님의 행복이다. 이 무언가, 가장 깊은 슬픔 아래 살아 있으며 가장 힘든 고통도 이겨 내는 이 낯선 행복은 오직 우리가 생명에 이르는 좁은 길을 걸을 때만 그리고 반기는 사람이 별로 없는 이 도전을 향해 나아갈 때만 자라난다.

예수님이 자신을 따르려고 온 이들에게 생명에 이르는 길은 좁은 길이라고 말씀하셨을 때, 지금 나와 비슷하게, 그들은 먼저 본능적으로 뒤로 물러섰다. 나는 그들이 이렇게 말하는 것을 상상할 수 있다. "예수님, 우리는 주님이 좋은 소식을 가져오셨다고 생각했어요. 그런데 정말 주님을 따르는 것은 어려움을 뜻한다고 말씀하시는 건가요? 살면서 우리는 문제와 고통에 직면할 것이고 또 어떤 이유에서는 그것을 기대해야 한다고요? 제가 제대로 들은 것이라면, 지금 당신은 당신이 생명이라고 부르는 것을 누리기 위한 이 길이 때로 숨 쉬기 어려울 정도로 좁아서 쥐어짜지는 것처럼 느낄 것이라고 말씀하시는 겁니다. 이런 것들은 전혀 매력적으로 보이지 않아요."

"죄송해요, 예수님. 그렇지만 도대체 무엇이 이 모든 슬픔을 견딜 만큼 가치 있다는 거죠? 넓은 길이 삶의 여정을 더 쉽게 만들어 준다면, 어째서 그 길을 택하지 말아야 합니까? 좁은 길이 이르게 해 준다는 생명은 정확히 무엇입니까? 그리고 주님이 우리에게 주시기 원하는 좋은 것으로 가는 길은 왜 이렇게 나쁘게 느껴지는 것들로 우리를 이끌어 가는 것이죠? 고난이 꼭 필요한가요? 정말로 이것이 **좋은** 소식 맞나요?"

복음(gospel)이라는 단어는 좋은 소식을 의미한다. 의심할 여지 없이 예수님은 그분이 우리에게 들려주는 것이 좋은 소식이라고 생각하신다. 그러나 우리에게는 그것이 좋은 소식으로 들리지 않을 수도 있다. "예수 그리스도가 전한 복음의 좋은 소식"이라는 문구를 들을 때면, 우리가 좋은 소식이라고 기꺼이 동의할 수 있는 친숙한 가르침으로 생각이 쉽게 옮겨 간다. 예수님은 우리 죄에 대한 대가를 치르기 위해 죽으셨다. 그분을 구세주로 받아들일 때 우리는 그동안 저지른 잘못이나 앞으로 저지를 모든 잘못에 대해 즉시 용서받는다. 우리는 그분의 가족으로 받아들여지고, 천국의 영원한 분깃을 보장받는다. 이것은 좋은 소식이다. 그리고 용서받지 못한 죄가 이 땅을 사는 동안 그리고 그 이후에 우리를 어디로 데려가는지 깨달은 사람에게 이보다 더 좋은 소식은 없을 것이다.

그러나 우리는 너무 자주 "예수님, 감사합니다"라고 말한 뒤 곧바로 우리가 듣고 싶어 하는 좋은 소식, 즉 천국에 이르기 전 우리 삶에서 일어날 일에 관한 좋은 소식으로 관심을 돌린다. 이 지점에서 보통 우리는 많이 생각해 보지 않고 순진하게 주제넘은 태도를 보인다. 좋은 소식이란 어떤 것이어야 하는지 그저 우리가 편한 대로 생각하는 것이다.

'조직 검사 결과가 음성으로 나올까? 그렇다면 그것이야말로 좋은 소식일 거야. 하나님은 앞을 내다보실 수 있는 능력이 있으시잖아. 내가 알츠하이머에 걸리지는 않겠지? 그런 것은 나쁜 소식이니까. 정상적인 사고 능력을 잃지 않기 위해 사탄을 대적하는 기도를 하겠어. 그리고 나는 하나님이 나를 통해 일하시도록 그분을 의지하니까 내 아이들은 분명 바르게 자랄 거야. 나는 부모로서 내 역할을 다하고 있어. 그러니 하나님은 하나님의 역할을 하시겠지. 그렇지 않겠어? 하나님 방식대로 아이들을 양육하려고 노력한 내 순종에 대해 당연히 상급을 주시겠지. 그리고 선한 일을 하고 사람들을 잘 대해 주면 그들도 마침내 나를 인정해 주겠지? 이런 것이 내가 듣고 싶은 좋은 소식이야.'

그런데 이 모든 생각에서 초점은 오직 자신에게 맞춰져 있고, 예배는 존재하지 않는다는 것이 들리는가?

우리 귀는 하나님이 우리가 누리기 원하시는 좋은 삶, 풍성한 축복과 치유의 삶에 대한 이야기로 꽉 막혀 있는 것 같다. 그래서 우리는 예수님이 가져오시는 비교할 수 없는 좋은 소식, 곧 우리가 정말로 그분처럼 사랑하는 법을 배울 수 있다는 소식을 잘 듣지 못하는 것 같다. 바로 그것이 하늘로부터 우리에게 내려오는 영적 축복인데 말이다.

명확히 해 둘 필요가 있다. 예수님의 복음은 세 단계에 입각한 좋은 소식이다. 먼저, 우리의 죄 사함에서 **시작한다**. 문자 그대로 우리가 하나님의 아들과 딸이 되는 것이다. 그것은 도저히 상상할 수 없을 정도로 좋은 공동체와 좋은 도시에서 하나님과 영원히 사는 것으로 **끝난다**. 그리고 지금 그것이 초점을 맞추는 것은 축복과 시험, 치유와 고통이 뒤죽박죽 섞여 있는 것처럼 보이는 세상 가운데서 우리가 영적으로 성장하는 것, 예수님이 사랑하시는 것처럼 더 잘 사랑하도록 성장하는 것이다.

놓치기 쉬운 다른 한 가지도 명확히 해 둘 필요가 있다. **영적 성장은 관계적 성장**이라는 것이다. 우리는 영적 훈련을 할 때, 더 잘 사랑하게 하시는 성령의 능력을 의지하면서 하기보다 하나님의 임재를 느끼기 위한 노력으로 하기 쉽고 그래서 그것에 대해 더 이야기한다. 영적으로 성장하는 사람들은 정기적으로 하나님을 **경험**할 수도 있고 그렇지 않을 수도 있다. 그러나 영적으로 성장하는 사람들은 다른 이들과 관계를 맺는 방식을 통해 점점 더 하나님의 성품을 **드러내는** 사람으로 자라 갈 것이다.

이것이 핵심이다. 지옥의 괴로움 그리고 그 괴로움을 지금 맛본다면, 그것은 사랑할 능력이 없다는 데서 오는 고통이다. 상상해 보라. 순전히 이기심에 사로잡혀 철저한 소외 속에 살면서 언제나 필사적으로 자신이 원하는 것을 가지려고 발버둥 치지만 정작 그것을 주는 사람은 아무도 없는 삶, 하나님의 형상으로 지어졌지만 더 이상 그분의 성품을 반영하지 못하는 존재, 그것이 바로 지옥이다. 그리고 우리는 지금도 그것을 맛볼 수 있다.

그리스도 안에 있는 모든 사람들이 갖는 비전은 그것과 정반대다. 그들은 끊이지 않는 원천인 아버지의 임재, 예수님의 사랑, 성령의 생명을 늘 그리고 충만히 경험하는 것에서 하늘의 기쁨을 발견할 것이다. 그리고 그것은 흘러넘쳐서 어떤 것에도 제한받지 않고 다른 이들을 완전한 사랑으로 사랑할 능력이 될 것이고 순수하게 이타적으로 관계를 맺을 수 있도록 영원히 자유로워질 것이다. 그리고 모든 것이 새롭게 된 세상, 곧 모든 사람이 예수님처럼 사랑하는 그곳에서 오직 사랑하고 사랑받으며 사는 기쁨 속에서 살기를 영원히 원할 것이다. 그것은 잔치이며, 우리는 그 잔치에 초대받았다.

이것은 장차 이루어질 좋은 소식이다. 지금이 아닌 나중을 위한 것이다. 그렇다면 이 불완전한 세상에서 불완전한 존재로 살아가는 지금, 우리를 위한 좋은 소식은 무엇인가? 답은 분명하다. 그리고 그 답은 정말 좋은 소식이다. 그러나 하나님의 형상을 지닌 구속받은 자로서 자신의 가장 깊은 갈망에 잇대어 있는 사람들만 예수님이 지금 우리로 하여금 경험할 수 있게 하시는 것을 좋은 소식으로 받아들일 것이다. 마크가 가장 듣기 원하는 좋은 소식이 교인들로부터 인정을 받는 것인 한, 그는 성령이 들어와 계시는 영혼의 가장 깊은 갈망—곧 예수님이 그를 사랑하신 것처럼 그도 흠이 있는 사람들을 사랑하고자 하는 갈망—을 발견하지 못할 것이다.

❈ ❈ ❈

조직 검사는 양성으로 판명될 수 있다. 우리 자신이나 우리가 사랑하는 사람이 알츠하이머에 걸릴 수도 있다. 우리의 결혼 생활이 우리 기대나 소망에 부응하지 않을 수도 있다. 우리 자녀들이 마음을 아프게 할 수도 있다. 교회 지도자들은 점점 더 상처를 주는 비판을 들을 수도 있다. 그렇다면 이 세상을 함께 살아가는 나와 당신이 바로 지금 누리도록 보장된 복음의 좋은 소식이란 과연 무엇일까?

좋은 소식이란 이것이다. 하나님의 성령은 자기 보호적이고 방어적이며 자기를 높이는 방식으로 교만하게 다른 사람과 관계 맺는 것에서 우리를 벗어나게 하시고, 예수님처럼 사랑하는 존재로 만들어 가고 계신다. 그리고 그것은 최소한 우리 자신이 어떤 대가를 치르더라도 타인의 안녕에 헌신하는 삶을 산다는 뜻이다.

- 어떠한 삶의 환경에서도. 아무리 꿈이 산산조각 났다 하더라도.
- 어떠한 관계에서도. 아무리 실망스럽고 상처를 준다 하더라도.
- 어떠한 영혼의 상태에서도. 아무리 어둡고 끔찍한 상태에 있다 하더라도.

이것이 예수님이 사랑하신 방식이다. 그리고 우리 역시 하나님의 은혜와 성령의 능력으로 다른 사람과 맺는 관계에서 그분을 드러내도록 부름받았고, 그렇게 할 수 있도록 준비되었다. 그러나 우리는 알아야 한다. 예수님처럼 사랑하는 존재로 관계적 성숙을 이루는 과정은 좁은 길 위에서만 이루어진다는 것을 말이다. 잘 사랑하는 것은 쉽지 않다. 우리를 거기까지 데려가는 길은 예고 없이 우리를 날려 버리는 관계의 지뢰가 있는 것이 특징이다. 관계의 지뢰, 곧 분노, 질투, 탐욕, 죄책감, 혼란, 무관심으로 인해 사랑할 수 없어 보이거나 적어도 한동안은 전혀 사랑하고 싶은 마음이 들지 않는 상태 또는 특별히 사랑하기 어려운 사람을 사랑하는 것이 어떤 의미인지 아무 생각도 나지 않는 불구의 상태가 되기도 한다.

그런데 왜? 내 머릿속에 다음의 질문들이 떠오른다.

- 좁은 길이란 정확히 무엇인가?
- 인생에서 좁은 길을 걸을 때만 일어나는 관계적 성숙의 과정이란 무엇인가?
- 그 길 위에서 산다는 것은 정확히 무슨 의미인가?
- 그리고 왜 예수님처럼 더욱더 사랑하기 위해 자유로워지는 과정은 우리 안에서 생명을 쥐어짜 내는 것 같은 좁은 길 위에서만 펼쳐지는가? (우리 안에서 지옥을 쥐어짜 내는 것이라고 말해야 할까? 어쩌면 그것이 신학적으로 더 옳은 표현인지 모르겠다.)

나는 이 책을 두 가지 중요한 확신에서 시작하고자 한다. 첫째, 이 생애에서 예수님처럼 사랑하기를 배우는 것보다 더 참되고 오래가는 기쁨은 없다. 그것이 좁은 길을 걸을 때 가닿게 되는 생명이다. 둘째, 소수의 사람들만 생명에 이르는 그 길을 발견한다. 그리고 더 소수의 사람들만 성숙의 과정을 겪으며 그 길 위에 머문다.

나도 그 소수에 포함되고 싶다. 만약 당신도 그렇다면, 하나님께 생명에 이르는 좁은 길에서 사는 삶의 의미를 보여 주시길 함께 구하자.

아무리 힘든 관계나 상황 속에서도 들려오는 좋은 소식이 있다.

좁은 길 위에서 예수님을 따라갈 때 기쁨이 우리를 기다린다. 우리는 예수님의 행복으로 행복할 수 있다. 하나님은 그것이야말로 정말로 좋은 소식이라고 생각하신다. 우리도 그렇게 생각하는 법을 배울 수 있다.

3장   나는 생명에 이르는 좁은 길 위에 있는가?

아마 나를 잘 아는 소수의 사람들—때로 내가 쓴 가면 아래의 진짜 나를 들여다볼 수 있는 사람들—은 낄낄대고 웃으며, 내가 요즘 많은 이들이 생각하는 그런 성숙한 그리스도인의 전형은 되지 못한다는 사실에 곧바로 고개를 끄덕일 것이다. 나도 그들이 옳다고 생각한다.

예수님은 자신을 따르는 사람들이 "생명을 얻고 또 더 넘치게 얻게" 하려고 오신 것 아니었나?(요 10:10) 그리고 그것은 죄와의 싸움이 지속적으로 줄어들어, 사소한 실수들은 계속하겠지만 적어도 매일 회개할 필요는 없어질 것이라는 의미가 아닌가? 자신과 자신의 삶에 대해 만족스럽지 않다면, 예수님을 향한 신실한 사랑을 하나님이 기뻐하시며 그 증표로 베푸시는 그분의 축복을 누리고 있지 않다면, 그 누가 생명을 얻었고 또 더 넘치게 얻었다고 주장할 수 있겠는가?

만약 이런 것이 성숙한 그리스도인이 된다는 의미라면, 맞는 말이긴 하다. 나야말로 예수님이 그분을 따르는 이들에게 주시는 풍성한 삶을 제대로 알리지 못하는지도 모른다. 나를 비판하는 목소리가 많다. 여러 책에서 내가 어떻게 신학에 세속적 심리학을 교묘히 접목했는지 폭로했고, 나를 심리학적 이단으로 낙인찍었다. 나는 아주 심각하게 오해를 받고 있다고 생각한다. 나는 어떻게 반응하냐고? 겉으로 보기에는 우아하지만, 내면세계에서는 있는 그대로를 다 드러내면 예수님의 향기를 풍기는 것과는 한참 거리가 먼 일들이 많이 일어나고 있다.

불안, 분노, 탈진, 선을 행하는 것에 대한 피곤함, 패배감, 좌절감, 지루함, 내일에 대한 걱정, 오늘에 대한 분노, 누군가에 대한 짜증 등 이런 것들을 잠시도 느끼지 않고 지나가는 날이 거의 없다. 대부분의 사람들은 내 안에서 부글부글 끓고 있는 이런 연약하고 추한 모습을 보지 못하는 것이 사실이다. 적어도 감정이 내 행동을 결정짓지 못하게 하는 것만큼은 잘하기 때문이다. 그러나 표면 아래 내 안 깊은 곳에서는 썩은 구정물이 계속 튀고 있다.

아주 미묘하기 때문에 대부분이 그냥 넘겨 버릴 수 있다고 생각하는 죄, 곧 관계적 죄를 인정하는 정직함이 필요하지 않은 날이 거의 없다는 것도 사실이다. 타인 중심적이고 순전하며 하나님을 온전히 드러내는 사람, 곧 예수님과 같은 사랑에 미치지 못하는 무언가를 가지고 다른 사람과 관계를 맺을 때마다 우리는 이 죄를 범한다. 나는 한 번도, 사실 단 한순간도, 하나님의 성품을 있는 그대로 드러내는 온전히 순전한 사랑으로 누군가를 사랑해 보지 못했다. 늘 하나님의 사랑이라는 관계적 영광에는 미치지 못한다.

적어도 자기중심성이라는 때로 급류처럼 내 안에 몰아치는 더러운 하수는 나를 비판하는 사람들은 물론이고 내가 가장 사랑하는 사람들과 관계를 맺는 방식까지도 오염시킨다. 나는 얼마나 비참한 사람인가! 이런 내게 관계적으로 성숙한 예수님의 제자로 성장해 갈 소망이 있을까?

아니면 그 일은 이미 일어나고 있나? 생명으로 이끄는 길 위에 **있는** 것은 가능한가? 나는 로마서를 읽으면서 내면에 영적이지 못한 것이 가득 차 있다는 점이 놀라울 정도로 비슷한 동지가 있음을 깨닫는다. 바울, 역사상 가장 성숙한 그리스도인이라 할 만한 그가 믿는 사람으로서 자신이 했던 경험에 대해 말하는 것을 들어 보라. "나는 내가 하는 일을 이해하지 못합니다. 이것은 내가 원하는 것은 하지 않고 도리어 원치 않는 것을 하기 때문입니다"(롬 7:15, 현대인의 성경). 성숙한 그리스도인이었던 바울이 혼란과 패배감 속에서 살았다고? 나도 그렇다. 하지만 나의 고백은 훨씬 더 밑바닥까지 내려간다. 나는 내가 원치 않는 것을 행한다. 그러나 그것을 행하는 그 순간만큼은 원치 않는 그것을 사랑한다. 그 사실이 더 좌절스러운데, 내가 원치 않는 것을 사랑한다는 것이 나는 너무 싫다.

나를 너무 드러내지 않는 선에서, 내 이야기를 예로 들어보겠다. 사실 이제부터 말하려고 하는 것보다 훨씬 더 형편없는 모습도 나눌 수 있다. 나는 짜증나게 하는 사람에게 냉소적인 말을 던질 때 우월하고 강하다고 느끼며, 타인에 대해 나와 비슷한 판단을 하는 이들과 더 친밀하다고 느낀다. 그리고 스스로를 의롭다 여기면서 나를 나쁘게 대하는 사람으로부터 물러나 우쭐거리는 마음과 함께 안전함을 느낀다. 너무 자주, 의식하지 못한 채, 정말로 사랑하는 사람에게 사랑을 표현할 때도 상대방의 마음을 감동시키고 싶은 열망보다는 인정받고 싶은 욕구가 앞선다. 나는 왜 그런 식으로 관계를 맺는 것일까? 나도 그러고 싶지 않다. 아니다. 어쩌면 그러고 싶은지도 모른다. 사랑하기를 배우는 것은 싸움이다.

정말로 나 자신을 이해할 수 없다. 옳은 일을 행하기 원하지만 너무도 자주 원치 않는 일을 하고, 죄책감이 몰려오기 전까지 그렇게 하는 것을 즐긴다. 나는 성령의 깨끗하게 하시는 능력에 대해 거의 아는 바가 없는 타락한 인간으로서 관계 맺으며 살면서 죄 많고 엉망진창인 존재, 즉 분명 은혜로 용서받았고 사랑받는 하나님의 자녀가 되었지만 그래도 여전히 문제 많은 존재에 불과한가?

그렇지 않다. 나는 그 이상의 존재다. 하나님은 내 안에 선한 일을 시작하셨다. 나는 그리스도인이고, 성령은 내가 예수님이 관계 맺는 방식을 닮아 가게 하려고 일하신다. 그리고 하나님이 그 일을 완성하실 것을 나는 믿는다.

그러나 지금 나는 생명에 이르는 좁은 길 위에 있는가, 그렇지 않은가?

샌디는 어떠한가? 그녀는 기쁨을 향해 나아가고 있을까? 그렇지 않다면, 그녀는 어떤 방향을 택해야 할까? 샌디를 기억하는가? 그녀는 프롤로그에서 짧게 소개했던 자기방어적인 여성이다. 심한 학대를 견뎠던 20년간의 결혼 생활은 그녀에게 정신적 외상을 남겼고, 그녀는 재혼한 남편이 좋은 사람인 것을 알면서도 그가 보여 주는 사랑을 받아들이기 두려워한다. 그녀는 내게 다시는 사랑할 수 없을까 봐—과연 그녀가 사랑한 적이 있었을까? 나는 확신할 수 없다—두렵다고 말한 뒤, 기도를 부탁했다.

몇 년 전이었다면 나는 이렇게 기도했을 것이다. "주님, 샌디로 하여금 주님이 그녀의 아픔을 느끼고 계심을, 그래서 그녀와 함께하고 계심을 알게 해 주십시오. 그리고 그녀가 주님의 사랑 안에서 치유되는 과정을 제가 함께 걸을 수 있게 도와주십시오." 혹은 일시적인 율법주의에 경도되어 성급히 이런 식으로 기도했을 수도 있다. "샌디로 하여금 자신이 남편과의 관계에서 얼마나 큰 죄를 범하고 있는지 깨닫게 해 주십시오. 그녀가 자신의 죄를 회개하고 성령의 능력 안에서 더 잘 사랑하기를 선택할 수 있게 도와주십시오."

그러나 이제 나의 기도는 다르다. "주님" 나는 큰 소리로 부르짖으며 시작했다. "샌디는 자신의 고통과 두려움을 너무도 잘 알기에 더 큰 고통을 가져올 어떤 일도 자신에게 일어나지 않기를 무엇보다 원합니다. 예수님, 선한 목자이신 주님은 샌디가 더 자유롭고 온전하고 사랑하는 사람 그리하여 행복한 사람이 되게 하시려고 그녀를 구원하셨고, 이를 위해 그녀가 어려운 길을 가야 한다면 그 길로 이끌어 가실 수도 있다는 것을 그녀가 믿게 해 주십시오. 또한 샌디에게 자신의 자기방어적 태도가 남편에게 어떤 영향을 끼치는지 볼 수 있는 눈을 주시고, 어떤 어려움이 있더라도 그녀가 진심으로 남편을 축복하길 바라고 있음을 마음 깊이 깨달을 수 있게 해 주십시오. 마지막으로 주님, 그녀의 눈을 열어 그녀를 향해 늘 미소 짓고 계신 당신을 보게 하시고, 당신은 그녀가 잘 사랑하지 못할 때도 조급해하지 않으시며, 예수님 같은 사랑을 드러내도록 그녀 안에 성령을 충만히 부어 주길 원하신다는 것을 보게 해 주십시오. 예수님의 이름으로 기도드립니다. 아멘."

내가 눈을 떴을 때, 샌디는 나를 바라보고 있었다. "그렇게 기도하실 거라고는 생각하지 못했어요." 그녀가 말했다.

"이 기도에 아멘이라고 할 수 있습니까?" 나는 물었다.

그녀는 잠시 머뭇거린 뒤 조용히 대답했다. "잘 모르겠어요."

샌디가 좁은 길을 걸을 수 있을까? 그녀가 남편을 사랑하지 못할 때도 그녀는 하나님의 사랑을 받고 있음을 받아들일 만큼 그녀를 자유롭게 하고, 그 자유가 마침내 그녀 안에 사랑하고픈 갈망을 일으키며, 그녀로 하여금 사랑하는 것에서 기쁨을 발견하게 할 좁은 길 말이다. 그녀는 그 길 위에 있을까? 그 길에 마음이 끌리기는 할까? 그렇다면 나는 어떠한가?

세상의 심리학은 이 질문들에 대한 답을 찾을 때 아무 도움도 주지 못한다. 악의 기원을 적절하게 정의하거나 설명하지도 못한다. 타인과 관계를 맺을 때 내 안에 남아 있는 부인할 수 없는 도덕적 불결함을 완전히 해명하지도 못한다. 또한 하나님의 방식으로 진정한 사랑을 할 때 누릴 수 있는 기쁨으로 향하는 길을 내게 제시해 주지 못한다. 심리학은 나, 샌디 혹은 다른 누구에게도, 우리가 창조될 때 주어진 행복으로 데려다주는 믿을 만한 안내자가 아니다.

그래서 나는 최근 몇 년 전부터 스스로를 더 이상 심리학자라 부르지 않는다. 나에게 가장 크게 잘못된 것이 무엇인지 깨닫기 위해 필요한 지혜와 잘못된 길을 바로잡기 위해 필요한 능력은 다른 곳에서 찾아야 한다. 약간 주저하기는 하지만, 이제 나는 스스로를 영성 지도자로 부르기를 선호한다. 내가 정의하는 영성 지도자란, 하나님을 알고자 하는 보편적 갈망을 함께 나누면서 다른 이들과 함께 여정을 가는 영혼의 동반자다. 하나님을 알되 그분을 친밀하게 알 때, 우리 깊숙한 곳에 여전히 남은 아름다움, 곧 추한 모든 것 아래 성령이 맺는 관계의 아름다움이 우리가 맺는 관계의 방식에도 스며든다.

그런데 이러한 새로운 정체성을 받아들일 때 심각한 결점이 선명하게 드러난다. **나는 하나님과의 친밀한 관계를 자주 또는 확실히는 경험하지 못한다.** 그러나 사라 이모는 달랐다. 남편과 사별한 80대 후반의 이모에게 언젠가 예수님을 경험하는 것이란 어떤 것이냐고 물었다. 이모는 몸을 앞으로 기울이더니 마치 막 결혼한 신부같이 들떠서 말했다. "때로 예수님이 나를 꼭 껴안아 주시는 것처럼 느껴질 때가 있어." 그런 것은 외롭고 늙은 과부처럼 그런 경험이 필요한 소수에게만 성령이 허락하시는 특별한 축복인가? 어쩌면 하나님의 사랑 넘치는 임재를 풍성히 경험하는 것은 나보다 훨씬 더 영적으로 성숙한 그리스도인에게만 허락되는 일인지도 모르겠다.

하나님을 경험하는 것, 그분을 보지 못하면서도 믿고 "말로 다 표현할 수 없는 즐거움과 영광을 누리면서" 기뻐하는 것이란 정확히 무엇을 의미하는가?(벧전 1:8) 하나님을 경험한다는 것의 의미가 마음이 깨질 듯 아플 때도 기쁨으로 하늘 아버지의 마음을 온전히 신뢰하고, 자신이 실패하거나 다른 이들이 실망을 안겨 줄 때도 예수님의 사랑을 느끼며 그 안에서 편안하게 잘 수 있으며, 어려움이 올 때도 성령의 관계적 리듬 안으로 우아하게 들어가는 것이라면, 정기적으로 하나님을 경험한다고 증언할 수 있기까지 내가 가야 할 길은 아직도 먼 것 같다. 만약 당신이 나를 위해서 내가 샌디를 위해 했던 것처럼 기도한 뒤 아멘이라고 답할 수 있겠냐고 묻는다면, 솔직히 나도 샌디와 같이 "잘 모르겠어요"라고 답할 때가 많을 것이다.

나는 좁은 길 위에 있는가, 있지 않은가?

60년 이상 그리스도를 나의 구세주로 믿어 오면서 그리고 매일 관계적으로 죄를 지으면서도, 나는 기쁨의 눈물이 터져 나오고 하나님이 나를 기뻐하신다는 절절한 인식에 압도되며 그분의 사랑으로 인해 모든 두려움이 잠재워지고 찬양의 노래 가운데 기쁨에 사로잡히는 순간을 여러 번 경험해 보았고, 경우에 따라서는 그 순간이 일정 기간 동안 지속되기도 했다.

그렇지만 겨우 몇 번? 60년 이상의 세월 동안?

내 안에 있는 그분의 기쁨, 나를 향한 그분의 사랑, 그분이 나로 인해 즐거워하시는 것을 경험하는 것은 보다 지속적으로 느껴지는 실재여야 하지 않은가? 그것이 성숙한 그리스도인이 경험하는 삶 아닌가? 그것이 그리스도인이 알 수 있는 행복 아닌가? 그렇다면 나는 미성숙한 고린도 교회의 교인들 가운데 자리를 잡고 앉아 바울이 다음과 같이 하는 말을 들어야 하는가? "나는 여러분에게

…그리스도 안에서 어린아이 같은 사람에게 말하듯이 하였습니다"(고전 3:1). 나는 예순 살 먹은 어린아이란 말인가?

고전적 복음주의의 기준으로 볼 때 나는 정통 신학을 따른다. 그럼에도 불구하고 진리를 믿는 만큼 삶으로 경험하지 못하는 것이 사실이다. 그러나 나는 복음의 진리가 제시하는 삶의 즐거움을 제한적으로만 경험한다 해도, 책과 집회에서 내가 전한 가르침이 여러 사람의 삶에 상당히 좋은 변화를 일으켰다는 이야기를 종종 듣는다. 내 안에는 추한 모습들이 여전히 있음에도 불구하고, 나는 아내와 가족을 진심으로 그리고 자주 희생적으로 사랑한다. 그리고 누군가 가장 깊은 내적 싸움에 대해 내게 조언을 부탁할 때 그래서 그들로 하여금 그리스도를 더 실제와 같이 느낄 수 있게 할 성령으로부터 오는 무언가를 말해 줄 수 있을 때, 교만이 아닌 감사로 나는 살아 있다고 느낀다. 그렇다. 나는 내가 영적인 유아라고 생각하지 않는다. 나는 그분의 기쁨을 알고 있다. 나는 내 자신을 육신에 속한 자들인 고린도 교인들과 같다고 말하지 않으련다.

그러나 여전히 내 안에는 반(反)하나님 바이러스, 타인들의 희생을 통해 나의 안녕을 추구하려는 강한 성향이 남아 있다. 그러면서도 나는 옳은 일 하기를 갈망하고, 나의 희생을 통해 다른 이들을 축복하기를 원한다. 때로 정말로 그러기도 하고, 완전히 순수하게는 아니더라도 충분히 의미 있게 그렇게 하기도 한다. 나는 두 사람인가? 이중인격? 지킬 박사와 하이드? 사랑을 위한 싸움은 진짜다.

나는 주님이 나에게 말씀하시는 것을 듣는다. "네가 가야 할

[가장 좋은] 길을 내가 너에게 지시하고 가르쳐 주마"(시 32:8). 이런 일이 정말로 일어나고 있는가? 어쩌면 하나님은 그분이 나로 하여금 걷게 하신 그 길 위에서 내 안의 추함과 연약함을 의도적으로 드러내시고 어떤 식으로든 그것을 다루고 계신지도 모른다. 그 길은 좁은 길인가? 가장 좋은 길, 좁은 그 길에는 때로 성숙에 대한 모든 소망이 다 사라져 버린 어둡고 문제 가득한 구간들이 존재하는가?

※ ※ ※

앞서 나는 영적 인도, 즉 때로 내가 주기도 하고 받기도 했던 대화에 대해 말했다. 그러나 나는 묻고 싶다. 영성 지도자가 추구해야 할 궁극적 목적은 무엇인가? 성령의 인도를 받는 영성 지도자가 제공하는 영성 지도를 통해, 싸움과 실패는 하나님의 친밀한 임재를 강렬하게 경험하는 것으로 **대체**되어야 하는가? 아니면 성령의 인도하심을 받는 영성 지도란 의심이 들 때도 좁은 길을 계속 걸어가기 위해, 우리의 연약함 가운데서 하나님의 강함을 발견하기 위해, 악이 우리의 노력을 망치더라도 계속 선을 행하기 위해, 아무것도 소용없다는 좌절감이 우리를 삼켜 버릴 것 같은 순간에도 지칠 줄 모르는 소망으로 살아가기 위해, 오직 천국만이 완전히 해소시켜 줄 '목마름 속에서 살아가기' 위해 필요한 믿음을 일깨우고 북돋워 주는 것인가?

성경은 하나님이 하시는 모든 일은 그분의 영광을 위한 것이라고 분명히 말한다. 아마도 내가 하나님께 돌릴 수 있는 가장 빛나는 영광이 살아나고 드러나는 것은 내 내면은 여전히 뒤죽박죽이고 때로 그 자체의 소음이 다른 모든 소리를 압도하는 것 같아도, 성령이 주시는 힘으로 내가 관계를 맺는 방식에서 사랑이신 그분의 거룩한 성품을 드러내고 때로 설명하기 힘들지만 늘 그분의 선한 길을 드러낼 때일 것이다. 바로 그때, 겸손은 불가피해지고 하나님을 의지하는 것이 절실해진다. 그리고 그것은 좋은 일이다.

나는 내가 정말로 좁은 길 위에 있는지 간절히 알기 원한다. 그래서 아직 그 길 위에 있지 않다면 어떻게 그 길에 올라설 수 있는지 알고 싶다. 나는 좁은 길이 이끌어 가는 풍성한 삶을 살고 싶다. 그러나 우리는 한 가지 결정적인 질문을 던져야 한다. 그리스도인의 풍성한 삶에서 풍성함이란 무엇인가? 많은 이가 삶에서 받는 '풍성한 축복'과 모든 상처와 질병에서 벗어나는 '풍성한 치유'를 말한다. 이유는 이후에 분명히 밝히겠지만, 나는 그들이 틀렸다고 믿는다. 이 생애에서 세속적 축복이나 육체적 치유는 보장되지 않는다. 그런 것들이 주어진다면, 그것들은 부차적 행복을 줄 뿐이다. 물론 그것은 좋은 것이며, 때로는 아주 좋다.

그러나 더 나은 것이 있다. 예수님의 죽음과 부활을 통해 가능해진 그분의 생명에 참여하는 것을 통해(벧후 1:4을 보라), 그분은 우리가 관계 맺는 방식에서 그분의 관계적 에너지를 드러낼 수 있도록 갈망과 능력을 풍성하게 공급하신다. 다른 사람들이 우리를 잘 대하든 못 대하든 그들의 태도에도 **불구하고**, 우리 삶에 찾아오는 들쑥날쑥한 축복과 시험에도 **불구하고**, 그리고 (아마 가장 기적적이게도) 우리 안에 여전히 만연한 악한 정욕, 치유되지 않은 상처,

이기적인 욕망, 어리석은 생각, 꼼짝 못하게 하는 두려움에도 **불구하고** 말이다. 마크와 샌디에게도, 당신과 나에게도 희망이 있다. 예수님처럼 사랑하는 풍성한 관계 맺기는 풍성한 행복, 일차적 행복, 목마른 영혼 속에서도 잘 자라나는 행복을 가져온다.

어쩌면 나는 우리가 죽기 전에 그리고 예수님이 우리의 영적 성숙을 다 이루시기 전에 지금 가능한 삶, 즉 그리스도인으로 사는 삶의 의미를 보여 주는 전형이 될 수 있을지도 모른다. 좁은 길 위에서 살고 있는지도 모른다. 그 길 위에서 산다는 것이 그리스도와 닮지 않은 모든 것이 내 안에서 서서히 드러나고, 내가 다른 사람과 관계 맺는 방식을 지배하던 힘 역시 서서히 그러나 분명히 내 안에서 빠져나오고 있음을 의미한다면 말이다. 그리고 아마도 그 길을 걸을 때, 나의 가장 깊은 곳에서는 조금 더 예수님처럼 사랑하기 위해 필요한 능력이 나오고 있을 것이다. 어쩌면 나는 내가 쉽게 행복이라고 인식하지 못했던 종류의 행복으로 행복한 것인지도 모른다.

그렇다면 이 모든 일은 어떻게 일어나는가? 좁은 길이란 무엇이며, 어떻게 그 길을 걷는 것이 우리를 생명으로 인도하는가?

4장 하나님이 언제나 응답하시는 한 가지 기도

가장 위대한 성인들이 이루었다고 기록된 어느 수준의 거룩함이나 영웅심도 [하나님이] 마지막에 우리 모두 안에 이루기로 작정하신 그 이상을 넘어서지 못한다. 그 일은 이번 생애에서 완성되지 않는다. 그러나 우리가 죽기 전 갈 수 있는 가장 멀리까지 가게 하시는 것이 그분의 뜻이다.

_ C. S. 루이스[1]

"죽기 전 갈 수 있는 가장 멀리까지." 나에게 이 말은 예언적 의미가 있다. 이번 장을 쓰기 시작한 지금, 힘든 소식을 들은 지 이틀이 지났다. 의사가 내게 전화를 했다. 피검사 결과 이미 두 번의 수술을 통해 제거한 암이 재발했다는 소식이었다.

이 순간 나는 풍성한 삶으로 향하는 좁은 길을 걸을 수 있을까? 그 길을 걸으면, 의사가 좋은 소식을 알려 준 양 기분 좋은 척하지 않으면서도 다른 사람들에게 그리스도의 관계적 성품을 드러낼 수 있을까? 지금 내 안에 다른 이들의 안녕에 헌신할 힘을 공급해 주는 그런 성품을 말이다.

당신이 이 책을 읽고 있을 즈음에는 내 의학적 상태에 대한 결과가 분명해져 있을 것이다. 그러나 그 몇 개월이 지나기 전인 지금, 나는 어떤 생각을 해야 할까? 무엇을 믿어야 할까? 어떤 존재여야 할까? 어떤 존재가 **될 수 있을까**? 어떻게 전개될지 모르는 이런 불확실한 상황 앞에서도 더 깊은 영적 성숙을 이루고 다른 사람을 대하는 방식에 있어서 하나님의 이야기가 전개되도록 내게 적극적으로 힘을 줄 그런 길이 과연 존재하는가? 관계를 맺는 방식에서 예수님을 드러내는 것이 정말 내가 원하는 것 혹은 **가장** 바라는 것인가?

기도하는 공동체에 있기를 원했던 아내와 나는 이 소식을 친구들에게 전했다. 나는 **반갑지 않은** 소식이라고 말할 뻔했다. 그리고 어떤 의미에서 나쁘고 반갑지 않은 소식임은 분명하다. 건강을 비롯해 우리가 이 땅에서 얻을 수 있는 좋은 것들을 바라거나 그런 것들을 위해 기도하는 것은 죄가 아니며 신실하지 못한 것도 아니다. 그러나 예수님의 형제 야고보는 성령에 이끌려, 낙심되는 소식이 "더할 나위 없는 기쁨"을 얻을 기회가 된다는 것을 알려 주었다 (약 1:2). 그의 말은 무슨 뜻인가? 의사가 "검사 결과, 정상입니다. 내년 정기 검진 때 뵙지요"라고 말했다면 나는 큰 안도감과 기쁨을 경험했을 것이다. 그런데 크게 낙심되는 일을 통해서만 얻는 더할 나위 없는 기쁨이란 무엇인가? 나는 야고보가 전하는 영성 지도에 대해 오늘과 내일, 그리고 무슨 일이 일어나든, 어떻게 반응해야 할까?

물론 내 친구들은 기도할 것이다. 감사한 일이다. 그러나 그들은 어떻게 기도해야 할까? 나는 어떻게 기도하고 있는가? 우리가 가장 바라는 결과는 무엇인가? 우리의 기도가 가장 열렬히 향하고 있어야 하는 결과는 무엇인가?

그리스도인 사이에서 기도가 화두가 될 때, 특히 아주 어려운 상황 때문에 그런 논의를 하게 된 경우라면, 크게 의견이 다른 두 그룹으로 나뉜다. 첫 번째 그룹은 간교함이나 의심 없이 하나님은 기도에 응답하신다고 선언한다. 우리는 구하고, 하나님은 주신다. 유일한 조건은 믿음이다. 즉 하나님이 주실 것이라 믿는 그것을 받는다는 것이다. 이것이 첫 번째 그룹의 신학이다. 이 신학을 따르는 사람들은 부차적 행복, 즉 삶의 축복과 질병 및 감정의 치유에 따라오는 행복을 갈망하는 것에 집중한다.

조금 더 집요하게 물으면, 이 신실한 신자들은 때로 기도가 응답받지 못한 것처럼 보일 때도 있었다고 인정한다. 그러나 이내 자신의 기도 신학을 손상시키지 않을 만한 설명을 덧붙인다. 보통 다음 두 문장 중 하나는 포함될 것이다. "지금은 조금 기다려야 할지 모르지만, 우리는 하나님의 응답이 오는 중임을 알고 있습니다." 혹은 "하나님은 우리 마음을 가장 잘 아십니다. 그래서 때로 우리는 다른 것을 원했다고 생각했는데, 하나님은 우리 삶을 더 나아지게 하시려고 우리가 정말 마음으로 원했던 것을 주시는 것이지요."

첫 번째 그룹에 속한 그리스도인 대부분은 응답되지 않은 기도에 대한 미묘한 설명에는 큰 관심을 두지 않으며, 모든 것을 단순하게 생각하기를 좋아한다. 내가 수술이 성공적으로 끝나서 암과의 첫 번째 싸움에서 이겼을 때, 한 친구는 활짝 웃으며 이렇게 말했다. "모든 것이 잘되리란 것을 알았어요. 그렇게 기도했거든요." 내 건강을 염려하는 그녀의 관심은 감사했지만, 그 말은 사실 내게 별 의미가 없었다. 형이 비행기 사고로 죽던 날에도 나는 그의 안전한 여행을 위해 기도했었다. 나는 첫 번째 그룹에 속하지 않는다.

두 번째 그룹의 신자들은 기도에 대해 생각할 때, 회의론으로 기운다. 하나님의 선하심과 능력을 믿지만, 신비의 영역에 따르는 불편한 혼란도 받아들인다. 어떤 사람들은 응답되지 않은 기도에 대한 고통스러운 기억 때문에 믿음이 약해져서 최대한 자신의 능력으로 상황을 관리하고 문제를 해결하려고 노력한다. 느슨하게나마 성경적 원칙을 따르기도 하고, 하나님이 듣고 계시거나 응답하실 기분일 경우를 대비해 가끔씩 건성으로 기도하기도 한다.

두 번째 그룹 중 신중한 사람들은 때로 자신을 이렇게 표현한다. "우리는 하나님을 믿으며, 예수님을 우리의 구세주요 주님으로 고백합니다. 그분이 우리를 돌보신다는 것을 압니다. 우리는 멀리 떨어진 채 우리 일에는 개입하지 않으시는 하나님을 믿는 이신론자가 아닙니다. 그렇지만 교회에서 가르치는 기도는 도저히 납득이 가지 않습니다. 하나님은 지혜로우시고 선하시고 전능하시고 모든 것을 원하는 대로 행하시는 주권자이십니다. 그분에게는 길을 안내해 줄 조언자나 이끌어 줄 영적 친구가 필요하지 않습니다. 그분은 우리 삶에 어떤 일이 일어나든, 우리가 하늘에서만 선하다고 인식할 수 있을 어떤 목적을 위해 모든 것을 사용하십니다. 우리가 기도하기 전까지는 하나님이 행하실 의도가 전혀 없던 일을 기도로 그분이 행하시도록 설득할 수 있다고 생각하는 것은 받아들이기 힘듭니다. 그저 인간에 불과한 우리가 하나님께 그분이 생각해 보지 않은 방향을 제시할 수는 없습니다. 또한 우리의 청을 들어주시는 것이 그분의 완벽한 계획에서 아주 조금밖에 안 벗어나는 것이라 해도, 그분이 처음부터 거절할 마음이 없었기에 우리가 간절히 청할 수 있는 것입니다." 슬쩍 보면, 나는 두 번째 그룹의 생각에 약간 끌린다.

내가 첫 번째 그룹에 속한 적이 있었다면, 열 살 때였다. 그리고 그때 나는 그 그룹 회원권을 완전히 버렸다. 일요일 오후였다. 그날 아침 교회 학교에서 부크발드 선생님은 우리 반 아이들에게 마태복음 21장 22절을 읽게 하셨는데, 예수님이 제자들에게 '무엇이든지 믿고 구하는 것은 다 받을 것이다'라고 말씀하신 구절이었다. 나는 전에 그 말씀을 들어본 적이 없었다. 그래서 곧바로 첫 번째 그룹에 가입했다. '예수님은 절대로 거짓말을 하시지 않아. 그리고 그분이 지금 내가 어떤 기도를 하더라도 하나님께 그것을 하실 능력과 뜻이 있음을 믿기만 하면 이루어 주실 거라고 말씀하고 계시잖아.'

나는 흥분해서 교회를 나왔다. 그날 저녁, 가족과 함께 식사를 마친 뒤 아빠는 책을 들고 제일 좋아하는 의자로 향하고 엄마는 잠깐 눈을 붙이러 침대로 간 사이 나는 밖으로 뛰어나갔다. 슈퍼맨처럼 날고 싶었다.

나는 우리 집 주차장 진입로에서 활활 타오르는 열정적인 기대를 가지고 눈을 꼭 감은 채 기도했다. "하나님, 저는 하나님이 뭐든 하실 수 있다는 걸 알아요. 제가 날 수 있게 해 주시길 부탁드려요. 이제 제가 점프를 할 테니, 뒷일은 하나님이 알아서 해 주세요."

나는 내 몫을 했다. 그런데 하나님은 하나님 몫을 하지 않으셨다. 매번 하늘로 솟아오를 것을 더 열정적으로 믿으면서 여러 번 점프를 해 보았다. 나는 날아오르지 않았다. 그 순간 이후로 지금까지 단 한 번도 나는 첫 번째 그룹의 그리스도인이었던 적이 없다.

그렇다고 내가 두 번째 그룹에 꼭 들어맞는 것도 아니다. 나는 기도의 응답을 믿는다. 예수님은 분명히 내가 무엇이든 믿음으로 기도하면 받을 것이라고 말씀하셨다. 나는 그분의 말씀을 부인할 수 없다. 그분이 하신 그 말씀이 진심이었다고 믿는다. 그러나 우리는 질문해 보아야 한다. **그분이 정말로 말씀하시고자 했던 것은 무엇인가?**

이 질문과 씨름하고 있는데, 기도에 대한 나의 생각에 또 다른 문제가 발생했다. 예수님이 **가르치신** 기도와 실제로 그분이 **하신** 기도가 서로 달라 보였다. 그분은 마태복음 21장에서 우리가 믿음이라는 한 가지 조건만 충족시킨다면 무엇이든 구하는 대로 응답받을 것이라고 보장하셨다. 믿으면 받을 것이다. 이것이 예수님이 가르치신 내용이다. 적어도 그렇게 보인다.

그런데 겟세마네에서는 "나의 아버지, 하실 수만 있으시면"(마 26:39을 보라)이라는 조건적 기도를 하셨다. 내게는 이런 기도가 친숙할 뿐 아니라 어쩐지 편안하게 느껴진다. "하나님, 여기 저의 기도가 있습니다. 만일 그것이 당신의 뜻이라면, 제 기도에 응답하시고 제가 구하는 것을 허락하실 것입니다. 그러나 그것이 당신의 뜻이 아니라면, 당신이 뜻하시는 가장 선한 것을 이루기 위해 제가 구하는 것을 허락하지 않으실 것입니다."

조건적 기도는 나에게 납득이 된다. 이런 기도를 항상 좋아하는 것은 아닌데, 가장 선한 것에 대한 나의 이해와 하나님의 이해가 항상 일치하지는 않기 때문이다. 사랑 많은 부모가 더 큰 선, 예를 들어 자녀의 장기적인 건강을 염두에 두고 야채는 안 먹고 디저트만 먹겠다고 하는 자녀의 말을 들어주지 않는 것처럼, 하나님은 궁극적인 더 큰 선을 위해 당장의 기쁨을 막으실 수도 있고 하나님이 생각하는 선을 이루는 데 도움이 될 고통스러운 역경을 허락하실 수도 있다.

※ ※ ※

그렇다면 무엇이 더 큰 선인가? 정말로 더 큰 선이란 예수님처럼 사랑함으로써 그분처럼 나도 행복해지는 것인가? 그것이 내가 가장 원하는 것인가? 설령 그것에 이르는 길이 내가 명백하게 가장 원치 않는 것, 예를 들어 암 같은 것을 포함하고 있을지라도? 그리고 하나님이 그분의 순전한 선하심 가운데서 더 큰 선에 온전히 전념하고 계시다면, 더 큰 선을 받고 그 안에서 즐거워하기 위해서 하는 모든 기도는 당연히 응답되는 것인가? 하나님의 관심이 향하는, 이 생애에서 나를 위한 더 큰 선이란 무엇인가? 그리고 다시 한 번 묻지만, 그 더 큰 선이 무엇이든 간에, 나는 정말로 그것을 원하는가?

그러면 마태복음 21장에서 하신 예수님의 말씀은 더 큰 선을 구하는 모든 기도가 응답될 것이라는 의미였나? 만약 그렇다면, 하나님이 그토록 이루시고자 하는 더 큰 선이 무엇인지 알고 다른 어떤 것보다 그 선을 갈망하는 것은 아주 시급한 일이다. 나아가, 예수님은 마태복음 26장에서 덜 중요한 선을 구하는 기도는 조건적으로 해야 한다고 말씀하신 것인가? "하나님, 당신이 저를 위해 최고의 선을 **뜻하고 계심**을 압니다. 제가 구하는 바를 허락하시는 것이 당신이 제 삶에 이루고 계신 일을 진전시킨다면, 이 기도는 응답될 것입니다. 그러나 제가 구하는 바를 허락하시지 않는 것이 당신이 전념하고 계시는 최고의 선에 도움이 된다면, 당신의 뜻에 기쁘게 순복하겠습니다. 당신이 저의 삶에 어떤 어려움을 허락하시더라도, 더 큰 기쁨을 위한 무엇과도 바꿀 수 없는 기회임을 알기 때문입니다."

여전히 질문은 남아 있다. 그리고 중요한 질문이다. **다른 어떤 선보다 더 중요한 그 최고의 선이란 무엇인가?** 그리고 이 질문에 답이 주어질 때, 나는 선택의 기로에 서 있을 것이다. 하나님이 그토록 단호하게 이루고자 하시는 최고의 선에 매일 헌신할 것인가, 아니면 어리석게도 하찮은 선을 더 갈망하면서 계속 그것을 (아마도 기도를 통해서) 좇을 것인가? 나는 무엇을 위해 가장 열심히 기도할 것인가?

마태복음 21장 22절에서 예수님이 우리에게 약속하신 내용을 좀더 자세히 살펴보자. "너희가 기도할 때에, 이루어질 것을 믿으면서 구하는 것은 무엇이든지 다 받을 것이다." 문맥에 상관없이 이 구절을 읽는다면, 열 살 소년의 해석에도 일리가 있다. 슈퍼맨처럼 날고 싶다는 기도도 응답되었어야 하는 것이다.

다음 장에서는 예수님이 말씀하신 마태복음 21장 22절의 의미가 드러나는 문맥을 알기 위한 토대를 살펴보고, 이어지는 6장에서는 그 문맥을 살펴볼 것이다. 그때 비로소 우리는 하나님이 언제나 응답하시는 기도가 무엇인지 깨닫고 그런 기도를 올려 드리길 소망할 수 있을 것이다. 그것은 내가 다시 암과의 싸움에 직면하면서, 나의 가족과 친구들 그리고 나 자신도 확신 속에서 할 수 있도록 배우고 있는 기도이기도 하다. 나는 하나님이 내 삶을 위해 마음에 두고 계신 최고의 선, 내가 좁은 길을 걷는다면 하나님이 내 안에서 이루실 그 선을 원하는가? 나의 답은 여전히 '그렇다'를 향해 가는 중이다. 싸움이 내 앞에 기다리고 있음을 느낀다.

5장   나는 하나님이 언제나 응답하시는 기도를
       하는 것에 관심이 있는가?

악한 의지는 그리스도를 따르는 자들 안에도 여전히 살아 있고, 계속해서 그들을 그리스도와의 교제에서 끊어 내려 한다. 그리스도인들이 매일 하나님의 뜻이 점점 더 그들의 마음을 사로잡고 모든 저항을 와해시키기 위해 기도해야 하는 이유가 바로 그것이다.   _디트리히 본회퍼[1]

그리스도인들이 좁은 길 위에서 살아갈 때, 그들은 무엇을 위해 가장 열정적으로 기도하는가? 즉 그들이 하나님께 가장 받고 싶어 하는 것은 무엇인가? 혹은 질문을 이런 식으로 바꾸어 보자. '좁은 길 기도'란 무엇인가?

예약해 둔 CT 검사가 3시간도 채 남지 않은 이 순간, 내가 가장 하고 싶은 기도는 분명하다. "주님, 제 몸에서 어떤 암 덩어리가 자라고 있든지, 가능하면 수술용 칼을 대지 않고 그것이 없어지게 해 주십시오. 저는 당신이 그렇게 **하실 수 있음**을 압니다. 그렇게 하실 것을 알고 감사드립니다. 제 건강을 보장해 주셔야 제가 마음껏 쉼을 얻고 축복받은 인생을 즐길 수 있습니다." 이런 기도가 하나님이 응답을 약속하신 기도라면 좋겠다. 그러나 그렇지 않다.

바울도 동의할 것이라 생각한다. 그가 예수님을 전한다는 죄목으로 로마에서 가택 연금을 당했을 때, 판결이 뒤집혀서 이제 가도 좋다는 공식적 선언을 들었다면 그는 분명 감사했을 것이다. 그러나 그가 수감에서 풀려나기를 기도했다는 기록은 어디에도 없다. 그렇게 기도했을 수도 있지만, 우리에게는 그가 다른 것들을 위해 기도했다는 것만 들린다.

옥에 갇혀 있는 동안 빌립보의 친구들에게 쓴 편지에서 바울은 다음과 같이 기도한다. "내가 기도하는 것은 여러분의 사랑이…더욱더 풍성하게 되어서, 여러분이 가장 좋은 것이 무엇인가를 분별할 줄 알게 되는 것입니다. 그리하여 여러분이 그리스도의 날까지 순결하고 흠이 없이 지내[기를]…기도합니다"(빌 1:9-10).

바울에게 가장 중요한 것은 로마의 부패한 사법 제도로부터 자유를 얻어 내는 것이 아니었음이 분명하다. 그에게 가장 큰 관심사는 덜 힘들고 더 마음 편한 삶을 즐기는 것이 아니었다. 바울에게 정말로 중요한 것이 무엇이냐고 묻는다면 이렇게 대답할 것이다. "나의 간절한 기대와 희망은…살든지 죽든지, 전과 같이 지금도, 내 몸에서 그리스도께서 존귀함을 받으시리라는 것입니다.…그리스도 [예수]께서 나를 사로잡으셨으므로, 나는 그것을 붙들려고 좇아가고 있습니다"(빌 1:20; 3:12).

두 가지 표현에 주의를 기울일 필요가 있다. **그리스도께서 존귀**

함을 받으시는 것 그리고 **그리스도께서 나를 [먼저] 사로잡으셨으므로 나 역시 [온전함을] 붙들려고 좇아가는 것**. 이 두 표현이 무엇을 의미하든, 바울에게는 그것이 가장 중요한 것이었다. 그러나 문화가 되어 버린 기독교가 내는 소음으로 우리 귀는 꽉 막혀서, 단어의 나열인 두 표현이 종교적 미사여구로 치부되거나 마음을 따뜻하게는 해 주지만 타인과 관계 맺는 방식에는 아무런 영향도 끼치지 못하는 허울 좋은 경건의 말처럼 들린다.

내가 정당한 이유 없이 구금을 당했다면, 나는 바울이 "정말 중요한 것"이라 여겼을 것에 대한 강렬한 인식 대신 하찮은 선이라 여겼을 것을 좇았을지 모른다. 바울은 친구들과 자신의 영적 상태를 위해 기도했고, 그들 모두가 어떤 상황에서도 그리스도를 드러낼 수 있기를 기도했다. 나는 내게 이루어져야 마땅하다고 여기는 정의를 요구하면서, 친구들에게 나를 위해 최고의 변호사와 온갖 인맥을 동원해 달라고 애원하고 있지 않았을지 두렵다.

나는 그동안 결혼 관련 상담을 꽤 많이 했다. 더불어 결혼 생활도 꽤 오래 했는데, 그래서 배우자가 상대 배우자에게 사소하거나 중대한 잘못을 했을 때 상대 배우자는 그리스도인이냐 아니냐에 상관없이 부당함을 외치며 더 나은 대우를 요구하리라 예상할 수 있다. 심지어 하나님께 피고를 고발하는 검찰 역할을 해 달라고 요청하기도 한다. 그럴 때 싸움은 상대방을 사랑하기 위한 것이 아니라 상대방으로부터 사랑받기 위한 것이 된다.

⁂ ※ ⁂

넓은 길 기도는 정말로 중요한 것보다 하찮은 것을 가장 열성적으로 구한다. 삶에서 정의의 성취나 조화로운 관계를 위해 하나님과 흥정하는 것도 최고의 선을 향한 갈망을 드러내는 기도가 아니다. 두 가지 모두 가장 좋은 것에 대한 바울의 이해를 반영하지 않는다. 빌립보서의 바울을 통해, 그리스도인이 좁은 길 위에서 살아갈 때 가장 열렬히 하게 되는 기도는 어떤 기도인지 엿볼 수 있다.

나는 사실 매우 조심스럽다. 오해를 사고 싶지 않아 다시 말한다. 좁은 길을 걷는 그리스도인이 부당하게 체포를 당해 지금 이란의 감옥에 갇혀 있다면, 자신의 석방을 위해 간절히 기도하는 것은 적절한 일이다. 그리고 그의 상황을 아는 모든 사람 역시 이 기도에 동참할 것이다. 또한 나는 배우자의 잘못으로 상처를 입은 남편이나 아내가 화목한 결혼 생활의 회복을 위해 기도할 때 옳은 일을 하고 있다고 분명히 확신한다. 그리고 하나님은 그 기도에 응답하실 것이다. 가족 및 친구들을 비롯한 나는 하나님께 내 병에 대해 좋은 소식을 들을 수 있게 해 달라고 간구한다. 이 모든 기도는 전적으로 합당하며 하나님을 기쁘시게 한다. 그러나 이런 기도는 '나의 아버지, 하실 수만 있으시면' 식의 기도다. 이 중 어떤 기도도 응답이 보장되지는 않는다. 적어도 우리가 기도한 대로 응답되길 바란다면 그렇다.

핵심은 이것이다. 누군가의 **주된** 기도—자신의 가장 깊은 갈망을 드러내는 기도—가 어려운 환경이나 관계의 긍정적 변화를 구하는 기도라면, 허비된 삶으로 가는 넓은 길을 걷고 있는 수많은 예수

추종자 중 하나일 수 있음을 두려워해야 한다. 그런 사람은 가장 중요한 것이 무엇인지 이해하지 못했고, 따라서 그가 하는 기도는 하나님이 언제나 응답하시는 기도는 아니다.

당신과 나도 염려스럽다. 우리는 정말 중요한 것이 무엇인지 알고 있는 걸까? 예수님이 우리를 자유롭게 해 주셨기에 기도할 수 있고 추구할 수 있게 된 최고의 선을 인식하고 있는가? 불확실한 상황이 지속되는 동안에도 우리가 기도한 그대로 응답되리라는 절대적 확신을 가지고 할 수 있는 기도를 알고 있는가? 좁은 길이 향하는 최고의 선이 무엇인지 개념적으로 이해하고 분명히 말할 수 있다 하더라도, 솔직히 우리는 다른 모든 것보다도 그것을 갈망하는가?

어쩌면 나는 "나의 아버지, 하실 수만 있으시면" 식의 기도, 즉 하나님이 이번 생애에 응답하신다고 약속하지 않은 덜 중요한 선을 위한 기도에 너무 몰두한 나머지, 예수님이 하셨던 기도, 즉 하나님이 언제나 응답하시는 기도에는 별로 관심이 없는지도 모른다. 어쩌면 나는 가장 중요한 것이 무엇인지 진정으로 이해하지 못했는지 모른다. 만약 그렇다면 나는 무지한 사람이다. 아니면 하나님이 최고의 선이라고 규정하신 것이 무엇인지 알면서도 여전히 덜 중요한 선을 귀하게 여기는지도 모른다. 만약 그렇다면 나는 어리석은 사람이다.

예수님을 따르는 이들이 넓은 길 위를 행복하게 슬슬 걷고 있으면서도 신실하게 그들 주인의 뒤를 따라 좁은 길을 힘들게 오르고 있다고 굳게 믿는 일은 얼마든지 가능하며, 두렵게도 꽤 자주 일어난다. 부분적으로 문제는 좁은 길과 그 좁은 길이 보장하는 최고의 선이 무엇인지 그릇되게 혹은 부실하게 이해하는 데 있다. 우리의 싸움은 더 나은 사랑을 드러내기 위한 것인가, 아니면 더 나은 삶을 즐기기 위한 것인가?

프롤로그에서 세 번째로 소개했던 인물, 척에게는 분명 예수님처럼 더 잘 사랑하고 싶은 갈망이 있다. 그러나 그는 실제로 그러한지 알지 못했다. 그러면서 혼란스러워했다. "혹시 내가 놓치고 있는, 나를 더 나은 사랑으로 이끌어 줄 길이 있다면 무엇일까?" 그는 물었다.

내게는 그가 방법을 묻고 있는 것으로 들린다. 우리 대부분과 마찬가지로 더 잘 사랑함으로써 하나님께 더 가까이 나아가게 할 어려운 길이 아니라, 더 잘 사랑함으로써 자기 삶의 질을 더 나아지게 할 공식을 말이다. 그래서 나는 그의 질문에 답하는 대신 다른 질문을 던졌다.

"더 잘 사랑하고 싶은 이유가 뭔가? 한번 생각해 보게. 다른 사람과 맺는 관계의 방식에 대해 더 좋은 감정을 느끼거나 가족 또는 친구들과 더 깊어진 관계를 즐기고 싶은 것인가? 아니면 예수님을 드러냄으로써 하나님을 기쁘시게 하려는 더 큰 동기가 있는 것인가?"

"두 번째 경우는 기준을 너무 높게 잡은 것 같아. 내가 거기에 도달할 수 있을지 확신이 안 서는군." 그가 말했다.

"도달할 수 없어. 그건 가장 위대한 성인도 마찬가지야. 그렇지만 더 잘 사랑하기 위해 싸울 뿐 아니라 실제로 더 잘 사랑할 수 있도록 자네가 성령의 능력에 의지할 만큼 자기를 완전히 비우게 하는 길은 있어. 나도 그 길이 어떤 길인지 알고 싶고, 찾고 싶고, 아무리 좁아도 평생 그 길을 걷고 싶다네. 나는 더 나은 삶을 원하지만, 내 영혼의 중심에서는 하나님의 아들이 관계를 맺으시는 방식을 드러냄으로써 하나님을 영화롭게 하기를 더 간절히 바란다네. 그렇지만 너무 자주 나는 그 목표에 미치지 못해. 척, 자네처럼 나도 설교를 할 때나 글을 쓸 때 하나님께 영광을 돌리는 것보다 사람들에게 인정받는 것에 더 신경을 쓰는 나를 본다네. 그치만 그때조차도 그리스도는 그분의 용서하시고 새롭게 하시는 은혜를 더욱 부어 주심으로써 하나님의 사랑을 드러내시지. 그런 사랑 앞에서 내 자신이 부끄러워질 때, 그런 놀라운 기회를 다른 이들도 얻게 해 주고 싶어져. 나와 마찬가지로 자네도 완벽하게 사랑할 수는 없을 걸세. 하지만 더 잘 사랑할 수는 있을 거야. 그리고 그것이 내가 가장 간절히 기도하는 바야. 자네도 그렇게 기도하고 싶을 거라 생각하네."

※ ※ ※

오랫동안 예수님이 우리가 평생에 걸쳐 걸어가길 바라시는 좁은 길에 대해 누군가 말하는 것을 들을 때마다 문득 두 단어가 떠오르곤 했다. 성경적 원칙에 **순종**해야 한다는 것과 어떤 어려움이 오더라도 **인내**해야 한다는 것이었다. 나는 순종이 내가 원하는 축복이 넘치는 행복한 삶으로 인도해 준다고 확신했다. 그리고 어려운 시기가 지나가고 좋은 날이 올 때까지 확신을 가지고 기다리면 인내를 통해 하나님의 선하심을 신뢰할 수 있다고 믿었다. 좁은 길은 생명으로 인도하고, 내가 행복을 느끼기 위해 필요한 좋은 것들이 넘치는 좋은 인생으로 인도할 것이라고 말이다.

이제 나에게 순종과 인내를 이런 식으로 이해하고 가는 삶의 방식은 좋긴 하지만 기껏해야 무미건조한 기독교, 최악의 경우 바리새인 같은 교만이나 라오디게아 교인 같은 무관심으로 다가온다. 물론 그리스도인의 삶에는 순종과 인내가 있어야 하지만, 그 자체가 목적이 되거나 좋은 시절과 좋은 인생을 가져다주는 수단이 되어서는 안 된다. 순종과 인내처럼 중요한 가치는 따르기로 선택한 의무나 기만적 전략 그 이상이어야 한다. 우리 안에 있는 하나님의 생명, 사랑의 생명을 에너지원으로 삼아야 한다. 우리가 관계를 맺는 방식으로 그리스도의 관계적 성품을 드러내려는 갈망을 자라게 하는, 우리의 거듭난 마음 깊숙이 심겨진 관계적으로 살아 있는 중심으로부터 나와야 한다. **이 점**은 정말로 중요하다.

이제 좁은 길에 대해 이야기해 보자. 예수님은 이야기를 들려주러 오셨다. 그것은 오직 그분이 하나님과 관계를 맺는 방식 그리고 다른 이들과 관계를 맺는 방식을 통해서만 들려줄 수 있는 사랑 이야기였다. 그러나 그분이 사셨던 방식과 관계 맺는 방식의 어떤 것도 우리에게 자연스럽게 다가오지 않는다. 기껏해야 우리는 예수님이 세상에 보여 주신 관계 맺기의 진품을 모조할 뿐이다. 타인 중심으로 사는 것처럼 보일 수 있지만, 어딘가는 자기중심적 동기로 얼룩져 있는 것이다. 에덴동산 이후 우리는 하나님의 이야기보다 더 나은 이야기가 있다고 설득당했다. 자기 방식대로 누리는 자신의 유익이 최고의 선이라 믿는 것이다. 예수님이 오셔서 들려준 이야기는 줄거리도 요점도 우리의 타고난 본성과 딱 맞아떨어지는 부분이 하나도 없다. 최고의 선이라는 문제에 있어서 우리와 예수님은 다르다.

그러면 좁은 길이 순종할 원칙이나 인내할 일련의 어려움이 아니라, 들려주고 싶은 이야기일 수 있는가? 그리고 그 길을 좁게 하는 것이 곧 그 이야기의 줄거리일 수 있는가? 예수님이 오셔서 들려주셨고, 우리를 통해—대부분은 우리가 맺는 관계의 방식을 통해—계속 들려주고자 하시는 이야기의 줄거리는 우리가 본능적으로 그리고 고집스럽게 집착하는 이야기의 줄거리와 정확히 반대로 흘러간다.

좁은 길은 정확히 두 이야기 간의 싸움, 즉 우리 뜻과 하나님 뜻 간의 싸움으로 우리를 데려간다. (어떻게 그렇게 하는지에 대해서는 이후에 다룰 것이다.) 두 이야기의 줄거리는 관계적이다. 둘 다 사랑 이야기다. 한 이야기는 우리 자신이 어떤 대가를 치르더라도 타인의 안녕을 위해 흔들림 없이 헌신하는 것에 초점을 맞추며, 우리가 갈망하는 정이나 원하는 편안함을 **당연한 권리**로 여기지 않는다. 그러한 헌신은 하나님의 마음을 드러내고, 우리로 하여금 사랑을 위한 싸움을 싸우게 한다.

다른 하나의 이야기는 다른 사람들이 어떤 대가를 치르더라도 나 자신의 안녕에 고집스럽게 헌신하는 것에서 핵심 줄거리를 찾는다. 자신의 유익을 위해 다른 이들과 관계를 맺는다. 이렇게 헌신할 때 우리의 타락한 본성이 드러나는데, 그것은 곧 우리의 관계를 잘못되게 하는 모든 것의 에너지원이다. 사탄이 쓰고 우리의 자기중심적 본성에 매력적으로 다가오는 이 잘못된 이야기는 정당한 대접을 받고자 싸우게 하고, 모든 것을 우리 방식으로 돌아가게 하며, 축복과 치유의 좋은 삶을 누리라고 부추긴다. 예수님이 들려주기 위해 오신 이야기는 우리를 향한 하나님의 사랑을 드러낸다. 우리가 들려주려고 고집하는 이야기는 우리 스스로를 향한 사랑에 초점이 맞춰져 있다.

반대되는 두 이야기가 있고, 모든 그리스도인의 삶은 둘 중 하나를 들려준다. 그 두 이야기가 충돌하는 곳이 바로 좁은 길이다. 그 길은 예수님의 이야기를 들려주고자 하는 우리 중심의 갈망을 들추어내어 그리스도인의 영혼 안에 긴장을 불러일으킨다.

좁은 길을 걷는 그리스도인은 서로 경쟁하는 이 두 이야기 사이에서 매일 싸움을 벌인다. 실패는 불가피하다. 그러나 죄가 새어 나가는 곳에 은혜가 밀려들어 오고, 그 은혜는 우리로 하여금 은혜로 충만하신 예수님을 향한 우리의 사랑과 타인을 대하는 방식을 통해 예수님의 이야기를 들려주고자 하는 우리의 소망에 더 깊이 닿을 수 있게 해 준다. 넓은 길이 삶을 위한 보다 안락한 여정을 보장한다는 데는 의심의 여지가 없다. 이유는 단순하다. **넓은 길에서는 오직 하나의 이야기, 잘못된 이야기만 들리기 때문이다.** 핵심 가치는 자기 유익이다. 넓은 길을 가는 여행자들의 핵심 정체성은 관계적 영혼이 아닌 독립적 자아다. 관계적 하나님의 형상은 흐려지고 종국에는 거룩한 관계성 자체가 완전히 사라지고 만다. 내가 너를 어떻게 대하는가가 핵심이 아니다. 중요한 것은 네가 나를 그리고 삶이 나를 어떻게 대하는가가 된다.

넓은 길을 믿는 사람들은 축복받은 삶, 따라서 행복한 삶이자 부차적 축복을 즐기는 것에 몰두하는 삶을 당연한 권리라고 느낀다. 그들은 최고의 선을 가져오리라 약속하는 어렵고 지루한 줄거리와 씨름할 때 느끼는 긴장감을 거의 감지하지 못한다. 넓은 길에서는 "나의 아버지, 하실 수만 있으시면" 식의 기도에 우선권이 있으며, 하나님의 우선 사항은 우리가 가장 바라는 만족스러운 환경과 즐거운 감정을 공급해 주시는 것 혹은 적어도 고통에서 어느 정도 벗어나게 해 주시는 것이라는 전제가 이를 부추긴다.

넓은 길 인생은 첫 번째 그룹의 그리스도인—즉 인생에서 좋은 것들을 구하는 기도가 믿음직스레 응답되는 것을 당연하게 여기는 이들—에게 인기가 있다. 기도가 응답되지 않을 때, 이들 중 일부는 두 번째 그룹으로 이동한다. 그곳에서 사람들은 신뢰할 수 없는 하나님을 섬기는 것을 그만두고 하나님이 언제나 응답하시는 기도를 찾는 것에도 흥미를 잃은 채, 그저 자신들이 천국에 도착할 때까지 인생을 너무 망치지 않기를 바란다.

나는 세 번째 그룹에 속한다. 나는 내게 좋은 것이 무엇인지 스스로 결정한 뒤 그것을 받기 위해 하나님을 의지할 수 있다고 믿지 **않는다**. 그리고 하나님이 나보다 너무 높은 곳에 계셔서 나의 유익에는 반응하지 않으신다는 냉소주의에 빠질 때도 있지만, 그것을 습관처럼 반복하지는 **않는다**. 또한 하나님이 내가 좁은 길을 오래 걸을 때 내게 정말로 중요하다는 확신이 들고 다른 모든 덜 중요한 선보다 더 갈망하게 되는 것은 분명 허락하시리라 **믿는다**.

하나님이 언제나 응답하시는 기도가 있다. 예수님은 마태복음 21장 22절에서 그렇게 말씀하셨다. "너희가 기도할 때에 이루어질 것을 믿으면서 구하는 것은 무엇이든지 다 받을 것이다." 예수님의 말씀은 진심이었다. 그분의 말씀은 언제나 그렇다. **그런데 그분이 하신 말씀은 어떤 의미인가?** 기도의 응답을 보장하는 약속이 주어지는 맥락에 미루어 볼 때, 하나님이 언제나 응답하시는 기도란 좁은 길에서만 구할 수 있고 응답받을 수 있는 최고의 선을 위한 기도임이 드러난다.

6장   비어 있음을 가장 절실히 느낄 때 찾아오는 가장 깊은 허기

[십자가의 요한이] 마침내 자신과 하나님과의 관계를 표현했을 때, 그 첫 마디는 쓰라린 상처—분명한 것은 오직 허기뿐인 요한의 통제를 벗어난 세상—를 드러내는 당혹스러운 울부짖음이었다.   _이안 매튜[1]

하나님이 언제나 응답하시는 기도가 있다. 그 기도는 내가 비어 있음을 가장 절실히 느낄 때 가장 강렬하게 표현하는 기도임을 천천히 알아 가고 있다. 정확히 말하면, 그 기도는 어떤 것인가? 하나님이 언제나 응답하시는 기도가 있다고 예수님이 말씀하실 때 펼쳐지던 이야기에 귀를 기울여 보자.

새벽에 성안으로 들어오시는데, 예수께서는 시장하셨다. 마침 길가에 있는 무화과나무 한 그루를 보시고 그 나무로 가셨으나 잎사귀밖에는 아무것도 없으므로, 그 나무에게 말씀하셨다. "이제부터 너는 영원히 열매를 맺지 못할 것이다!" 그러자 무화과나무가 곧 말라 버렸다.

제자들은 이것을 보고 놀라서 말하였다. "무화과나무가 어떻게 그렇게 당장 말라 버렸을까?"

예수께서 그들에게 말씀하셨다. "내가 진정으로 너희에게 말한다. 너희가 믿고 의심하지 않으면, 이 무화과나무에 한 일을 너희도 할 수 있을 뿐 아니라, 이 산더러 '들려서 바다에 빠져라' 하고 말해도 그렇게 될 것이다. 또 **너희가 기도할 때에 이루어질 것을 믿으면서 구하는 것은 무엇이든지 다 받을 것이다.**" (마 21:18-22)

이것이 그 본문이다. 그리고 이 본문은 이야기, 즉 예수님의 생애 중 짧은 일화를 들려준다. 예수님이 그분의 제자들과 우리에게 하나님이 항상 응답하시는 기도가 정말로 있다고 말씀하실 때 예수님 안에서 어떤 일이 일어났는지 더 잘 이해하기 위해 이 이야기를 살펴보자.

이른 새벽이었다. 예수님은 예루살렘에서 3킬로미터 정도 떨어진 베다니에서 밤을 보내셨다. 전날 그분은 성전 마당에서 돈 바꾸어 주는 자들의 상을 뒤엎으심으로써 유대인 지도자들의 분노를 샀다. 그리고 지금 그분은 다시 돌아가고 계신다. 십자가가 기다리는 그 도시로 말이다. 추측건대, 그분은 그 끔찍한 일이 일어날 것을 이미 마음으로 아셨고 따라서 강렬한 운명 의식을 느끼며 예루살렘을 향해 걸으셨을 것이다. 메시아의 임박한 죽음에 관해 말하면서 이사야는 그분이 "얼굴을 부싯돌같이 굳게 하였[다]"

고 썼다(사 50:7, 개역개정). 즉 그분은 어떤 대가를 치르더라도 자신이 와서 들려주려던 이야기를 하리라 단호하게 결심하신 것이다. 그 이야기는 이제 그분 자신마저 놀라게 할 만큼 참혹한 고통을 겪는 잔혹한 장면으로 넘어가기 직전이다. 그분의 마음은 온통 그 이야기에, 즉 이야기에 담길 극한의 고난과 놀라운 결과에 쏠려 있었다.

예수님이 길을 걸어가시다가 무화과나무를 발견하셨다. 마가는 중요한 세부 내용을 덧붙이는데, 나무가 "잎이 무성[했다]"는 사실이다(막 11:13). 이스라엘에서 일반적으로 무화과나무는 이른 여름, 적어도 늦은 봄까지는 새잎을 내지 않는다. 예수님이 예루살렘을 향해 가시던 때는 **이른** 봄이었다. 잎이 무성한 나무는 그분의 관심을 끌었다. 아침 식사도 거른 채 산행을 떠났다면 누구라도 그럴 것처럼 그분은 배가 고팠다.

마가가 기록한 이 이야기에서는 예수님이 이른 잎을 보고 이른 무화과를 기대하셨음이 분명해 보인다. "멀리서 잎이 무성한 무화과나무를 보시고, 혹시 그 나무에 열매가 있을까 하여 가까이 가서 보셨는데"(13절), 이처럼 아침 식사와 같이 합당하기는 하지만 덜 중요한 선을 원하는 것은 전혀 잘못된 것이 아니다.

그러나 예수님은 잎만 무성한 그 나무에서 무화과를 찾지 못하신다. 이제 예수님의 마음을 온통 차지하고 있던 것이 무엇인지 기억해 보라. 예수님은 아버지에게 아무런 기쁨이 되지 못하던 사람들이 아버지 보시기에 기쁨이 되게 하려고 이제 곧 죽으실 것이다. 무화과가 있을지도 모른다는 가능성을 암시하던 잎의 존재가 사실은 오히려 무화과가 없음을 가리고 있었다는 것을 깨달은 순간, 예수님은 나무를 향해 예상하기로는 명백히 거친 어조로 말씀하신다. "이제부터 너는 영원히 열매를 맺지 못할 것이다"(마 21:19).

카페의 점원이 다 식은 커피를 갖다줄 때처럼, 예수님이 나뭇잎 아래에서 무화과를 찾지 못했을 때 얼마나 실망하셨을지 이해가 간다. 누군가는 예수님이 "오, 이런"이라 말하고는 계속 길을 갈 수도 있지 않았을까 생각할지 모른다. 무화과가 없다는 것은 불편한 일일 뿐 비극은 아니지 않은가. 그런데 예수님은 나무를 저주하셨고, 모든 잎은 즉시 말라 버렸다.

제자들은 예수님과 함께 있었다. 그들은 무슨 일이 일어났는지 보았고, 예수님의 성난 반응을 목격했다. 그들이 그분이 누구신지 전혀 짐작도 못했거나 그저 친구로 여겼다면, 신경질적이고 꽤나 성숙하지 못하며 까다롭다고 생각했을 것이고 그분을 꾸짖었을지도 모른다. "예수님, 별일 아니잖아요. 어젯밤에는 집에서 만든 음식도 드셨고요. 아침 식사는 예루살렘에서도 하실 수 있어요. 거기까지 1시간도 채 안 걸리는 걸요."

그러나 그들은 예수님이 단순히 유한한 존재가 아님을 알았기 때문에, 다음과 같이 서툴고 조심스레 물었을 것이다. "무화과나무가 어떻게 그렇게 당장 말라 버렸을까?"(20절)

복음서를 읽을 때 우리의 관점에서 보면 예수님의 대답은 형편없다고 생각한 적 있는가? 어떤 사람은 예수님이 미소를 띠면서 자신의 무한한 능력에 관해 풍성한 해설을 들려주리라 기대했을지 모른다. 그러나 그 대신 예수님이 다음과 같이 대답하셨을 때 제자들이 얼마나 당황했을지 상상이 간다. "내가 진정으로 너희에게 말한다. 너희가 믿고 의심하지 않으면, 이 무화과나무에 한 일을 너희도 할 수 있을 뿐 아니라, 이 산더러 '들려서 바다에 빠져라' 하고 말해도, 그렇게 될 것이다"(21절). 정말로 예수님은 그들에게 믿음만 있다면 한 지역을 이리저리 움직이거나 무화과나무를 마르게 할 수 있다고 말씀하신 것일까? 문자 그대로는 아니다. 그러나 은유적으로는 맞다.

성경에서 무화과나무가 어디서 처음 나오는지 기억해 보라. 아담과 하와가 죄를 지었을 때, "[그들은] 무화과나무 잎으로 치마를 엮어서 몸을 가렸다"(창 3:7). 다시 말해, 잘못을 가리고 자신을 하나님 앞에 보여 드린 것이다. 그들은 무화과나무 잎 뒤에 숨어서, 자신에게는 하나님이 즐기실 만한 열매가 없음을 감추고 싶어 했던 것이다.

호세아서에서 주님은 자신의 믿음 없는 백성들로 인해 애통해하신다. 지금은 마약에 빠져 살지만 어릴 때는 기쁨을 주던 아들을 기억하는 아버지처럼, 주님은 말씀하신다. "내가 이스라엘을 처음 만났을 때에, 광야에서 만난 포도송이 같았다. 내가 너희 조상을 처음 보았을 때에, **제철에 막 익은 무화과의 첫 열매를 보는 듯하였다.** 그러나 바알브올에 이르자, 그들은 거기에서 그 부끄러운 우상에게 몸을 바치고, 우상을 좋아하다가 우상처럼 추악해지고 말았다"(호 9:10).

명백한 것에 주목해 보라. **아담도, 하와도, 호세아 시대의 이스라엘도 아버지가 즐기실 만한 열매를 맺지 못했다.** 아담과 하와는 그들에게 열매가 없음을 숨겼다. 아니 숨기려고 했다. 이스라엘 백성은 자신들의 실패를 분명하게 인식조차 하지 못했다. 예레미야 시대의 유대인들처럼, 자신들이 행한 역겨운 일에 대해 "얼굴을 붉히지도 않았다"(렘 6:15).

예수님은 이제 곧 죽게 되리란 것을 아셨다. 그러나 또한 가식의 잎사귀를 떨쳐 버리고 벌거벗은 채로 서는 자들, 거룩한 하나님 앞에서 부끄러움으로 얼굴을 붉히고 자신들에게는 호의를 살 만한 어떤 것도 없음을 인정하는 자들만이 자신이 곧 당할 죽음이 가져올 최고의 유익을 누릴 수 있으리란 것도 아셨다. 나는 예수님이 무화과나무의 잎은 무성한데 무화과 열매는 없음을 보셨을 때, 아침 식사 기회가 사라진 것 그 이상의 것에 대해 반응하셨다고 생각한다. 예수님은 가증스러운 잘못을 인식하지 못하고 구세주가 절실히 필요하다고 고백하기를 거부하는 주변 모든 사람들이 열매는 없고 잎만 무성한 나무임을 깨닫고 깊은 번뇌를 느끼셨던 것이다. 나에게는 예수님이 제자들을 향해 그들의 무화과나무 잎을 마르게 하라고, 더 나은 존재처럼 보이려고 꾸미는 것을 그만두라고, 그리고 그들이 만나는 모든 사람들 역시 그렇게 할 수 있도록 하나님의 능력으로 격려하라고 말씀하시는 것이 들린다.

그리고 그분은 다음과 같이 덧붙이신다. "이 산더러 '들려서 바다에 빠져라' 하고 말해도, 그렇게 될 것이다"(마 21:21). 예수님은 진심으로 이 말씀을 하셨을까? 물론이다. 그렇지만 이번에도 문자 그대로의 의미가 아니라 은유적 표현이다. 베드로가 예수님이 언급하신 산을 향해 가서 가장 가까이에 있는 물에 빠지라고 말했다면, 정말 그 일이 일어났을까? 아무리 생각해 봐도 그랬을 것 같지는 않다.

이사야가 메마른 땅, 곧 하나님이 즐기실 만한 아무런 열매도 맺지 못하던 그분의 백성을 내려다보며 했던 예언을 기억해 보라. 그들이 영적 성숙을 이루어 열매 맺는 제자가 되지 못하도록 가로막던 모든 것을 생각해 보라. 경건치 못한 지도자, 굳어진 마음, 거짓 예배, 하나님께 대한 실망. 그러나 이사야에게는 믿음이 있었다. "[버려진 땅이던 그곳에] 큰길이 생길 것이니, 그것을 '거룩한 길'이라고 부를 것이다"(사 35:8). 그러나 산들이 그 길을 막을 것이다. 그래서 다섯 장 뒤, 이사야는 이렇게 쓴다. "광야에 주님께서 오실 길을 닦아라…**산과 언덕은 깎아 내리고**…주님의 영광이 나타날 것이[다]"(사 40:3-5).

예수님이 십자가를 바라보시며 열정을 다해 선포하시는 소리가 들리는 듯하다. 관계적 죄에 빠져 관계적 거룩함보다 덜 중요한 선을 추구하던 제자들이 생명에 이르는 좁은 길로 나아가는 것을 무엇도 막지 못하게 하겠다고 말이다. 그리스도인들에게 아버지가 즐기실 만한 무화과 열매를 맺기를 갈망하게 하는 그 좁은 길로 나아가라고 말이다. 그리고 그러한 열매를 맺는 것이 우리가 가장 원하는 것이라면, 예수님은 그것을 약속하신다. 바로 그 약속 덕분에 예수님도 행복하셨다.

무례하지 않다면 이것을 이런 식으로 표현해도 될까? 예수님이 그리스도로 인해 가능해진 것 때문에 신난 설교자처럼 들떠 말씀하시는 것이 귀에 들리는 듯하다. 그러나 그분은 괴로워하시기도

한다. 너무 낮은 목표를 향하는 사람들, 사랑 없는 배우자나 반항적인 자녀나 배신한 친구 또는 무딘 교역자와 관계를 맺는 방식에 있어서 그리스도에게 영광 돌리는 것을 최우선으로 삼지 않는 제자들 때문에 괴로워하신다. 믿음을 고백하면서도 예수님이 지니셨던 온전함, 즉 예수님처럼 사랑하고 다른 이들과 관계 맺으며 그분의 사랑을 드러내는 일에서의 온전함을 이루려고 전심을 다하길 원치 않는 그리스도인들 때문에 낙심하신다.

그분이 이렇게 말씀하시는 것이 들리는 것 같다.

내가 예루살렘에 가는 것은 한 가지 이유 때문이다. 죽기 위해 간다. 나의 죽음은 분명하고 강력하게 그리고 영원히 내 아버지의 사랑 이야기를 들려줄 것이며, 사람들이 관계 맺는 방식을 통해 내 이야기를 계속 이어 갈 제자로 만드는 것이 그분의 계획이라는 것을 말해 줄 것이다.

나는 탕자들이 아버지 집으로 돌아와 관계적 축복이라는 잔치를 즐기며 관계적 열매를 맺을 힘을 얻는 것을 상상해 본다. 자기기만과 가식의 잎은 마를 것이고, 열매를 맺지 못한 채 따르던 이들은 나의 영을 의지하여 열매를 맺을 것이다. 이 이야기를 가로막는 어떤 것—부모의 학대, 성 중독, 부정한 배우자, 자녀로 인한 마음의 고통, 계속되는 실업 상태, 무가치한 존재라는 느낌, 외로움, 우울증, 삶의 모든 어려움—도 나를 따르는 사람들이 내 이야기를 들려주는 법 배우기를 가로막지 못할 것이다.

나는 나를 따르는 이들이 나무가 마르고 산이 낮아지기를 구할 수 있다는 자신감, 내 이야기를 진전시킨다면 어떤 것도 구할 수 있다는 자신감을 가지길 원한다. 그리고 내가 죽음으로써 시작한 그 일을 완성하리라는 것을 신뢰한다면, 그들은 천천히 그리고 인내를 가지고, 나와 같이 관계를 맺음으로써 내 이야기를 잘 들려주는 법을 배워 갈 것이다.

※ ※ ※

휴가 중에 그렉이라는 사람을 만났다. 나를 소개했을 때, 그는 뭔가를 기억해 내려는 듯 잠깐 멈추었다가 건성으로 말했다. "당신이 쓴 책을 몇 권 읽어 봤습니다." 내가 겸손하게 감사의 인사를 하기도 전에, 그는 나에게 물었다. "당신이 책에 쓰신 내용을 아직도 다 믿으십니까?" 그의 질문은 물음이라기보다는 일종의 공격처럼 느껴졌다.

나는 솔직하게 대답하기로 했다. "나는 내 믿음에 대해 갈등을 해 왔고 때로는 거의 포기할 지경에 이르기도 했습니다. 하지만 이제는 성경이 말하는 것이 모두 사실임을 믿는 지점까지 회복되었습니다. 그래서 내 책이 성경의 메시지를 반영한다면, 충분히 많은 부분이 그러기를 바라는데, 그렇다면 저는 제가 쓴 내용을 아직도 믿습니다."

그렉은 잠시 또 멈춘 뒤 말했다. "나는 그런 건 이제 더 이상 하나도 믿지 않아요. 전에는 믿었지만, 이제는 아닙니다."

"무슨 일이 있었나요?" 나는 내가 알던 다른 이들처럼 그의 인생에도 그의 신앙으로 도저히 설명할 수 없는 비극적 사건이 일어났을 것이라 예상하며 물었다. 짧은 질문은 긴 답으로 이어졌다. 요약하면 다음과 같다.

"내 누나는 내가 알던 가장 경건한 그리스도인이었어요. 내가 대학에서 만난 교수님 때문에 어려서부터 믿었던 기독교에 관한 모든 것에 회의를 품었을 때도, 계속 믿음을 지키도록 도와준 사람은 부모님이 아닌 누나였죠. 내 신앙이 그때의 위기를 넘길 수 있었던 건 다 누나 덕분이에요. 그렇지만 그 뒤 누나는 암에 걸렸어요. 서른 넷밖에 되지 않은 누나는 어린 세 조카를 키우며 행복한 결혼 생활을 하고 있었죠. 그런데 암 선고를 받은 지 6개월 만에 죽었어요. 나는 누나가 살 수 있게 해 달라고 매일 기도했습니다. 나는 선하다고 하면서 자신을 가장 신실하게 따르던 이를 그런 식으로 대하는 신을 더 이상 예배할 수 없어요. 그는 존재하지 않든지, 선하지 않든지 둘 중 하나입니다. 나는 이제 기독교와는 담을 쌓았습니다."

성령이 눈을 열어 주시지 않으면 볼 수 없다는 것은 언제나 진리다. 때로 진리는 너무 명백하다. 이 경우가 바로 그러했다. 오스왈드 챔버스(Oswald Chambers)가 했던 말이 머릿속에 맴돈다. "모든 죄의 뿌리는 하나님이 선하지 않으시다는 의심이다." 이런 생각이 내 안에서 소용돌이치는 가운데, 나는 그렉에게 다음과 같이 말했다.

"하나님이 선하시고 모든 일을 주관하신다는 믿음을 지키기 위해서는 우리가 생각하는 것 이상의 믿음이 필요합니다. 내가 쉰 한 살일 때 형이 비행기 사고로 죽었어요. 그 후에는 어머니가 알츠

하이머로 7년을 고생하시다가 아버지만 남겨 둔 채 먼저 세상을 떠나셨지요. 이런 모든 일과 그보다 더한 일을 통해 나는 내게 필요한 믿음이란 나쁜 일이 일어날 때도 하나님은 선한 이야기를 들려주고 계시다는 것, 모든 힘든 일 가운데서도 하나님은 선한 목적을 향해 가도록 모든 것을 움직이고 계시다는 것을 신뢰하는 것과 더 많이 관련되어 있음을 깨달았습니다. 그 목적이 선하다는 것을 지금 알 수 있다 해도, 그것을 온전히 누리는 것은 나중에만 가능하다는 것도요."

"그 구절을 본 적이 있어요." 그렉이 말했다. "교회 학교에서 로마서 8장 28절을 암송했었어요."

"나도 그랬어요. 그리고 선한 목적이란 뼛속까지 자기중심적 존재라는 것에 대해 용서받는 것뿐만 아니라, 하나님이 어떤 식으로든 고통을 사용하셔서 나 자신보다 다른 이들을 더 위하는 자유로운 존재가 되게 하는 것임을 알 수 있을 때 그 구절은 내게 납득이 됩니다." 나는 계속 이어 갔다. "그리고 그 자유는 내 안에 내가 정말로 좋아하는 무언가를 행하게 합니다. 나도 물론 내게 일어나기를 원치 않는 일들로부터 보호해 달라고 기도합니다. 그러나 정말로 확신을 가지고 기도하는 것은 나 자신을 희생자로 여기며 스스로에게 더욱 집착하게 되는 것으로부터 지켜 달라는 것과 내가 맺는 관계의 방식을 통해 용서와 소망이라는 그분의 이야기를 더 잘 들려줄 수 있는 자유로운 존재가 되게 해 달라는 것입니다. 그리고 그렇게 될 때 나는 내 인생에 어떤 일이 일어나든 상관없이 **기쁨**이라는 단어가 의미하는 바를 알게 될 겁니다."

"나는 아직도 잘 모르겠네요." 그렉이 말했다. "알 수 있게 되면 좋겠네요. 어쨌든 해 주신 말씀 감사합니다. 언젠가 또 뵐 수 있겠지요."

우리는 악수를 했고 그는 천천히 걸어갔다. 아마도 그는 누나의 건강이 회복되는 것보다 더 깊이 바랐던 기도, 하나님이 분명 응답해 주실 기도가 있었을지 모른다고 곰곰이 생각했을 것이다.

※ ※ ※

하나님이 언제나 응답하시는 기도가 있다. 그런 기도는 바로 이것이다.

제가 예수님을 닮게 해 주십시오. 제가 다른 사람과 맺는 관계의 방식을 통해 예수님을 드러내는 작은 그리스도가 되게 해 주십시오.

이것은 예수님이 응답을 약속하신 기도다. 이것은 영적으로, 즉 **관계적으로** 성숙함으로써 모든 관계적 만남에서 하나님의 이야기, 예수 그리스도가 전한 복음의 진보를 가져오는 기도다. 이보다 더 중요한 것은 없다. 이것이 최고의 선이다. 그리고 이 세상에서 누릴 수 있는 가장 진정한 기쁨, 예수님이 이 세상에 계실 때 누리셨던 행복으로 우리를 이끈다.

성령은 나의 인생에서, 그리고 그리스도가 생명을 주셨음을 믿는 당신의 인생에서 착한 일을 시작하셨다. 그분이 이 일을 어떻게 계속 이루어 가시는지가 이 책의 나머지 부분이 초점 맞출 내용이다. 우리의 역할은 좁은 길이 무엇인지 알고 그 길을 찾아내고 금으로 된 영원한 길을 걸을 때까지 그 길을 걷는 것이다. 성령은 오직 좁은 길 위에서만 우리가 예수님처럼 살고 사랑하며 그분의 고난에 동참하고 그분의 기쁨을 맛볼 수 있도록 우리를 빚어 가실 것이다. 그런데 거기에는 큰 어려움이 있다.

7장   나는 지킬 박사인가 하이드인가?
     아니면 둘 다인가?

나는 오랫동안 이 주제에 대한 이야기를 쓰기 위해 노력했고, 모든 사유하는 존재 위에 때로 엄습해 와서 정신을 사로잡고 마는 인간의 이중적 존재에 대한 강렬한 느낌을 담아 낼…매개체를…찾기 위해 애쓰고 있었다.
_로버트 루이스 스티븐슨[1]

나는 이미 삶의 심오한 이중성에 천착해 있다.…나의 개체들 간에 일어나는 개인적 전쟁…인간은 진정으로 하나가 아니며 진정으로 둘이다.…나는 철두철미하고 원시적인 인간의 이원성을 인식하는 것을 배웠다.
_ 헨리 지킬 박사[2]

나는 때로 내가 한 몸 안에 있는 두 인격, 서로 대립하는 두 감정과 생각의 집합체처럼 느껴진다. 바로 어젯밤, 나는 인생의 어려운 상황에 잘 대처하지 못하는 한 친구 때문에 화가 나고 걱정이 돼서

잠을 설쳤다. 동시에 나는 하나님이 이 경건한 친구의 마음속에서 일하고 계신다는 여전히 살아 있는 확신을 느꼈다. 대립하는 양 세력 간의 내적 대화는 여전히 계속되었다. 텔레비전을 보거나 쿠키를 먹으면서 이 긴장에서 벗어나 걱정을 달래고 싶은 강한 충동이 몰려온다.

나는 헌신된 그리스도인이며, 삶을 살고 다른 사람과 관계를 맺는 방식에 있어서 진정으로 예수님을 기쁘시게 하고 그분께 영광을 돌리고 그분을 드러내고 싶은 마음이 분명 간절하다. 나는 예수님을 실제로 만났을 때 그분이 "잘했다! 착하고 신실한 종아"(마 25:21)라고 말씀하시는 것을 듣게 될 순간을 상상하며 기대와 기쁨에 벅차올라 눈물을 흘린 적이 한 번 이상, 사실은 여러 번 있다.

그러나 내 안의 모든 것이 평안하지만은 않다는 사실도 매일 상기한다. 하나님은 내가 꼭 이루어져야 한다고 믿는 일, 특히 내 삶과 내가 사랑하는 이들의 삶에 꼭 필요하다고 믿는 일이 일어나는 것을 허락하지 않으실 것이라는 염려로 인해 한 줌의 평안과 잠깐의 즐거움을 경험하고 싶은 욕망이 분출된다. 예수님을 슬프게 하고 그분께 영광이 되지 못하며, 이후에 내가 다른 이들과 관계를 맺는 방식에서 예수님을 가리게 되리란 것을 아는 어떤 일을 하게 되는 것이다.

그런 순간마다 찢기는 것 같은 느낌이 든다. 마치 내 영혼이 두 쪽으로 갈라지는 것 같다. 나는 다른 누구보다 더 나를 사랑하시는 그분으로부터 한순간도 등을 돌리고 싶지 않다. 그러나 동시에 그런 내 마음과 경쟁하는 강력한 힘 앞에 서게 된다. 예수님은 주실 것 같지 않은 차분한 안도감과 만족스러운 쉼을 맛볼 기회가 존재한다는 것을 알아차린 것이다. 그 기회가 경험하게 해 주는 기쁨은 너무 강력해서 그 기회를 붙잡는 것이 어쩌면 그렇게 나쁜 일은 아닐 수도 있다는 생각마저 든다.

싸움이 시작된다. 함정이 기다린다. 때로 그 함정은 나를 물고 늘어지고, 나는 죄를 짓는다. 주로 다른 이들과 관계를 맺는 방식에서 말이다. 누군가를 무시하고 인내심 없이 그들을 차단해 버린다. 메뉴는 다양하고, 그 순간만큼은 모든 것이 맛있다. 아니, 적어도 꼭 필요하다고 느껴지고 그래서 정당화된다.

관계적 죄는 그 죄를 범하는 사람에게 간음이나 폭력같이 행동으로 짓는 죄보다 덜 악랄하고 더 쉽게 용서될 수 있는 것처럼 느껴진다. 우리 모두는 때로 스스로를 더 감싸고 자신을 보호함으로써 덜 상처받는 데서 더 큰 행복을 찾으려 하지 않는가? 그런 식으로 관계를 맺는 것은 사랑의 진정한 의미를 왜곡시킬 수 있겠지만, 우리의 안녕을 위해서는 꼭 필요해 보인다. 그런데도 그것이 정말 그렇게 나쁜 것일까? 답은 '그렇다'이다.

관계를 맺는 방식에서 죄를 짓는 것은 세 위격이신 하나님이 관계를 맺으시는 방식에 부끄러울 정도로 미치지 못하게 하고, 하나님의 공동체에 존재하지 않고 우리 공동체에도 존재하도록 뜻한 바 없는 고통과 거리감을 우리의 관계 안에도 만들어 낸다. 관계적 죄를 지을 때의 해악으로 인해 우리는 적어도 한동안은 다른 이들과 생명의 교제를 누릴 어떤 소망도 품을 수 없게 된다. 다른 이들을 판단하고 무시하고 모욕하고 가르치려 들면서 복음으로 인해 커져 갈 어떤 친밀함도 내 관계 안에 들어오지 못한다. 얼마나 어리석은가!

나는 관계적 죄는 모든 그리스도인이 반드시 유죄임을 인정해야 하는 죄의 유형이라고 주장한다. 관계적 죄는 결혼, 부모 자식 간의 관계, 우정, 동역자 간의 효율적인 사역을 파괴하는 힘이 있다. 그 힘은 간음, 학대, 배신보다 천천히 작용하겠지만, 효력은 동일하다. 다른 사람과 관계를 맺는 방식 아래에 있는 동기와 그것이 다른 사람들에게 끼치는 영향을 보지 못하는 사람만이 그릇되게 결백을 주장할 것이다.

나는 다른 이들을 사랑하고 싶다. 내가 사랑하는 이들이 사랑받고 있다고 느끼기를, 예수님이 자유롭고 완전하게 그들에게 부어 주시는 사랑을 나를 통해 맛볼 수 있기를 원한다. 그럼에도 불구하고 나는 여전히 관계적으로 죄를 짓는다. 나는 이중인격인가?

행동으로 짓는 죄, 종종 성적인 악행과 연관된 그 죄는 또 다른 범주의 악이다. 종종 남자들은 간음을 범하지 않거나 음란물을 드물게 살짝만 본다면 자신이 도덕적으로 깨끗하다고 생각한다. 남자들이 자신의 순수성에 대해 확신하는 것은 "여자를 보고 음욕을 품는 사람은 이미 마음으로 그 여자를 범하였다"(마 5:28)고 말씀하신 주님의 가르침을 진지하게 받아들이지 않을 때 가능한 일이다. 자기중심성이라는 부도덕한 괴물은 자기만족을 추구하며 하나님의 관계적 순수성이라는 기준에 반역하는 것을 정당화하고 조장한다. 이러한 괴물은 우리 모두 안에 존재하며, 일부 사람들에게서 다른 이들보다 더 분명하게 드러나기도 한다.

예를 들어, 토니라 하는 한 그리스도인 친구는 가끔, 특별한 자극 없이도 음란물을 보고 싶은 충동이 일어날 때, 이를 통제하려고 씨름한다. 때로 유혹에 지기도 한다. 그러나 예수님을 진지하게 사랑하며 진심으로 죄를 미워한다. 로버트 루이스 스티븐슨(Robert Louis Stevenson)의 문장을 차용하면, 내 친구는 '이중적 존재'로서의 자신을 경험하는 것이다. 그는 옳은 일을 하기 원한다. 그리고 일반적으로는 그렇게 한다. 그러나 때로는 옳지 않은 것을 하고 싶은 욕구가 더 세다. 그런 순간에는 옳은 것을 하고자 하는 갈망이 옳지 않은 것을 하고 싶은 욕구를 성공적으로 상대하지 못하는 것처럼 보인다.

왜 그런가? 다른 모든 그리스도인처럼 토니도 '하나님의 성품'에 참여하는 사람이 아닌가?(벧후 1:4) 그리고 우리 모두는 성령이 우리 안에 창조하신, 초자연적 능력으로 옳은 일을 행하길 열망하는 새로운 마음을 가진 자들 아닌가?(겔 36:27을 보라) 그렇다면 왜 옳은 일을 하고자 하는 토니의 갈망은 (그리고 나의 갈망 역시) 옳지 않은 일을 하려는 욕구보다 더 약하게 느껴지는가?

두 가지 이유가 있다. 첫째, 음란물 사이트에 접속하고 싶은 충동은 정욕으로 가득 찬 중심, 즉 기분이 나쁠 때 좋은 기분을 느낄 당연한 권리가 있다고 여기는 중심에서 나온다. 죄를 지으려는 충동은 구속받은 영혼보다 더 깊은 곳이라 느껴지는 토니 안의 어떤 곳에서 비롯된다. 첫 번째 이유는 전적으로 개인적 경험에 기반을 둔다.

두 번째 이유는 보다 객관적이다. 그것은 다음과 같다. **죄는 예수님이 결코 주시지 않는 쾌락을 준다.** 그 쾌락은 그의 자아에 다른 이들과 사랑의 마음으로 나눌 어떤 것도 주지 않으며, 따라서 쾌락을 경험하는 동안 기쁨은 불가능해진다. (기억하라. 나의 정의상, 일차적 행복은 기쁨과 동의어이다.) 부차적 행복의 한 형태인 쾌락은 자기만족적이며 결국 외로움이라는 비극으로 끝나겠지만, 잠깐 동안은 정말 좋게 느껴진다. 자주 언급되지는 않지만, 우리는 죄를 통해 거룩함은 절대 주지 않는 강렬하고 기분 좋은 만족을 경험할 수 있다는 사실을 인정해야 한다.

죄의 유혹을 이기려면 거룩한 갈망, 즉 그리스도의 관계적 아름다움을 다른 이들에게 드러내는 그리스도를 닮은 삶을 살고자 하는 열망이 믿음 안에 뿌리내려야 한다. 그리고 그 믿음은 죄의 유혹을 영원히 소멸시킬 비할 데 없는 기쁨을 이제 곧 경험할 것이라는 확신 안에서만 존재할 수 있다. 다음 장들에서 보겠지만, 그러한 믿음은 좁은 길 위에서만 자란다. 그 길을 걸으면 경쟁하는 두 이야기 사이에서 끊임없이 싸울 수밖에 없지만, 그 싸움은 일차적 행복을 지금 누릴 수 있게 한다.

질문이 여전히 남아 있다. 토니는 이중적 존재, 한 몸 안에서 지배권을 다투는 두 인격인가? 나는? 우리 모두는 예의 바르고 선량한 지킬 박사인 동시에, 하나님을 미워하고 자기를 사랑하는 욕망을 따를 때 즉각적 형벌은 피하면서도 하나님을 사랑하고 자기를 부인하는 갈망을 따른다면 결코 누릴 수 없는 자기만족적 기쁨을 마음껏 즐기려고 기회만 엿보고 누워 있는 괴물 하이드인가?

나의 답은 다음과 같다. 아니다. 우리는 다른 종류의 이중적 존재다. 설명해 보겠다.

지킬 박사와 하이드에 대해 들어보았을 것이다. 어쩌면 그 책을 읽었을지도 모르겠다. 통상 고전으로 여겨지는 로버트 루이스 스티븐슨의 『지킬 박사와 하이드』(*Dr. Jekyll and Mr. Hyde*)는 원초적 본능을 표출하는 자유를 만끽하면서도 동시에 그런 자신을 혐오하는 심오한 문제에 빠진 의사 이야기다.

책은 자전적 이야기임을 암시한다. 스티븐슨은 스코틀랜드 장로교 집안의 종교 색채가 강한 문화 안에서 자라면서 자신이 이중적 존재임을 인식한다. 1800년대 중반, 종교적으로 경건하고 엄격한 아버지와 건강 염려증에 시달리며 어린 그가 코만 훌쩍여도 어쩔 줄 몰라 하는 어머니 밑에서 자라면서, 부모님보다 훨씬 많은 시간을 함께 보낸 보모 쿠미라는 여성에게서 영향을 받아 왜곡된 기독교를 배운다. 그녀는 자상한 보모였지만 오늘날 우리가 우파적 종교 광신자라 부를 수 있을 만큼 지옥의 불과 유황을 강조하는 극단적 근본주의자였다. 여러 극단적 이야기가 있지만, 특히 그녀는 그에게 "극장은 지옥의 입, 카드는 사탄의 책이며, [로맨스] 소설은 지옥의 영원한 형벌로 가는 길을 놓는다"고 가르쳤다.[3]

청소년기를 겨우 지나서 성인기에 접어든 스티븐슨은 인생에 오직 두 종류의 길만 존재한다고 믿었다. **선하지만 겁에 질려 사는 것**, 즉 지옥을 피할 수 있을 만큼 충분히 선하지 않을까 봐 늘 두려워하며 살든지, 아니면 **악하지만 행복하게 사는 것**, 즉 내키는 대로 살면서 심판에 대한 두려움에 무감각해져서 살든지, 둘 중 하나였다.

그의 배경으로 보아, 어린 시절 스티븐슨은 로마서 7장과 친숙했을 것이다. 만약 그랬다면, 그는 분명 바울이 자신을 이중적 존재, 즉 상충하는 욕구 사이에서 괴로워하는 인간으로 묘사한 부분에서 자신을 보았을 것이다. 바울은 다음과 같이 썼다. "여기에서 나는 법칙 하나를 발견하였습니다. 곧 나는 선을 행하려고 하는데, 그러한 나에게 악이 붙어 있다는 것입니다. 나는 속사람으로는 하나님의 법을 즐거워하나, 내 지체에는 다른 법이 있어서 내 마음의 법과 맞서서 싸우며, 내 지체에 있는 죄의 법에 나를 포로로 만드는 것을 봅니다"(롬 7:21-23).

바울은 자기 안에서 한 치의 양보도 없이 사납게 대치하는 두 성향, 두 원수가 싸움을 벌이고 있음을 느꼈다. 그리고 너무도 자주 악한 세력에게 어쩌지 못하며 굴복하는 자신을 보았다. 그것이 그가 탄식하는 이유다. "아, 나는 비참한 사람입니다. 누가 이 죽음의 몸에서 나를 건져 주겠습니까?"(24절) 관계적으로든 행동으로든 죄를 지을 때마다 나도 비슷한 탄식을 토한다. 토니도 마찬가지다.

바울은 계속 이어 토니와 내가 더 큰 확신과 감사로 선포하기를 갈망하는 내용을 진술한다. "우리 주 예수 그리스도를 통하여 나를 건져 주신 하나님께 감사를 드립니다"(25절). 나는 바울이 특정한 비극을 종결시켜 주는 행복이 가능하며, 더 많은 축복 안에서가 아니라 예수님 안에서 누릴 수 있는 행복이 있다고 말하는 것이 들린다.

스티븐슨은 자기 안에 있는 두 사람 간의 치열한 싸움에 대한 답을 예수님에게서 찾지 못했던 것 같다. 어쩌면 그것은 그가 자기 안에 있는 두 사람이 누구인지 바르게 인지하지 못했기 때문이 아닐까? 어느 정도 자전적 내용이 섞인 그의 소설에서, 스티븐슨은 지킬 박사에게 희귀한 화학 약품을 조합하여 윤리적 삶이 주는 제약에서 해방시킬 약을 만들게 한다. 그 약으로 그는 하이드를 통해 끔찍할 정도로 악한 욕망을 마음껏 채우면서 어떤 죄책감도 느끼지 않고 쾌감을 누린다. 약 기운이 떨어지면 하이드는 사라지고 "그 안에 잠자고 있는 야수에 대한 증오와 두려움"에 사로잡혀 괴로워하는 지킬로 돌아온다.[4]

소설의 마지막 장은 지킬 박사가 가까운 친구에게 쓴, 이중적 존재로서의 자기 삶을 변호하는 투로 그러나 매우 고통스럽게 고백하는 편지로 이루어진다. 그의 마지막 말은 그리스도인이라면 도달하지 않았을 결론이다.

그렇다면 여기서 펜을 내려놓고 나의 고백을 봉하면서, 불행한 헨리 지킬의 인생을 끝내려고 합니다.[5]

나는 스티븐슨의 인생과 그가 한 가지 목적을 위해 쓴 이야기를 모두 포괄하는 넓은 주제를 간략히 살펴보았다. 그리고 나는 스티븐슨이 틀렸다고 생각한다. 때로 나를 비롯한 많은 그리스도인이 이 세상에서 이중적 존재로 살아가는 것에 대해 그가 가졌던 처참한 오해에 공감한다.

스티븐슨이 이해하기로, 이중적 존재로서 지킬 박사에게는 오직 두 가지 끔찍한 선택 사항만 남아 있다. 사악함만 불러올 쾌락의 유혹에 맞서 끊임없이 싸우며 도덕적으로는 바르지만 공허한 삶을 살든가, 아니면 조심 따위는 내던지고 도덕성은 절대 주지 못할 쾌락을 약속하는 충동을 전부 마음껏 탐닉하든가.

비슷하지만 정답은 아니라는 말이 있던가? 예수님을 따르는 사람들이 이중적 존재로 살아간다는 것에 대한 바울의 이해는 표면적으로는 스티븐슨의 이해와 비슷해 보일 수 있지만, 실제로는 아주 다르다. 바울은 가장 경건하고 영적으로 성숙한 그리스도인 안에도 괴물이 산다는 것을 인정했지만, 그 괴물의 생명력은 사탄으로부터 온다는 것도 알았다. 그 싸움은 하나님의 원수와 벌이는 싸움이자, 에덴의 타락이 우리의 중심에 창조해 낸 사탄을 닮은 본성과의 싸움인 것이다.

바울은 예수님이 어떤 특수 부대도 할 수 없는 구조 임무를 수행하려고 세상에 오셨다는 진리를 기뻐하며 경축한다. 예수님은 우리가 자기 유익을 주제로 하는 끔찍하게 악한 이야기─하이드만 즐길 수 있는 좋은 기분을 느낄 자유, 싫어하지만 동시에 하고 싶어 하는 그런 끔찍한 일들을 할 자유를 찾아 헤매는 지킬 박사의 이야기─를 들려준 것에 대해 용서받을 수 있다는 놀라운 이야기를 쓰려고 오셨다.

바울은 이와 같은 예수님의 이야기가 그분을 따르는 이들에게 진정으로 좋은 이야기를 들려줄 힘을 준다는 것을 깨달았다. 즉 다른 사람을 위해 자기중심적 욕망을 내려놓는 것에서 의미와 기쁨을 찾으며 최악의 상황과 관계에서도 표현하는 사랑, 즉 하나님의 사랑 이야기를 들려주는 사람이 되게 하는 것이다. 나아가, 예수님의 이야기는 완전한 세상, 사랑의 공동체 안에서 누리게 될 영원한 기쁨의 절정을 보게 함으로써 하나님의 사랑 이야기가 계속 표현될 수 있도록 힘을 주고 지탱해 준다.

※ ■ ※

그리스도의 이야기를 잊어버리거나 오해하여 이 세상에서 우리를 위한 최고의 선이란 좋은 기분을 불러일으키는 축복의 좋은 삶이라고 생각한다면, 우리는 '작은 지킬'이 될 것이다. 하나님의 규칙을 지키면 하나님의 축복, 즉 인생을 즐기기 위해 우리가 필요하다고 결정한 복들이 따라온다고 여기면서 기쁨보다 짐을 지우는 도덕성이 요구되는 넓은 길로 걸어갈 것이다.

이 공식이 먹혀들지 않을 때, 즉 바르게 사는데도 인생이 어려워지고 축복받은 삶이 별안간 영혼의 깊은 고통으로 바뀔 때(사실 이런 일은 늘 일어난다), 우리는 '작은 하이드'로 전락한다. 적어도 위안을 주거나 그나마 쾌락을 준다면 무엇이라도 선택해 버릴 것 같은 우리 자신에게 있는 비참함의 피해자로 살아가면서 말이다. 그러고는 예수님은 주시지 않는 그런 만족을 약속하는 충동에 결국 굴복할 것이다.

나는 이중적 존재다. 토니도 그렇고, 당신도 그렇다. 그러나 우리는 하이드와 이길 수 없는 싸움을 하는 지킬 박사가 아니다. 나는 다른 모든 그리스도인처럼, 성장하고 있는 '작은 그리스도'이면서 동시에 완고한 '작은 사탄'으로 살아간다. 복음 이야기에서 우리는 새로운 피조물이다. 즉 죽음에 대한 두려움 때문에 착하게 살아야 하는 존재가 아니라, 새로운 방식으로 살아가도록 만들어졌고 그렇게 살기를 갈망하는 존재다. 여기서 새로운 방식의 삶이란 공허함을 소망으로 채우고, 좌절감을 목적의식으로 이기고, 허무를 의미로 장악하며, 무엇보다도 심지어 배신의 쓴맛, 실망의 괴로움, 실패의 자책감, 무능함의 낙망, 고립의 외로움 가운데서도 예수님처럼 사랑하려는 하나님이 주신 갈망과 능력으로 채워지는 것을 말한다. 복음 이야기가 우리를 데려가는 좁은 길은 사랑을 **아는** 기쁨을 가져오고, 이는 다시 우리에게 사랑할 **자유**를 준다.

사탄의 이야기는 특별히 좋은 것은 고사하고 겨우 매력 있어 보이는 세계를 가장할 뿐이며, 그 이야기의 줄거리는 싸움에서 해방감을 느끼기 위해 해야 하는 것은 무엇이든 정당화하고 우리가 만들어 낸 만족감은 무엇이든 경험할 자격이 있다고 생각하는 우리의 권리 주장 정신에서 기인한다.

그리스도인이라는 이중적 존재―지금 우리에게 유효한 최고의 선을 가져오시는 하나님의 위대한 이야기를 들려줄 수 있도록 자유롭게 된 작은 그리스도이자, 동시에 모든 관계적 친밀함을 제거해 버리는 자만심을 부추기고 비의존성을 고양하며 자기만족적 즐거움에 안주하는 작은 사탄인 이 존재―는 사탄의 이야기가 지닌 추함과 순전한 어리석음을 폭로하는 좁은 길을 걷는다. 그리고 그리스도의 이야기가 지닌 아름다움을 드러내고, 그 이야기를 들려주는 데 필요한 믿음을 강화시키기도 한다. 마침내 영원하고 최종적인 승리를 거둘 때까지 작은 그리스도가 작은 사탄과의 싸움에서 느리게 그러나 여러 번 승리하는 것은 다른 곳이 아닌 좁은 길 위에서만 가능하다.

이제 좁은 길이란 무엇이며, 좁다는 것이 어떻게 공동체 안에서 예수님을 드러내도록 우리를 관계적으로 성숙시키는지 자세히 살펴보기 위한 준비가 거의 끝났다. 좁은 길 위에서 사는 인생은 우리의 영적 성숙을 위한 하나님의 계획이다. 그분의 계획은 쉽지 않지만 선하다. 그리고 언제나 성공적으로 끝난다.

나는 누구인가? 지킬 박사인가? 아니면 하이드인가? 둘 다인가? 아니, 둘 다 아니다! 우리 모두 좁은 길을 걷고 있다면, 당신처럼 나 역시 작은 그리스도로 천천히 성장해 가고 있으며, 여전히 나를 자주 넘어뜨리는 작은 사탄은 그런 나를 결코 완전히 꺾지는 못할 것이다. 그것은 좋은 소식이다.

8장   불가능한 것을 향한 열정

> 예수님께 붙어 있을 때 욕망은 제멋대로 활개를 치지 못한다. 사랑이 수반되지 않는다면 말이다.…그러므로 욕정에 사로잡힌 의지도 제멋대로 활개 칠 수 없다.
> _ 디트리히 본회퍼[1]

> 사람에게는 불가능하나, 하나님께는 그렇지 않다. 하나님께는 모든 일이 가능하다.
> _ 예수 그리스도[2]

나는 예수님을 따르기 원한다. 그분의 제자가 되는 것과 그분을 따라 생명에 이르는 좁은 길을 걷는 것의 의미를 더 온전히 알기 원한다. 나는 이 책을 쓰면서, '좁은 길 인생'에는 기독교 문화에서 보통 필수적인 것으로 받아들이고 믿는 것보다 더 많은 것이 있음을, 그리고 그 길을 걷는 것에는 내가 예수님의 제자라고 고백하면서 살았던 수십 년 동안 이해하고 개인적으로 받아들인 것보다 더 많은 것이 들어 있음을 깨달았다.

놀랍지는 않다. 당연히 좁은 길 위에서 사는 인생에는 내가 지금껏 깨닫고 인정하게 된 것보다 더 많은 것이 있다. 성령을 통해, 하나님은 내가 그분의 아들을 따라갈 때 나를 거룩하게 만드는 일에 전념하신다. 내가 갈 길이 아직도 멀다는 사실을 상기시켜 주지 않고 지나가는 날이 없다. 나는 무엇 때문에 좁은 길이 비좁아지고, 그 길의 비좁음이 어떻게 내 안의 거룩하지 않은 모습을 쥐어짜 내는지 이해한 것일까? 내가 예수님의 제자가 되기 위한 자격 요건에 대해 좀더 주의를 기울여 생각한다면, 이런 것들에 대한 나의 이해가 커질 것이다. 어쩌면 나는 그 조건들을 아직 만족시키지 못했을 것이다. 너무 자주 피상적이어서 약간의 고통에도 너무 쉽게 옆으로 밀려나 버리는 내 행복은 그것 때문인가? 더 나은 사랑을 위한 싸움에서 아직 내가 진지하게 고려하지 않은 다른 측면이 있는 것 같다.

※ ※ ※

누가는 예수님이 어느 바리새인의 집에서 저녁 식사를 하고 계실 때 일어난 사건을 기록해 두었다. 많은 사람들이 그분 주위로 모여들었고 예수님은 가르칠 기회를 얻으셨다. 분명 그들 모두는 그분의 제자가 되는 것에 마음이 열려 있었다. 즉 인생이란 도대체 무엇이며 어떻게 하면 잘 살 수 있을지 그분께 배우고자 하는 마음이 있었다. 그런데 예수님은 그들에게 기이한 말씀을 하신다. 그 말씀은 한편으로 놀랍기도 하다.

기존 종교에 지치고 신물이 난 모든 이를 향해 자신에게 오라고 초대하신 분이라면 분명 그들을 따뜻하게 환영하면서 다음과 같이 말씀하실 것이라고 나는 예상했다. "너희들이 내가 누구이며 무엇을 줄 수 있는지에 관심이 있는 것을 보니 정말 좋구나. 너희들이 와서 정말 기쁘다. 이제부터 우리는 평생 함께할 멋진 여정을 걷기 시작할 수 있을 것이다."

그런데 그 대신 예수님은 그들을 향해 돌아서서 날카롭게 말씀하신다. "누구든지 내게로 오는 사람은…먼저 앉아서 셈하여 보아야 하지 않겠느냐?"(눅 14:26, 28) 분명히 예수님은 근시안적으로 열광하는 추종자가 아니라, 신중히 헌신하며 따르는 자를 원하셨다.

이어지는 두 장에서 예수님이 우리에게 셈하여 보라고 말씀하신 구체적인 비용을 자세히 살펴볼 것이다. 여기서 나의 초점은 이것이다. **예수님은 나에게도 동일한 말씀을 하신다.** 흥분에 차서 어떤 일이 오더라도 그분을 따르겠다고 약속하기 전, 나는 진정한 제자도의 대가를 따져 보아야 한다. 감정에 치우친 결정과 진중한 생각을 거친 헌신은 전혀 다르다.

그러나 나는 60년 넘게 그리스도인으로 살아왔고, 겉모습뿐만 아니라 실제로도 꽤 유의미하게 결의를 다진 제자였다. 내가 아직 셈해 보지 않은 대가가 있다고? 아직 경험하지 못한 더 깊은 차원의 내려놓음이 있다고? 예수님은 좁은 길을 걸을 때 내가 관성에 따를 기회는 없다는 것을 알 바라시는 것 같다. 잠깐 쉴 기회는 있겠지만, 관성에 기댈 기회는 없다. 다음 세상에서 그분을 만날 때까지, 내 안의 모든 것이 평안하며 이제 나에게 더 변화될 필요가 있는 것은 오직 외적인 것뿐이라고 상정해서는 안 된다.

따져 보아야 할 더 큰 대가와 우리가 살아갈 더 풍성한 삶은 언제나 있다. 그렇지 않다고 생각하는 사람들, 즉 이미 자신은 모든 대가를 셈해 보았고 지불도 했다고 믿을 만큼 눈이 어두워진 사람들은 이미 넓은 길 위에 있는 쉬운 삶을 선택한 것이다. 그들은 다른 이들에게 별다른 영향력을 끼치지 못한다. 대가를 셈하지 않을 때 그리스도를 의지하는 그리스도인들의 능력은 약화된다. 작은 그리스도가 되어 가는 예수님의 진정한 제자가 되고 싶다면, **지속적으로 대가를 셈해 보아야 한다.**

그러나 문제가 있다. 예수님은 분명 대가를 셈해 보라는 그분의 가르침을 내가 진지하게 받아들이기를 바라셨다. 그런데 문제는 내가 그렇게 할 때, 힘을 얻거나 신이 나지 않는다는 것이다. 오히려 좌절감을 느낀다. 누가복음 14장 25-33절에서 예수님이 말씀하셨던 제자도의 세 가지 대가를 여기서 간략하게 나열해 보겠다(자세한 논의는 이후에 나올 것이다). 첫째, 예수님 외에 나를 비롯한 모든 사람을 미워해야 한다. 둘째, 어떤 경우에도 나의 자연적 본성을 부인해야 하며, 평생 십자가를 지고 걸어야 한다. 셋째, 내가 가진 모든 것에 대한 소유권을 부인해야 한다.

그분이 농담을 하시는 것인가? 거지에게 10억을 가져오라고 하시는 편이 나을 것이다. 나는 절대로 이렇게 할 수 없다! 그리고 **어쩌면 그분은 바로 이것, 곧 내가 할 일을 적어 둔 목록에서 '대가 셈해 보기' 항목에 완료한 일로 체크하고 넘어갈 수 없음을 깨닫고 고백하기를 원하시는지 모른다.**

나는 좁은 길 위에서 살아간다는 것의 의미를 가르치고 싶어서 일련의 생각들을 잘 정리하고 나서 이 책을 쓰기 시작한 것이 아니었다. 오히려 더 잘 살펴봐야 할 만큼 중요하다고 생각하는 질문들로 글을 쓰기 시작했고, 그렇게 함으로써 지금 나는 익숙했던 몇몇 진리가 내 안에서 새롭게 되살아나는 것을 느낀다. 이제부터 내가 말하려는 두 가지 진리로 인해 점차 안개가 걷히는 중이다. 좁은 길을 걷고자 한다면 이 진리들은 필요한 어떤 대가든 셈해 보려는 갈망을 내 안에 일으킨다.

첫 번째 진리

내 영혼의 숨은 중심에서, 나는 최고의 선을 누리기를 갈망한다. 대가를 셈한 뒤 예수님을 따르기로 한 모든 이가 이 생에서도 누릴 수 있게 해 주신 그런 최고의 선을 말이다.

더 단순하게 말해 보겠다. **나는 목이 마르다.** 나는 암이 치료되거나 재발하지 않는 것처럼, 하나님이 나를 위해 하시는 좋은 일보다 하나님 그분을 향해 더 목이 마르다. 물론 좋은 일들이 일어나는 것도 원한다. 그러나 다른 무엇보다도 하나님과 그분이 나에게 누리게 하시는 최고의 선을 더 원한다. 다른 것들은 그것보다 덜 중요하다. 나에게 주시는 최고의 선에 항복하고자 하는 불타는 열망을 내가 늘 인식하는 것은 아니다. 하지만 그런 열망은 성경이 나의 '중심'(시 51:6, 개역개정)이라 부르는 곳, 새 언약의 언어로

'새 마음'이라 부르는 곳에 늘 자리 잡고 있다.

사슴이 물을 찾기에 갈급하듯이, 내가 쉽게 닿을 수 없는 깊은 곳에서부터 나는 하나님을 원한다. 동시에 그 깊은 곳에서는 가끔 "내가 언제 하나님께로 나아가 그 얼굴을 뵈올 수 있을까"(시 42:2)라고 울부짖는 소리가 들리기도 한다. 메시지 성경에서는 같은 탄식을 "언제나 그런 날이 올까? 하나님 앞에 나아가 마음껏 그분을 누리게 될 그날!"이라고 표현한다. 마음속에서 쏟아 내는 이런 울부짖음을 늘 들을 수 있는 것은 아니지만, 나는 그 울부짖음이 언제나 거기 있다고 믿는다.

내가 예수님을 만나는 그날까지, 성령은 내가 다른 이들과 맺는 관계의 방식을 통해 나의 세계에 예수님을 드러낼 정도로 그분을 잘 알도록 나의 갈망을 계속 일깨우실 것이다. 나는 예수님처럼 사랑하기를 갈망한다. 성령은 그 갈망이 나를 이끄는 열정이 되게 하시려고 일하신다. 도스토옙스키의 위대한 소설 『카라마조프 가의 형제들』에 나오는 영적 지도자 조시마 장로는 지옥이란 사랑하지 못하는 고통이라고 정의했다. 그가 옳다면(나는 그렇다고 믿는다), 천국은 사랑할 수 있는 기쁨 그리고 작은 그리스도로서 우리의 숙명을 성취하는 자유일 것이다.

우리 앞에 놓인 영원한 것의 미리보기인, 점점 더 커져 가는 기쁨과 자유를 지금도 경험할 수 있다. 그리고 이 점에 주목하라. 예수님이 우리에게 서로 사랑하라고 명령하실 때, 하나님을 경험하라는 초대는 사실 **하나님의 성품을 드러냄으로써 그분의 임재를 알라는** 초대다. 나는 그 초대에 응하기를 열망한다. 하나님이 주시는 최고의 선을 향한 갈망은 내가 그것을 느끼는 순간이든 느끼지 못하는 순간이든 내 안 깊숙이 언제나 자리 잡고 있다. 이것이 지금 내게 좀더 분명해지고 있는 첫 번째 진리다. 내 안에는 예수님의 제자로 사랑하려는 갈망이 있다.

두 번째 진리

내게는 그리스도의 제자로서 살기 위해 셈해 본 그 대가를 치를 만한 능력이 없다.

나는 그분의 기준을 충족시킬 만큼 강하지 않고 선하지도 않으며 그분께 완전히 굴복하지도 않았다. 예전부터 알고 있었지만, 요즘은 나의 연약함에 관한 이 진리가 더욱 적나라하게 드러나는 것 같다. 그 대가는 너무 커서 나의 힘이 부족하고 내게는 그것을 치를 능력도 없음이 드러난다. 그 대가가 무엇인지 기억해 보라. 예수님을 제외한 모든 이를 미워하라. 사랑에 근거하지 않는 모든 욕구를 억제하라. 내가 소유한 모든 것에 대한 권리를 포기하라.

생애 마지막 순간, 테레사 수녀는 씨름하고 있었다. 이미 수십 년 동안 그리스도의 임재라는 기쁨을 경험하지 못했고(그러나 그녀를 지탱해 주는 다른 행복을 알았다) 지금 죽음의 고통스러운 과정을 지나던 그녀는 소리쳤다. "예수님, 저에게 너무 많은 것을 요구하고 계십니다." 그녀는 주님을 따르기 위해 꽤 많은 값을 치렀으며 그 값은 너무 커 보였다. 예수님이 셈해 보라고 하시는 대가를 볼 때,

꽤 축복받은 삶을 살면서 내가 누린 안락함을 생각하면 테레사 수녀에 비할 수 없기는 하지만, 나 역시 그것 때문에 신음한다. **그분은 너무 많은 것을 요구하신다.**

그렇다. 나는 목이 마르다. 예수님이 주시는 것을 정말로 받고 싶다. 나는 그분이 주시는 용서라는 값없는 선물, 천국의 보장된 자리, 삼위일체 하나님 각 위격과의 관계를 받아들였다. 그러나 지금 나는 내가 값없이 받은 이 삶을 살아가기 위해 치러야 할 비싼 대가가 있음을 깨닫는다. 대가가 너무 크다. 나는 그것을 치를 능력이 없다. 치를 능력이 있다고 해도 치르고 싶은지 확신이 서지 않는다. 그것은 너무도 부자연스럽게 느껴지는 것, 즉 가족을 미워하고, 만족되기를 바라는 욕구를 부정하고, 내가 소유한 어떤 것에도 집착하지 않을 것을 요구하기 때문이다.

왜? 왜 예수님은 내가 그토록 갈망하는 것을 누리기 위해 필요한, 그러나 내게는 치를 능력이 없는 대가에 대해 계속 말씀하시는가? 이 질문과 씨름하다 보면, 그 대가를 치를 능력이 없는 것은 나의 연약함과 상관이 있지만 그보다 나의 완악함과 더 많은 상관이 있다는 것이 분명해진다. 이 두 번째 진리를 상정하면서, 나는 단지 내가 그 값을 치를 수 **없는** 것이 아니라 치르지 **않을** 것임을 깨닫는다. 그리고 여전히 자기중심성과 불신이라는 죄가 "내 속에 자리를 잡고 있[다]"(롬 7:20)는 것을 암울하게 인식하게 된다.

나는 죽기 전 완전한 영적 성숙을 바라는 나의 소망이 현실로 이루어지지 않을 것임을 알고 있다. 또한 "죄가 없다"(요일 1:8)고 주장하거나, 새 언약 덕분에 내 안의 순전한 마음으로 이제 자기

이익이라는 불순한 동기가 전혀 섞이지 않은 순전한 사랑만 늘 내어 놓을 것이라 여기는 것은 바보 같은 짓이고 자기기만이며 "진리가 [내] 속에 없[다]"는 의미인 것도 안다(8절).

예수님이 그분을 따르는 데 치를 대가에 대해 말씀하실 때, 나에게는 로마서 8장과 같이 기쁨의 자유 안에서 경축하기 전, 로마서 7장과 같이 불가피한 실패 안에서 완전히 죽어야 함을 알게 하시는 것으로 들린다. 다시 말해, 내 안의 비참함에 대해 괴로워하는 만큼 예수님의 아름다운 마음을 경축할 수 있다는 것이다.

※ ※ ※

내가 방금 쓴 내용을 읽으니 통곡하고 싶어진다. '**하나님, 제자도의 대가가 너무 큽니다!**' 그 대가는 나를 으스러뜨린다. 나의 빈곤함과 자만심이 다 드러난다. 그리고 그 대가는 너무 어둡고 우울해 보이며, 괜찮고 평범하고 기분 좋게 축복받은 그리하여 즐겁게 관대한 삶을 살기 위해 전혀 불필요한 듯하다. 나는 하나님이 풍성한 영적 성숙이 아닌 그저 충분히 좋은 그리스도인의 삶 이상을 내게 바라신다는 것을 안다. 그러나 내가 인식하고 있는 내 안 가장 깊은 갈망, 즉 예수님처럼 사랑하도록 나를 해방시키리라 약속하는 좁은 길을 걷고자 하는 갈망을 잘 느끼지 못한다.

그런데 그렇게 탄식하고 있노라면, 예상치 못한 어떤 일이 일어난다. 약한 갈망, 완고한 저항, 피할 수 없는 패배에 대한 고통스러운 인식이 전에 경험하지 못한 희망에 찬 목마름으로 바뀌어 가는 것이다. 내 안에 전적으로 비합리적 충동―즉 **불가능한 것을 향한**

열정—이 내 모든 연약함과 저항과 패배감을 뚫고 솟아오르기 시작한다.

나는 내가 도저히 값을 치를 수 없는 뭔가를 계속해서 원한다. 그리고 **내가 그것을 얻을 수 있다고 믿는 것도 멈출 수 없다.** 두 진리를 동시에 이해하는 것, 즉 대가를 셈해 보는 제자에게만 주어지는 것을 원하는 내 갈망과 나에게 그 대가를 치를 만한 능력이나 의지가 없음을 아는 것은 나로 하여금 살아 있음과 자유로움을 느끼게 하며 소망으로 채워지게 한다. 나는 이런 일이 일어나는 것을 오직 신비롭고 경이로운 성령의 일하심, 나를 행복하게 하는 은혜의 역사로만 설명할 수 있다.

이사야 말씀이 새로운 소망과 함께 되살아난다. 하나님을 대신해 선지자는 외친다. "너희 모든 목마른 사람들아"(사 55:1).

나는 큰 소리로 대답한다. "네! 저요!"

이사야는 계속 이어 간다. "어서 물로 나오너라. 돈이 없는 사람도 오너라"(1절).

"주님, 저는 파산 상태예요. 낼 돈이 한 푼도 없어요."

그러자 하나님은 급히 그러나 차분하게 반응하신다. "들어라, 내가 하는 말을 들어라. 그리하면 너희가 좋은 것을 먹으며, 기름진 것으로 너희 마음이 즐거울 것이다"(2절).

내가 제대로 이해했는지 잘 모르겠다. 그러나 나는 터무니없는 소망이라 해도, 이를 품고 예수님처럼 사랑하기를 갈망하며 **그렇게 되리라 믿는다.** 화가 날 때도, 외로울 때도, 저녁 초대를 받은 손님이 말을 너무 많이 하면서 늦은 밤까지 집에 돌아가지 않을 때도, 인생에 불공평한 일들이 계속 밀어닥칠 때도, 가족의 인생에 큰 시련이 닥쳐올 때도, 친구들이 나를 실망시킬 때도, 질병이 두렵게 하는 불확실성을 가져올 때도, 또한 내가 얼마나 예수님과 다르게 관계를 맺는지 깨달을 때도 그렇다. 삶의 어떤 상황에서도 혹은 내 영혼의 어떤 상태에서도, 나는 예수님처럼 사랑하기를 갈망한다.

요점은 이것이다. **예수님을 따라 좁은 길을 걸어갈 때 불가능한 것이 가능해진다.** 이 책 2부에서는 어떻게 그런 일이 일어나는지 살펴볼 것이다. 그러나 이것만큼은 지금 알기 바란다. 좁은 길은 당신이 살아갈 인생만큼 길다. 당신에게 걸어갈 좁은 길이 남아 있는 것처럼, 내게도 걸어야 할 좁은 길이 남아 있다. 그 길은 길 수도 있고, 짧을 수도 있다. 어떤 경우든 그 길을 걸으며 겪는 모든 실패는 복음에 감격하고 사랑 앞에서 우리 자신의 형편없음을 볼 새로운 기회가 된다. 그것이 하나님의 이야기, 곧 놀라운 은혜에 초점이 맞춰진 이야기의 진리이며, 그 진리로 인해 우리는 예수님처럼 사랑하도록 자유로워질 수 있다. **그것은 가능하다.** 천국이 임할 때까지 완벽하지는 않겠지만 지금도 풍성하게 말이다.

이번 장을 쓰면서 내가 배운 것은 다음과 같다. 좁은 길을 걷고자 하는 열정, 사랑하고 싶고 또 실패할 때도 사랑받고 싶은 목마름으로 인한 열정은 성령이 가장 하고 싶어 하시는 일을 우리 안에서 하실 수 있도록 공간을 만든다. 불가능한 것을 가능하게 하는 것, 예수님을 따르는 사람들 안에 다른 사람과의 관계에서 예수님을 드러내고자 하는 하나님이 주시는 갈망과 그렇게 할 능력을 불러일으키는 것이야말로 성령의 전문 분야다. 그것이 이 생애에서 우리가 도달할 최고의 선이자 우리가 누릴 가장 깊은 기쁨의 원천이다. 즉 하나님을 알고 다른 이들에게도 그분을 알게 하는, 하나님이 즐거워하시는 기쁨인 것이다.

그런데 이 모든 일이 어떻게 일어나는가? 이제 나와 함께 예수님이 2천 년 전 그분의 제자 지망생들에게 제시하셨던, 세 부분으로 된 대가를 살펴보자. 어떻게 좁은 길 위에서 사는 것이 그리스도처럼 사랑할 수 있을 만큼 그분을 잘 알도록—불가능한 것을 향한 우리의 열정을 충족시키도록—우리를 자유로워지게 하는지 이해하려면 반드시 셈해야 할 대가다(그러나 예수님은 한 번도 그 대가를 **지불해야** 한다고 말씀하신 적은 없다는 사실에 주목하라).

9장   따라갈 자유

소망의 빛이 비친 자유는 가능한 것을 향한 창조적 열정과 같다.…지극히 높으신 분의 종인 사람은…다른 것들, 다른 권세에서 완전히 자유롭다. 그 사람은 하나님 한 분만 두려워하며 세상의 다른 어떤 것도 두려워하지 않는다. 오직 주님께만 속하며 다른 누구에게도 속하지 않는다.

_ 위르겐 몰트만[1]

예수님은 사역을 시작하시면서 가장 먼저, 우리에게 무엇이 가장 잘못되어 있는지 모호하지 않은 말로 알려 주시는 일부터 하셨다. 그 후에야 비로소, 말할 수 없을 만큼 놀라운 어떤 일이 지금 우리에게 가능하다고 말씀하셨다. 사탄과 벌인 40일간의 대결에서 어떠한 상함이나 타협 없이 돌아오셨을 때, 예수님은 분명 지치셨음에도 의연하게 설교를 시작하셨다.

"너희들의 죄를 회개해라." 죄가 당신의 가장 크고 나쁘며 치명적인 문제다. 사회적 불의, 가난, 노숙자 문제, 실업, 끔찍한 독재, 성매매, 육체적 질병이 아니라, 죄, 바로 **당신의** 죄. "그리고 하나님께 돌아서라. 천국이 가까이 왔다." '그 나라는 나의 아버지와 나와 우리의 영이 이루는 관계적 나라다. 그 나라의 시민이 되어라. 그러면 너무 자주 실망스럽고 불공평하며 상처를 입히고 때로 비탄에 빠뜨리며 언제나 부패한 상태인 이 세상에서 다른 사람과 관계를 맺는 완전히 새로운 방식이 네 앞에 열릴 것이다'(마 4:17을 보라).

사역을 시작하신 지 얼마 되지 않았을 때, 예수님은 기록으로 남아 있는 그분의 가장 긴 설교이자 산상수훈으로 알려진 설교를 하셨다. 이 설교에서 그분은 누구에게도 자연스럽지 않고 납득할 사람도 그다지 많지 않은 방식, 즉 시도되지 않았던 관계 맺음 방식에 대해 신중하고도 아주 자세히 제시하셨다. 혁명적 가르침을 마무리할 무렵, 청중들에게 단호하게 경고하신다. "생명으로 이끄는 문은 너무나도 좁고 그 길이 비좁아서 그것을 찾는 사람이 적다"(마 7:14). 나는 이 말씀을 예수님이 그분을 따를 때 좋은 시절의 문이 아닌 오히려 선한 목적을 위한 어려운 시절의 문이 열린다고 약속하시는 것으로 듣는다. 싸움이 시작된 것이다.

몇 가지 생각을 덧붙이신 뒤 설교가 끝났고 "박수가 터져 나왔다…이것이야말로 그들이 여태까지 들어 본 것 중 최고의 가르침이었다"(마 7:28-29, 메시지). 박수를 치던 군중은 그분이 무슨 말씀을 하고 계시는지 전혀 이해하지 못했고, 좁은 길에서 살아간다는 것의 의미에 대해서도 정확히 깨닫지 못했다는 것이 곧 드러난다.

오늘날도 똑같다. 종종 나 역시 예수님을 따르는 것이 의미하는 강렬한 메시지에 기립 박수를 치며 열렬히 반응하는 많은 사람 중 하나였지만, 사실 나도 듣고 싶은 것만 듣고, 포기할 준비가 되어 있는 것보다 더 많은 것을 요구하는 말씀에는 무조건 귀를 막았음을 나중에야 깨닫는다. 진정한 생명으로 가는 길은 험한 길이다. 이것이 예수님이 말씀하신 내용이다. 나는 그분의 말씀을 제대로 들었는가? 아니면 그분의 제자가 된다는 것을 어설프게 따라하며 안주해 버렸는가?

복음서에서 예수님이 말씀하신 거의 모든 내용은 나를 끌어당기기보다는 먼저 놀라게 한다. 그분이 이토록 나를 불편하게 하는 말씀을 하실 리 **없는데** 말이다. 그분의 가르침은 확실히 허를 찌른다. 그러나 배우고자 하는 마음으로 들으면, 그 가르침은 나를 혼란스럽게 하거나 좌절시켜서 물러서게 하기보다 계속 연구하고 생각하게 한다. 또한 성령께 그 급진적인 가르침을 이해하고 받아들일 수 있는 지혜를 구하게 한다. 그렇게 지혜를 구하다 보면, 그분의 길은 나의 길보다 훨씬 높으며 그분의 생각은 내 능력으로는 도저히 따라갈 수 없음을 거듭 깨닫는다.

그리스도의 어려운 말씀을 연구할수록, 나는 예수님 그리고 그분을 따르는 이들과 나누는—성경에 바탕을 두고 성령이 인도하시는—대화에 더 기쁨으로 의지하게 된다. 그 결과, 예수님을 따르지만 잘 모르는 이들에게 위압적 권위로 전달하려고 그리스도인의 삶이 작동하는 방식에 관한 세세한 교리 하나하나에 집착하려던 생각이 점차 사라진다. 대신 그분의 말씀과 영과 그분의 백성을 통해 하나님과 나누는 대화가 이끌어 가는 어떤 곳에서든, 다른 이들에게 강요하는 오만한 확고함이 아닌 나의 관계 맺는 방식을 이끌어 주는 겸손한 확신에 내가 열려 있기를 원한다.

그러나 너무 자주 예수님의 놀랍고 어려운 말씀은 그분의 진리 안에서 쉬지 못하도록 나를 밀어낸다. 의심이 일어나 과민함으로 몰아간다. 나는 겸손하게 모든 것이 명확해지기를 기다리기보다 성급해져서 두 방향 중 하나로 나아간다. 즉 그리스도의 말씀을 내가 원하는 것에 더 잘 들어맞는 방식으로 해석하고 싶은 유혹에 빠지거나, 만약 그런 행동이 가져올 처참한 결과를 인식하고 있다면 이해할 수 없고 좋아하지 않는 말씀은 그냥 지나치고 표면적으로 좀더 동의하기 쉬워 보이는 말씀에 편안히 안주하거나(이 역시 결과는 똑같이 처참하다) 둘 중 하나다.

두 번째 나쁜 선택의 간략한 예를 들어 보겠다. 예수님은 십자가에 달리시기 전 다락방에서 제자들에게 다음과 같이 말씀하셨다. "아버지께서는 친히 너희를 사랑하신다. 그것은 너희가 나를 사랑하였고, 또 내가 하나님께로부터 온 것을 믿었기 때문이다"(요 16:27). 좋다! 그런 생각은 마음에 든다. 나는 예수님을 사랑하고, 그분이 하나님께로부터 온 것을 믿는다. 따라서 이제 나는 하나님의 사랑에 의지하여 암의 완치와 같이 내가 삶을 즐기기 위해 꼭 필요한 축복이 주어질 것이라고 확신할 수 있다. 그것은 사랑 많은 아버지가 그렇게 하실 능력만 있다면 당연히 자녀들에게 해 줄 일이기 때문이다. 하늘에 계신 나의 아버지께는 분명 그런 능력이 있다. 따라서 내가 원하는 축복들이 따라올 것이다. 이런 식으로 예수님의 말씀을 모든 것이 내가 원하는 대로 될 것이라는 보증으로 왜곡시키고, 좁은 길을 떠나 넓은 길을 걷는 것은 얼마나 쉬운가.

이제 예수님이 하신 말씀 중 나를 당황하게 하고 표면적으로는 전혀 말이 안 되는 것 같은 예를 들어 보겠다. 내가 혼란의 아수라장으로 들어갈 때, 당신도 함께 고민해 보기 바란다. 이러한 혼란을 다루어 보면, 이후에 우리가 거친 길을 걷고 거기에 머물면서 진정한 생명을 찾는 것에 관한 주님의 가르침과 씨름할 때 도움을 얻을 것이다. 이해가 되지 않는 그 말씀들은 나의 마음과 영혼을 한동안 들쑤셔 놓았고, 결국 이 책을 쓰게 했다. 이제 그 말씀들과 씨름은 하되, 예수님이 무엇을 말씀하셨는지 완벽하게 이해하려는 욕심은 내려놓도록 하자. 때로 혼란을 인정하면 우리의 정신은 예기치 못한 지혜를 향해 열리기도 한다.

예수님은 순회 설교 중이셨다. 여러 마을에서 열심히는 듣지만 조심스럽고 의심 많으며 끝내 완고하게 마음을 바꾸지 않았던 사람들에게 설교를 하신 뒤, 나로서는 전혀 기대하지 않았던 어떤 일을 하셨다. 자신이 전한 진리를 많은 사람들, 즉 '지혜 있고 똑똑한' 이들에게 감춘 것에 대해 아버지께 **감사하신** 것이다. 이 장면은 마태복음 11장 7-30절에 나온다.

예수님이 아주 소수만 자신을 믿은 것에 대해 **감사하셨다고?** 나는 오늘날 기독교와 그리스도인의 삶에 대해 잘 안다고 생각하는 교만한 사람들과 지혜롭고 똑똑한 사람들이 모르는 것을 배우기 위해서가 아니라, 이미 알고 있는 것을 확인하기 위해 설교를 듣는다는 것을 안다. 그들은 자신이 확신하는 것에 의문을 던지거나 자신들이 만족하고 있는 것을 흔들어 놓는 가르침, 혹은 자신이 다른 사람과 관계를 맺는 방식에 이미 상당히 만족하는데도 새로운 방식으로 관계를 맺어야 한다고 말하는 가르침에는 별로 관심이 없다.

지난 40년간 수없이 많은 메시지를 전했던 사람으로서, 나는 목사들이 강단에서 전한 진리가 회중석에 앉은 많은 신도에게 잘 전달되지 못할 때 낙망하고 자신의 무능함과 회중들에 대한 좌절감으로 힘들어하는 것에 전적으로 공감한다. 모두 소용없다는 무력함에 다시는 설교를 하거나 강연회를 인도하고 싶지 않은 마음이 한두 번 든 것이 아니다. **정말로 듣고 있는 사람이 있는가? 나부터 내가 이토록 확신에 차서 선포하는 것을 듣고 있는가?**

그런데 진리를 들은 사람들이 진정한 의미에서 그것을 듣지 못한 것을 보면서 하나님께 감사하셨다고? 내 생각대로라면, 예수님은 아버지께 성령을 보내셔서 다 안다고 자만하는 이들을 겸손하게 하시고 그들의 눈을 더 가리기보다 열어 주시기를 간구하셨어야 한다. 그러나 그분은 자신의 사역이 성공적이지 못한 것에 대해 하나님께 감사하셨다. 나를 놀라게 하는 지점이다. 그리고 매력적으로 보이지도 않는다. 내가 당연하다고 생각하는 것과 너무 다른 방식으로 일을 행하실 때 아버지도 아들도 좋아하기는 쉽지 않다. (한번 생각해 보라. 좋은 삶에 이르는 힘든 길이라고? 만약 나라면 다른 식으로 일하겠다.)

그 뒤 예수님은 아버지께 다시 한번 감사드린다. 이번에는 본인의 메시지를 '어린아이들'에게 드러내신 것에 감사드린다. 분명히 예수님은 하나님이 많은 이들의 눈은 가리고 오직 소수의 사람들만 볼 수 있게 하신 것에 만족하셨다. 그분이 하신 말씀을 들어보라. "그렇습니다. 아버지, 이것이 아버지의 은혜로운 뜻입니다"(마 11:26). 어째서? 어째서 우리가 기대하는 방식으로 아들의 사역을 축복하지 않는 것이 아버지의 뜻인가? 그리고 어째서 예수님은 반응하지 않는 청중에 대해 감사하셨는가?

예수님은 그분의 이해하기 힘든 기도를 엿듣고 있던 청중을 향해 돌아서면서, 전혀 납득할 수 없는 말씀을 하신다. "내 아버지께서 모든 것을 내게 맡겨 주셨습니다. 아버지밖에는 아들을 아는 이가 없으며, 아들과 또 **아들이 계시하여 주려고 하는 사람**밖에는 아버지를 아는 이가 없습니다"(27절).

2천 년이 지난 후 구약성경뿐 아니라, 다른 세 개의 복음서 및 신약성경 나머지 부분을 읽은 나는 예수님의 말씀을 직접 들었던 청중보다 더 많은 것을 이해할 수 있다고 생각한다. 그러나 중요한 질문은 여전히 남아 있다. '예수님, 왜 모든 사람에게 아버지를 드러내지 않으시는 건가요? 주님은 교만한 자를 겸손하게 하시고 어린아이 같은 자를 껴안으시며 둘 다의 눈을 밝히실 수 있지 않나요? 종국에는 그렇게 하실 건가요?' 보편적 구원은 매력적이다.

나는 예수님이 하나님은 누구이신지, 즉 사랑이 흘러넘치는 공동체로 존재하시는 그분을 모든 사람에게 드러내시고, 우리를 죄와 고통에서 해방시키기 위해 하나님이 행하시는 기막힌 계획을 모든 사람이 알게 하셨으면 좋겠다. 모든 사람이 아니라면, 적어도 (이기적인 말이지만) 내가 사랑하는 모든 이에게만큼은 그렇게 하시면 좋겠다. 그중에서도 내 다섯 손자 손녀들이 초조하게 떠오른다. 나의 많은 친구와 전 세계의 수없이 많은 그리스도인은 자신이 사랑하는 이들이 예수님의 이야기에 완고하게 마음을 닫고 있거나 아무렇지 않게 무관심한 것 때문에 매일 깨진 마음으로 살아간다. 그들이 열정적으로 쉬지 않고 기도해도 하나님은 꼼짝도 하지 않으시는 것처럼 보인다. 어쩌면 내가 하나님의 주권이라는 진리에 감사하게 되려면, 좁은 길이 무엇을 의미하든 그 길을 아주 오래 걸어야 할 것 같다는 생각이 든다.

예수님이 말씀하시는 것은 나를 혼란스럽게 할 뿐 아니라 걱정하게 만들기도 한다. 나 역시 지혜 있고 똑똑하다고 생각하는 이들 중 하나일 수 있고, 영적 성숙에 이르는 길에 대한 내 나름의 이해가 너무 확고한 나머지 말씀에 기초한 새로운 다른 이해에 열려 있지 못한 것은 아닐까? 나는 좁은 길에서 살아간다는 것의 의미를 내가 원하는 방식에 맞추어 해석하게 될까? 그리고 그 과정에서 하나님은 그런 나에게 예수님이 정말로 말씀하시고자 하는 바를 가리실까? 동일한 경종을 다른 식으로 표현하면, 나는 좁은 길이 내가 한 번도 생각해 보지 못한 방식으로 좁아질 때, 즉 내가 정말로 소중하게 생각하던 것(예를 들어, 나의 건강이라든지 손자가 복음을 받아들이는 것 같은)조차 내 안에서 짜내어질 만큼 좁아질 때도 예수님을 따라갈 수 있을 만큼 자유로운가?

예수님의 이야기로 인해 내가 들려주기 선호하는 이야기, 즉 더 나은 줄거리라고 쉽게 믿어 버리는 이야기가 얼마나 어리석고 교만한지 드러나는 유일한 곳인 좁은 길을 계속 갈 만큼 나는 충분히 어린아이 같은가? 좁은 길이 그동안 내가 그것 없이는 살지 못할 것이라고 오랫동안 믿어 왔던 것들을 내 안에서 쥐어짜 낼 때, 어리석은 자기 사랑에 빠져 애통해하면서 영혼으로 자비를 구하며 부르짖을 것인가? 또는 투덜대고 불평하면서 남아 있는 것 중에서 나의 안녕을 위해 꼭 필요한 것 같은 것에는 무엇이든 집요하게 매달릴 것인가? 정말로 내가 어린아이 같다면, 나로 하여금 균형을 잃고 넘어지게 했던 예수님의 이야기는 삼위일체 하나님의 공동체가 드러내는 아름다움 안으로 나를 끌어올릴 것이다. 또한 예수님의 이야기는 나를 통해 이 세상에 동일한 공동체를 재현하려는 하나님의 아름답지만 동시에 비싼 대가가 드는 계획으로 나를 이끌 것이다. 그것이 바로 내가 원하는 바다. 그것은 행복을 가져올 것이다.

예수님은 앞서 하신 말씀으로 나를 흔들어 놓은 뒤, 마태복음의 같은 본문에서 갑자기 태도를 바꾸어 자신과 모순되는 것 같은 말씀을 하신다. 이제 그분은 헷갈려하고 당황스러워하는 나와 모든 이들을 향해 와서 자신을 누리라고 초대하신다. "수고하며 무거운 짐을 진 사람은 모두 내게로 오너라. 내가 너희를 쉬게 하겠다.…나한테 배워라. 그리하면 너희는 마음에 쉼을 얻을 것이다.…**내 짐은 가볍다**"(마 11:28-30).

그러나 우리가 이미 본 것처럼, 산상수훈에서 예수님은 "생명으로 이끄는 문은 너무나도 좁[다]"고 분명히 말씀하셨다(마 7:14). 어느 저명한 학자는 이 구절을 이렇게 번역했다. "진정한 생명으로 이끄는 길은 얼마나 거친가."[2]

어느 쪽이 맞는가? 예수님이 주시는 가벼운 짐을 메고 갈 때 내 영혼은 쉼을 얻을 것인가, 아니면 진정한 생명에 이르는 길은 거친 길인가? 양쪽이 다 맞을 수도 있는가?

나는 주님의 초대를 들었고, 거기에 반응한다. 예수님께로 나아가 나는 지쳤다고, 실패하는 것에, 인생에, 문제에, 종교에 지쳤다고 말한다. 거친 길은 그다지 매력적이지 않다. 나는 쉼을 원한다. "성령이 주시는 새 정신으로" 사는 것이 무엇을 의미하는지(롬 7:6) 예수님께 배우면서 그분이 주는 가벼운 짐을 메고 마음에 쉼을 얻고 싶다.

나는 기도한다. "**예수님, 저는 주님을 따르기 원하며, 제 남은 인생 동안 헌신적이고 열정적인 주님의 제자로 살기 원합니다.**" 그분은 나의 기도를 듣고 잠깐 침묵하시더니 다음과 같이 말씀하신다.

누구든지 내게로 오는 사람은, 자기 아버지나 어머니나 아내나 자식이나 형제나 자매뿐만 아니라 심지어 자기 목숨까지도 미워하지 않으면, **내 제자가 될 수 없다.** (눅 14:26)

"이것이 당신이 제 등에 올려놓으시는 '가벼운' 짐이라고요? 이것이 힘든 길로 들어가기 위해 억지로 저를 쑤셔 넣어야 하는 좁은 문의 일부인가요? 그렇지만 저는 이 사람들을 사랑합니다. 그리고 다른 곳에서는 저에게 그들을, 특히 제 아내를 그리고 심지어 원수까지도 사랑하라고 말씀하셨잖아요. 그런데 이제 와서 제자도의 좁은 길을 걷기 위해서는 제가 가장 사랑하는 사람들을 미워해야 한다고요? 잘 이해가 되지 않습니다. 그리고 당신이 말씀하고 계시는 것을 이해한다 해도 그것이 마음에 들지 않습니다."

그분은 계속 말씀하신다.

"누구든지 자기 십자가를 지고 나를 따라오지 않으면, **내 제자가 될 수 없다**"(27절). 누가는 또한 예수님이 비슷한 말씀을 하시면서, 추가하신 부가적 어구도 기록한다. "나를 따라오려는 사람은 **자기를 부인하고** 날마다 자기 십자가를 지고 나를 따라오너라"(눅 9:23).

오늘날 우리 그리스도인들은 이러한 예수님의 요청을 듣지 못했나? 우리는 그분의 제자가 되기 위한 조건을 무시해 왔는가, 어쩌면 듣고도 묵살해 버린 것 아닌가? 나는 어떤가?

"예수님, 당신께서 본을 보이셨습니다. 주님은 마음속 가장 깊은 갈망, 곧 아버지와 늘 함께 계시는 친밀함을 결코 잃고 싶지 않았던 갈망을 부인하셨습니다. 당신은 더 깊은 갈망에 닿아 계셨던 것입니까? 또한 주님은 십자가의 수치와 극심한 고통을 당하고 싶어 하지 않았던 무고한 갈망을 부인하셨습니다. 예수님, 당신의 십자가는 가볍지 않았습니다. 무거웠습니다.

저는 주님의 본을 따라야 함을 압니다. 그렇지만 제가 제 자신을 부인해야 한다는 것은 도대체 무슨 의미입니까? 때로 저는 후식만 먹지 않아도 순교자가 된 양 느낍니다. 제가 져야 하는 십자가가 무엇입니까? 그것은 무겁지만 또한 가볍게 느껴질까요? 주님이 십자가의 무게 아래서 휘청거리실 때 그 무거운 십자가가 어떤 방식으로든 가볍게 느껴지셨나요? 그것은 말이 되지 않습니다. 주님의 십자가는 무거웠습니다. 아버지께서 당신께 맡기셨던 짐은 가볍지 않았습니다. 그런데도 제가 좁은 길을 걸어간다면 주님이 제게 주실 짐은 가벼울 것이라고 믿어야 한다는 말씀입니까?

저는 당신께서 무슨 말씀을 하고 계신지 제대로 이해했는지 확신이 서지 않습니다. 제대로 이해한 것 같지 않습니다. 제가 당신께 듣고 있는 것은 제 마음에 매력적이기보다는 혼란을 줄 뿐입니다."

바로 그때, 예수님은 좁은 길에서 그분을 따르기 위해 치러야 할 세 번째 대가를 추가하신다. "너희 가운데서 누구라도 자기 소유를 다 버리지 않으면 **내 제자가 될 수 없다**"(눅 14:33).

지금 예수님은 이후에 바울이 성령의 영감을 받아서 쓴 것과 모순된 말씀을 하고 계신가? 사도는 이 세상의 많은 것을 가질 수 있는 그리스도인들을 향해 모든 것을 나누어 주라고 말하지 **않았고**, 대신 그들의 재물을 신뢰하지 말고 "우리에게 모든 것을 풍성히 주셔서 즐기게 하시는" 하나님을 신뢰하라고 말했다(딤전 6:17).

"예수님, 따라서 저는 당신께서 저의 집을 팔아서 가난한 사람들에게 다 나누어 준 다음 길거리에서 살아가라고 말씀하시는 것이 아닐 거라고 생각합니다. 또 제 차를 다른 이들에게 주고 어디든 걸어서 다니기를 원하시는 것도 아닐 겁니다. 그렇다면 제가 가진 모든 것을 부인하라는 말씀은 어떤 의미로 하신 겁니까? 혼란스러울 뿐 아니라, 당신이 하시는 말씀에 마음이 그다지 끌리지도 않습니다.

그러나 저는 그렇게 되고 싶습니다! 비록 주님의 길과 생각은 당황스러울 정도로 저보다 위에 있지만, 저는 그 길과 생각이 선하다는 것을 압니다. 저는 주님의 마음을 신뢰할 수 있을 만큼 충분히 주님을 잘 알고, 저를 위한 주님의 계획이 '재앙이 아니라 번영이[며], [저에게] 미래에 대한 희망을 주려는 것'(렘 29:11)임을 알고 있습니다. 또한 저를 행복하게 하려는 것이라고도 할 수 있을까요?

저는 좁은 길을 걷기를, 주님의 제자로서 주님을 따르기를 원합니다. 그러나 제자가 치러야 할 세 가지 대가를 읽고 궁금해집니다. 그 각각이 의미하는 것은 무엇입니까?"

※ ※ ※

30대 후반의 베스는 나를 통해 이런 가르침과 친숙해졌다.

"당신은 예수님을 따르는 것을 너무 어려워 보이게 해요." 그녀는 말했다. "저는 14살에 구원을 받았어요. 그리고 하나님은 그 이후 모든 좋은 것들로 저를 축복하셨죠. 그냥 하나님이 제게 허락하신 좋은 인생을 행복하게 누리고 교회에서 계속 봉사하면서 좋은 아내이자 엄마로서 제가 할 수 있는 모든 것을 즐겁게 하면 안 될까요? 당신이 말한 이 세 가지 대가를 셈해 봄으로써 예수님을 따른다고 하면, 제 남편은 분명 제가 광신도가 되었다고 생각할 거예요. 그러면 저희 사이에 틈이 생길 거구요. 저는 그런 일을 바라지 않아요."

나는 대답했다. "나를 비롯해 우리 중 누구도 삶에서 다음 네 가지가 참이 되기 전에는 예수님이 보여 주신 진정한 제자가 치러야 할 대가를 셈해 볼 수 없을 겁니다. 첫째, 예수님이 하신 말씀이 선택 사항이 아니라 명령임을 믿는 것. 둘째, 그분이 말씀하신 것을 이해하고 그분이 뜻하신 바를 믿는 것. 셋째, 안락한 삶을 사는 것보다 하나님을 영화롭게 하는 것에 더 관심을 두는 것. 넷째, 그분은 우리를 사랑하시기 때문에 우리가 창조 때부터 누리도록 계획된 것을 누리지 못하게 가로막는 어떤 것을 하라고 말씀하시지 않는다는 것을 아는 것."

베스는 마지못해 미소를 지으며 말했다. "가끔은 차라리 당신을 만나지 않았으면 좋았을 거라고 생각해요. 저는 아직 그 대가를 셈해 볼 준비가 되지 않았어요. 내가 예수님이 말씀하신 것을 한다는 것의 의미를 아는지조차 헷갈려요."

"베스, 당신이 지어진 본래의 목적대로 되고자 하는 소망 가운데 하나님 앞에 가져올 수 있는 것이라고는 실패와 연약함과 갈증뿐임을 깨닫지 못한다면, 당신에게는 지금 내가 말하는 그리스도인의 삶이란 감당할 수 없는 노력을 치르는 것으로밖에 보이지 않을 겁니다. 그렇지만 어떤 노력으로도 극복할 수 없는 수많은 자기중심적 죄를 가지고 예수님 앞에 나아갈 때, 당신은 은혜가 주는 자유, 곧 사랑 앞에서 형편없어질 때 오는 어떤 압박에서도 자유로운 기쁨을 발견할 겁니다. 그때 비로소 좁은 길을 걷는 것은 당신이 하고 싶은 일이 될 겁니다.

그렇지만 그분 앞에 당신의 선한 인생, 성실한 교회 봉사, 좋은 아내이자 엄마로서의 역할을 들고 나간다면, 당신은 하나님께 좋은 점수를 받아서 그분이 당신을 축복해 주시길 바라는 인생을 살 것입니다. 당신은 그분의 축복을 받을 자격이 있다고 생각하겠지요. 당신이 행하는 선한 일 아래에는 인정받고자 하는 동기가 깔려 있을 겁니다. 그리고 그로 인해 은혜의 복음이 주는 모든 기쁨은 놓치게 될 것입니다."

베스는 충분히 훌륭한 그리스도인의 삶이라 부를 수 있는 인생을 살고 있다. 그런 삶에 초자연적인 것이 끼어들 여지는 없다. 사람들은 예수님 없이도 축복을 누리고 책임감 있게 살며 심지어 관대하기까지 하다. 그러나 충분히 훌륭한 그리스도인으로 살면서 부차적 행복으로 계속 행복하려면, 하나님이 창조하셨고 그분의 형상을 담고 있는 갈망, 즉 급진적이고 위험을 안고도 사랑하고자 하는 갈망을 계속 부정해야 한다.

아마 지금 당신도 나처럼 제자도의 세 가지 대가가 무엇을 의미하는지, 그것을 진지하게 받아들이는 것이 무엇을 의미하는지, 즉 그것을 셈하여 본다는 것의 의미를 알고 싶을 것이다. 다음 장에서 나는 이 질문에 대한 몇 가지 잠정적 답을 제시할 것이다. 그 답은 우리 앞에 좁은 길로 들어가는 문을 열어 줄지 모른다. 예수님을 따라 진정한 생명에 이르는 거친 길을 걷고 우리의 짐은 가벼워지는 것을 실제로 경험하는 자유를 누리게 할 문을 말이다.

내 마음 깊은 곳에서부터 나는 우리 모두가 자유를 경험하길 기도한다. 예수님이 우리에게 보증해 주신 소망의 빛에 비추어, 이전에는 불가능했지만 하나님의 이야기가 펼쳐짐에 따라 이제 가능해진 것, 즉 우리 안에 있는 새 생명—성령이 우리 안에 창조하시고 우리를 통해 흘려보내시는 하나님의 생명에 힘입어 아버지와 맺는 관계 그리고 다른 이들과 맺는 관계에서 예수님을 닮아 가도록 하는—을 향한 창조적인 열정이 우리 마음과 정신에서 뿜어져 나오게 하는 자유를 말이다. 하나님의 성품에 참여하는 자들로서 삼위일체 하나님과 함께 춤을 출 때다. **이제 우리는 마음껏 예수님을 따라갈 수 있다.**

10장   권리 주장의 세 얼굴

> 그리스도를 아는 지식과 동떨어진 진정한 생명이란 존재하지 않는다.… 우리 의지를 그분에게 굴복시킬 때 좁은 문으로 들어가 생명—곧 가장 풍요롭고 완전한 의미의 생명—으로 이끄는 좁은 길에 들어서게 된다. 이곳 땅 위에서는 그 생명을 일부만 맛보겠지만 축복받은 영원에서는 완전하고 충만하게 누릴 것이다.
>
> _H. A. 아이언사이드[1]

나는 원래 이번 장의 제목을 '좁은 길을 걸을 준비'로 하려고 했다. 그러나 문득 그런 제목은 내 의도를 잘못 전달하여 예수님을 따르는 사람들이 온몸이 꽁꽁 묶이고 입이 틀어 막혀 살아남을 수 있다는 어떤 소망도 없이 해적선 널빤지 위를 걷는 것처럼 보이게 할 수 있다는 생각이 들었다.

그런데 다시 보면, 그것이 정확히 내가 말하고자 하는 바인지도 모른다. 이제 설명해 보겠다.

죽음에 대한 소망

진정으로 예수님을 따르는 사람 모두에게는 그들 안의 어떤 곳, 어쩌면 닿기 힘든 어딘가에, 강렬하고도 생명 사랑에 기초한 죽음에 대한 소망이 있다. 예수님도 그랬다. 틀림없는 사실이다. 예수님도 자신이 죽기를 **바라셨다.** 누군가가 그분에게서 생명을 빼앗은 것이 아니다. 고통이 없었던 것은 아니었지만 기꺼이 그리고 자유롭게('기쁘게'라고도 말할 수 있지 않을까?) 자기 생명을 내려놓으셨고, 끔찍한 죽음을 향한 널빤지 위를 걸어가셨다.

그렇지만 왜? 왜 그분은 그런 일을 하셔야 했나? 사역이 실패해서 너무 낙심하셨던 것일까? 물론 아니다! 예수님은 실패하신 적이 없으며, 하고자 하시면 어떤 일도 실패하지 않으실 것이다. 그분이 죽기를 바라신 것은 우리에게 부어 줄 수 있는 생명으로 다시 살아나시기 위함이었다. 그것은 죽음을 이기는 죽음 이후에만 나타나는 생명이며, 자각이 있는 모든 인간이 갈망하는 생명, 삼위일체 하나님이 오랫동안 누리고 계시는 생명, 깊이 행복한 생명이다. 그분은 죽음으로 영원히 선한 목적을 이루셨다. 우리의 죽음 역시 그럴 수 있다.

바울에게도 죽음에 대한 소망이 있었다. 그는 예수님을 만난 뒤, 매일 죽고자 했다. 즉 매일 자아의 죽음을 향한 널빤지를 걷고자 했다. 바울은 모든 욕망에 대해 죽기를 간절히 바랐다. 욕망에 탐닉할 때 그리스도가 주신 진정한 삶을 살 기회가 가로막힐 것이기 때문이었다. 그에게 진정한 삶이란 다른 어떤 기쁨의 원천보다 하나님을 가장 **즐거워하는** 것, 영혼을 자라게 하는 관계 안에서 다른 사람을 위해 자신을 내어 주길 **즐거워하는** 것, 그리고 그가 살아가는 위대한 목적, 곧 그가 들었던 가장 위대한 이야기를 다른 사람에게도 전하는 일에서 진보를 이루길 **즐거워하는** 것을 의미했다. 바울은 성령의 능력 외에 그를 통제하려 하는 어떤 힘에 대해서도 죽기를 기도했다.

이번 장에서 나는 그리스도인에게 있는 죽음에 대한 소망, 내가 '권리 주장의 세 얼굴'이라 부르는 것에 대해 죽고자 하는 갈망이자 성령이 불러일으키시는 갈망을 살펴보려고 한다. 권리를 주장하려는 정신을 드러내는 이 세 방식은 우리 모두 안에 살아 있는 욕망, 곧 우리가 예수님의 제자가 되려고 할 때 죽이고자 힘써야 할 욕망을 표상한다. 예수님은 제자 지망생이라면 셈해 보아야 할 세 가지 대가를 제시하시면서, 우리 각자의 삶에서 보통 매일 추한 얼굴을 드러내는 스스로를 위한 권리 주장 정신을 폭로하신 것이다.

이번 장에서 내가 주장하고자 하는 핵심은 아주 단순하게 말하면 다음과 같다. **우리는 자신이 무엇을 죽이기 원하고 어떻게 살기를 갈망하는지 인식할수록, 늘 더 깊어지는 삶으로 가는 더 좁아지는 길을 갈 준비를 한다.** 예수님은 죽음에 대한 소망—즉 어떤 고난이나 고통에도 사라지지 않는 기쁨을 빼앗는 모든 것에 대해 죽고자 하는 간절한 열망—을 우리가 발견하도록 돕고 싶어 하신다.

다음의 사실에 주목하라. 중요한 지점이다. 대부분의 경우, 죽음에 대한 선한 소망을 발견하고 그 소망의 힘을 느끼는 것은 좁은 문을 통과하여 예수님과의 관계 안으로 들어선 후, 그리고 좁은 길 위로 발을 내딛음으로써 예수님에게 우리 자신의 영혼을 의탁하기 전이다. 그리스도인들은 일반적으로 하나님의 가족으로 태어나는 산도라 할 좁은 문을 일단 통과하기만 하면 성숙에 이르는 좁은 길을 지체 없이 걷게 된다고 추정하는데, 나는 그것이 잘못된 생각이라고 믿는다.

새로운 생명으로 들어가는 좁은 문 한쪽 편과 영적 성숙을 위해 우리가 있어야 할 곳인 좁은 길로 향하는 진입로 사이에서는 중요한 일이 일어나야 한다. 바울은 이미 그리스도를 믿은 '형제자매'를 향해 진정한 제자가 되기 위해 필수적인 어떤 일을 하라고 호소한다. 즉 **그들의 몸을 하나님과 하나님 나라 이야기를 위한 산 제물로 드리라**고 권면한다(롬 12:1을 보라). 모든 그리스도인은 순교자가 되라는 부름, 곧 그리스도를 위해 죽고 그 길을 가로막는 모든 것에 대해 죽으라는 부름을 받았다.

제자가 되는 것에는 대가가 따른다. 그러나 너무 자주 그 대가는 오늘날 기독교 문화의 많은 영역과 개인의 삶에서 제대로 이해되지 못하며 희석되고 만다. 그 대가를 제대로 셈하기 전에, 영적 성숙을 위한 좁은 길 위에서 살아가기 전에, 우리는 먼저 그 대가를 아주 진지하게 이해해야 한다. 대가를 셈해 본다면, 당신은 좁은 길 위에 서 있는 것이다. 대가를 셈해 보지 않는다면, 좁은 길 위에 서 있지 않은 것이다. 이처럼 단순하며 타협이 불가능하다.

좁은 문을 통과하는 것과 좁은 길을 걷는 것 사이에는 틈, 즉 기회의 공간이 있다. 물론 용서와 예수님 안의 새로운 생명이라는 두 선물을 동시에 받는 순간, 감사하게도 우리 안에는 새로운 욕구이자 우리 마음 안에 거하시는 하나님을 알고 싶어 하는 갈망이 다른 어떤 욕구보다 강력하게 생긴다. 죽음에 대한 소망을 불러일으키는 하나님을 향한 갈망이자, 하나님을 목말라하는 우리 영혼과 우리 영혼을 만족시키시는 하나님 사이를 가로막는 어떤 것에 대해서도 죽고자 하는 열망이다. **그러나 하나님을 위해 살고 죄에 대해 죽고자 하는 갈망이 거듭난 우리 영혼 안에 분명 살아 있음에도 불구하고, 그 갈망은 아예 느껴지지 않거나 아주 약하게만 느껴질 때가 많다.**

그리고 그것은 비극이다. 이유는 다음과 같다. 그 누구도 모든 그리스도인의 영혼 안에 존재하는 서로 닮아 있는 이 두 갈망을 경험하지 않고는 좁은 길을 걸을 수 없다. 즉 자만심과 안락함을 대가로 치르더라도 하나님을 알고자 하는 강렬한 갈망을 인식하는 동시에, 그들 안에서 사랑 많으신 하나님의 임재라는 실재를 가로막는 것은 무엇이든 미워하려는 마음을 발견한 사람만이 생명에 이르는 좁은 길을 걸을 수 있다.

'구원받는 것'과 '제자가 되는 것' 사이의 틈을 생각해 보자. 이를테면, 거실로 들어가는 문이 열린 복도 혹은 현관에 서 있다고 가정해 보자. 그런데 그 거실은 누구나 상상하는 그런 곳이 아니다. 문을 통해 거실을 살짝 엿보니(그 문은 언제나 살짝 열려 있다), 그곳은 마치 쳐다보는 사람들을 향해 보이지 않는 목적지를 향해 나아가라고 초대하는 길고 좁은 길처럼 보인다. 직관적으로 당신은 그 길이 닿은 목적지가 당신이 가기 원하는 곳임을 안다.

다시 한 번 힐끔 들여다보니 이번에는 희미한 불빛 아래 길처럼 생긴 거실로 들어서는 입구가 보이고 가구는 거의 없이 텅 빈 방의 윤곽이 겨우 드러난다. 딱딱한 긴 의자 하나만 달랑 보인다. 이곳이 우리가 **살아야** 하는 방이라고?

복도는 다르다. 그곳은 밝은 불빛이 있고 널찍하며 여기저기 안락하게 쉴 수 있는 편안한 의자가 많이 놓여 있다. 선택은 분명해진다. 딱딱한 긴 의자만 하나 달랑 놓여 있는 어둡고 좁은 방, 그러나 당신을 좋은 곳으로 데려다주리라 약속하는 거실로 들어갈 것인가, 아니면 지금 즉시 안락함을 누릴 수 있게 해 주는 복도에 머무를 것인가. 두 번째가 훨씬 좋아 보인다. 그러나 그것은 사탄의 속임수다.

어떤 선택을 해야 할지 고민할 때 조심스럽게 귀를 기울인다면 예수님의 목소리가 들릴 것이다. "속지 마라. 복도는 넓은 길이다. 그곳에 안주한다면 너는 인생을 허비하게 될 것이다. 거실은 좁은 길이다. 그것을 통과해 가다 보면, 네 안에 있는 자기중심적인 모든 것 그리고 바르게 관계 맺으려는 너의 노력을 망치는 모든 것은 죽음만이 마땅하다는 것이 마침내 드러난다.

너는 이미 나의 생명으로 살고 있으며, 내 아버지의 영광을 위해 그리고 사람들의 삶 속에서 그분의 관계적 나라를 이루기 위해 모든 것을 희생하려는 초자연적 열정을 가지고 있다. 그러나 너는 아직 네 자신보다 다른 이들의 안녕을 먼저 구할 만큼 자유로워지지는 못했다.

와서 내 제자가 되어라. 거실로 들어가라. 네 자신에 대해 죽고 생명에 이르는 좁은 길을 걸어라. 그 생명은 내가 세상에서 살았던 33년 동안, 그리고 죽기 전 마지막 3년 동안 가장 뚜렷하게 보여 주었던 관계적 생명이다. 그리고 내 아버지가 나에게 주신 관계적 영광을 갈보리보다 더 완전히 드러낸 곳은 없었다. 이제 나는 그 영광을 너에게 준다.

그러나 이것을 알아야 한다. 진정한 생명을 위한 유일한 원천인 나를 사랑하려는 갈망을 발견하기 전까지, 그리고 네가 우리 사이를 가로막는 모든 것을 미워하고 거기에서 기꺼이 돌아서고자 한다는 것을 인지하기 전까지, 너는 관계적인 생명에 이르는 좁은 길을 걷도록 지탱해 주는 어떤 힘도 경험하지 못할 것이다."

우리는 제자가 되는 데 지불해야 할 대가를 따져 보면서, 좁은 길 위의 인생을 걸어갈 준비를 한다. 간단히 말해, 그 대가는 예수님처럼 살고 사랑하려는 우리의 갈망과 상충하는 모든 것에 대해 죽고자 하는 의지다.

이제 나와 함께 영적으로 성숙해 가는 예수님의 제자가 되려면 꼭 알아야 하고 셈해 보아야 할, 혹독하게 들리기도 하는 세 가지 대가를 좀더 자세히 살펴보자. 보통 그 대가를 따져 보는 것은 좁은 문을 통과할 때가 **아니라** 그 문을 통과하여 좁은 길 위에 단호하게 발걸음을 내딛기 직전이라는 사실을 기억하길 바란다. 예비 제자들은 친근한 것처럼 가장하지만 언제나 그리스도의 아름다움을 가리는, 권리 주장이라는 악마같이 끔찍한 얼굴을 대면해야 한다. 두렵지만 많은 이가 우리 삶에 존재하는 이러한 세 얼굴을 인식하고 거기에 맞서야 한다.

제자가 되려는 사람이 치러야 할 세 가지 대가

첫 번째 대가: 예수님을 제외한 모든 사람을 미워하라

주님이 말씀하신다.

누구든지 내게로 오는 사람은 자기 아버지나 어머니나 아내나 자식이나 형제나 자매뿐만 아니라 심지어 자기 목숨까지도 미워하지 않으면 **내 제자가 될 수 없다.** (눅 14:26)

도대체 예수님은 무슨 말씀을 하고 계신가?

우리 각자의 삶에는 들려오는 두 가지 이야기가 있는데, 각각의 이야기는 우리 삶을 통해 나오는 이야기가 되려고 치열하게 다툰다. 세상, 정욕, 사탄으로 이루어진 불경한 삼위일체는 끊임없이 아주 나쁜 이야기를 들려준다. 그 이야기는 잠깐은 즐거울 수 있으나, 결말이 아주 나쁘다. 그러나 아직도 그 이야기 속 재밌는 장들이 매력적으로 다가오는 것을 보면, 아직 나는 예수님의 비교할 수 없는 아름다움을 완전히 보지는 못한 것 같다. 복으로 인한 행복이 거룩함으로 인한 행복, 즉 예수님처럼 사랑하는 거룩함이 주는 행복보다 더 매력적이다.

나쁜 이야기의 한 버전(버전은 다양하다)에서 나는 기독교적인 것처럼 보이는 대본을 선택할 수도 있다. 좋은 인생을 즐기기 위해 필요할 뿐 아니라, 하나님의 가족으로서 내게 마땅히 누릴 자격이 있다고 느끼는 복과 치유를 위해서 하나님을 향해 돌아서면 된다.

그러면 그 대본은 나에게 사랑, 존중, 지지와 같은 내 자신과 내 삶에 대해 좋게 느끼고 건강한 자존감을 누리며 내 상황에 만족하려면 가져야 한다고 믿는 것들을 위해 하나님에게서 등을 돌려 아내, 부모, 자녀, 친구, 목회자, 동료 등 다른 사람을 향하라고 할 것이다.

또 나쁜 이야기의 핵심이자 나쁜 이야기가 데려다준다고 약속하는 절정을 보여 주는데, 그것은 곧 **즐거운 인생 안에서 나 자신을 즐거워하는 나**다. 이 대본에 따르면, 예수님은 조연에 지나지 않는다. 그분은 나쁜 이야기가 내게 누릴 자격이 있다고 확신시키는 것을 누리게 해 주는 데 유용하며, 어쩌면 필수적일 수도 있다(마치 비싼 레스토랑에서 시중드는 웨이터처럼 말이다). 주인공, 나쁜 이야기의 응석받이 영웅은 언제나 나다. 그리고 내 인생의 초점은 부차적 행복을 경험하는 것이 된다.

그러나 그 이야기가 어떻게 흘러갈지 생각해 보라. 나는 가족과 친구들을 '사랑'하지만, 그 사랑은 그들이 나에게 줄 수 있는 것 때문이다. 즉 내가 귀하고 가치 있고 존중받는다고 느끼며, 나를 원하고 우러러본다고 느끼기 위해 그들에게서 얻을 내게 필요한 것 때문이다. 그것이 권리 주장의 첫 번째 얼굴을 구성하는 왜곡된 사랑이다. '**나는 나에게 가장 필요한 것을 위해 당신을 의지한다.**' 이런 사랑은 사탄이 정의하는 사랑이며, 위장된 이기심보다 조금도 나은 것이 없는 사악한 모조품에 지나지 않는다.

첫 번째 얼굴이 제공하는 에너지가 다른 사람과 관계 맺는 방식을 이끌어 갈 때, 내가 맺는 모든 관계는 나 중심 의제로 채워진다.

- 나를 위해 나아오라.
- 나를, 나의 두려움과 나의 불안함과 나의 고통스러운 과거를 이해해 달라.
- 나를 내가 정의하는 방식대로 잘 대해 달라.

거룩하신 우리 주님은 '사랑'에 대한 우리의 이해가 심각하게 왜곡된 것을 보시고 그에 대한 반응으로, 예수님을 위해 살고 예수님처럼 사랑하기 위해 모든 사람을 '미워하라'고, **하나님을 영화롭게 하는 목표에 도달하기 위해 우리에게 필요한 모든 것의 원천**이신 예수님을 제외한 모든 사람을 미워하라고 말씀하신다. 예수님을 위해 살고 예수님처럼 사랑하는 것. 그것이 거룩하신 삼위일체가 들려주고 계신 선한 이야기의 목적이다.

가족과 친구가 우리에게 깊은 상처를 줄 수는 있지만, 결코 우리를 파괴시키지는 못한다. 가족과 친구가 우리를 진심으로 사랑할 수는 있지만, 예수님처럼 사랑하는 데 필요한 생명을 공급해 주지는 못한다. 최선을 다해 사랑한다 해도, 성령이 이미 공급해 주신 사랑을 고무시킬 뿐이다. 우리의 영혼 중심에 자리 잡은 하나님의 생명은 결코 파괴될 수 없으며 우리로 하여금 그리스도를 닮기 위한 좁은 길을 따라 걷게 하기 충분하다. 견고한 자아 존중감이라는 나쁜 이야기가 제시하는 목표를 받아들이고 그것에 도달하려고 다른 이들에게 의존하는 것은 얼마나 어리석은가. 하나님의 풍성한 양식이 안정감과 존엄성이라는 영속적 실재를 주는데도, 받을 자격이 없는 우리가 감사함으로 받고 누릴 수 있는 그 실재를 우리 영혼에 전해 주는데도, 자기 가치에 대해 불안정한 느낌만 주는 다른 이들의 인정이라는 불량 식품을 게걸스레 먹어 대는 것은 얼마나 어리석은 일인가.

다르게 표현해 보자. 우리는 목마른 영혼을 만족시키는 생명수의 궁극적 원천인 예수님 외에 모든 사람을 **거부할** 때, 비로소 다른 사람들이 우리와 어떤 식으로 관계를 맺든 상관없이 예수님을 드러낼 기회로 볼 수 있을 만큼 자유로워진다. 그런 의미에서, 그리고 그런 의미에서만 우리는 예수님 외의 모든 이들을 '미워해야' 한다.

셈해 보아야 할 첫 번째 대가는 권리 주장의 첫 번째 얼굴—나를 향해 이를 드러내며 웃고 있는 그 얼굴—을 뚜렷이 응시한 뒤 사정없이 때려눕히는 것이다. 내 삶이 좋은 이야기를 들려주려면 나는 예수님 외에 다른 누구도 의지해서는 안 된다. 물론 나는 교회 공동체가 나에게 주는 것을 감사한 마음으로 귀하게 여겨야 하며 그 안에서 영양분을 공급받아야 한다. 그러나 타인과 관계 맺는 방식을 통해 예수님의 아름다움을 드러내면서 오직 그분이 주목을 받으시게 하라는 대본을 따르는 이야기를 들려주려면 철저히 성령을 의지해야 한다.

두 번째 대가: 네 자신을 부인하고 네 십자가를 져라

주님이 말씀하신다.

누구든지 **자기 십자가를 지고** 나를 따라오지 않으면, 내 제자가 될

수 없다. (눅 14:27)

> 나를 따라오려는 사람은 **자기를 부인하고** 날마다 자기 십자가를 지고 나를 따라오너라. (눅 9:23)

이 두 번째 대가는 두 가지 요소로 구성되며, 우리가 제거해야 할 권리 주장의 두 번째 얼굴을 드러낸다. 두 요소란 바로 **자기를 부인하는 것**과 **십자가를 지는 것**이다. 먼저 자기를 부인하는 것에 대해 살펴보자.

"자기를 부인하고"

이 세상에 태어나는 모든 사람은 분명 육체의 갈증을 채워 줄 물리적 생수뿐만 아니라, 영혼의 갈증을 위한 영적 생수가 필요하다. 우리는 사회적 하나님, 곧 관계적 하나님을 닮아 있다. 그분이 관계 맺는 방식은 세 위격의 공동체 안에서 그분이 누리는 생명의 본질이기도 하다. 그다지 혹은 아예 인식하지 못할 때가 많을지라도, 우리 모두는 하나님의 열정으로 관계 맺기를 갈망한다.

하나님은 행복하시다. 그리고 우리도 하나님처럼 행복하도록 창조되었다. 하나님의 형상을 지닌 유한한 존재인 우리는 하나님의 사랑으로 서로를 대하는 법을 배울 때 비로소 찾아오는 만족감으로 우리의 공허한 영혼을 채우고 싶어 한다. 그러나 또한 하나님의 형상을 지닌 타락한 존재인 우리들은 다른 방식으로, 즉 사랑받고 존중받기에 합당한 존재로 우리를 대해 주는 사람들을 통해 만족을 얻으려 한다. 그럴 때 우리는 예수님으로부터 돌아서게 된다.

그러나 예수님 외에 누구도, 우리가 의지할 수 있거나 창조될 때부터 경험하도록 계획된 것을 줄 수 없다. 그래서 우리는 겁이 나고 화가 난다. 우리는 사랑받기를 갈망하는데 아무도 우리를 사랑해 주지 않는다고 생각해 보라. 만족 없는 삶을 살까 봐 두려워하는 마음이 들면, 충족되어야 마땅하다고 여기는 욕망은 자기중심적 요구로, 하나님이 아닌 다른 누군가가 우리의 목마른 영혼을 만족시켜야 한다는 요구로 왜곡된다. 그러한 요구는 권리 주장의 두 번째 얼굴이 된다. '**나는 당신을 통해 만족을 경험하길 원한다**.'

두 번째 얼굴은 기만적 망상을 보이며 히죽거린다. 하나님이 아닌 다른 사람 혹은 다른 것을 통해 얻는 만족은 완전한 만찬을 닮은 환상일 뿐이다. 성 중독자 아무에게나 물어 보라. 쾌락을 즐기는 순간만큼은 다른 어떤 것도 더 바라지 않을 정도로 완전한 만족감과 온전함을 느낀다. 그러나 그런 경험은 사탄의 손에 놀아나는 것이다. 왜 그러한가? **하나님이 그분을 따르는 이들에게 주시는 만족은 늘 맛보기, 즉 정말 훌륭한 맛인 것은 분명하지만 아직 시작되지 않은 만찬의 맛보기일 뿐이기 때문이다.**

그렇다면 우리가 할 수 있는 선택은 이것이다. 오고 있다고 믿는 완전한 만족을 기다리거나, 지금 당장 완전한 만족인 것처럼 그럴싸해 보이는 것을 즐기거나 둘 중 하나다. 바울에게 선택은 분명하다. 최고의 만족은 아직 오지 않았음을 알고 "속으로 신음"하면서 우리가 지금 느낄 수 있기를 소망하는 풍성한 만족을 "고대"하는 것이다(롬 8:23을 보라).

그러나 그렇게 하기란 어렵다. 지금 우리가 느끼는 불만족과 그 이상을 원하는 '정당한' 갈망은 만족을 바라는 욕망을 요구로 쉽게 바꾸어 버린다. 그리고 그러한 요구에 굴복할 기회는 널려 있다.

우리는 자신이 느끼기 원하는 것을 느낄 권리가 있다고 확신하면서 그 권리를 주장하는 것으로 하루를 시작하는 것이 부끄럽게도 너무 자연스럽다. 두 번째 얼굴은 다양한 방식으로 모습을 드러낸다. 그중에서 우리의 일상적 태도를 형성하는 세 가지를 꼽아 보면 다음과 같다.

- 나는 좋은 기분을 느끼기 원한다. 그것은 행복을 느끼기 원하는 욕망이자, 정당한 욕망이다. 나는 그 욕망이 내가 원하는 시간에 원하는 방식으로 충족되기를 요구할 권리가 있다.
- 이런 것(성, 성공, 음식, 재산, 마약, 술, 인정, 돈, 혹은 사역)은 다른 방식으로는 경험할 수 없는 만족감을 준다. 그러므로 나는 그것을 요구할 권리가 있다. 나는 그것을 누릴 자격이 있다.
- 만족을 원하는 것이야말로 인간적이다. 인간적인 것은 결코 나쁜 것이 아니다. 따라서 나에게 만족을 준다면, 무엇이든 나쁘지 않다. 나는 나와 내 인생에 대해 좋은 기분을 느낄 권리가 있다. 이러한 요구는 결코 죄가 아니다. 나는 행복하기 원한다!

그러나 권리를 주장하는 정신은 죄다. 거룩하고 관대한 사랑을 베푸시는 하나님 앞에서, 만족 느끼기를 고집스럽게 요구하는 것은 부끄러운 일이다. 예수님은 그분의 선하심과 곧 다가올 기쁨의 향연을 더 고대하게 만드는 다른 종류의 행복을 지금 더 맛보기 위해서는 우리가 요구하는 즉각적 만족에 대해 자기를 부인해야 한다고 요청하신다.

"자기 십자가를 지고"

제자가 되고자 하는 사람은 또한 "자기 십자가를 [져야 한다]." 대부분의 그리스도인은 이 구절을 잘 안다. 그러나 나는 그 의미가 많은 경우 잘못 받아들여져 왔다는 걱정의 마음이 든다. 그리스도를 따르고자 할 때 우리가 져야 하는 십자가는 보통 고난이라고 생각하는 것과 **다르다**. 누구나 살면서 여러 종류의 문제를 겪지만, 모든 사람이 암에 걸리는 것은 아니다. 모든 결혼 생활이 실패로 끝나는 것도 아니다. 사랑하는 사람이 모두 일찍 죽는 것도 아니다. 모든 사업이나 사역이 무너져 내리는 것도 아니다. 모든 사람이 우울증이나 불안 장애를 겪는 것도 아니다.

그러나 사랑하는 모든 사람은 고통을 겪는다. 하나님도 사랑하시기 때문에 고통을 겪으신다. 그분은 우리를 사랑하시려고 우리를 창조하셨다. 그러나 동산에서 아담과 하와가 더 나은 것이 있다고 믿으며 그분이 보낸 우정을 거부했을 때, 하나님은 우리가 상상할 수 있는 것 이상으로 고통을 당하셨다. 예수님 역시 고통당하신다. 그분은 십자가에서 끔찍하게 고난을 받으셨지만, 이 책을 읽는 독자 중 십자가에 달리는 고통을 경험할 사람은 거의 없을 것이고 있더라도 극히 소수일 것이다. 예상하건대, 이 책을 쓰는 나도 마찬가지다.

그런데 우리는 **예수님이 고난받으신 것처럼** 고난을 받아야 한다는 말을 듣는다. 바울이 "우리가 그리스도와 함께 영광을 받으려고 그와 함께 고난을 받으면"이라고 말할 때 그것은 무슨 의미였는가?(롬 8:17) 그리고 베드로가 "여러분은 그리스도의 고난에 동참하는 것이니 기뻐하십시오"라고 선언했을 때 도대체 그는 무슨 말을 한 것인가?(벧전 4:13) 바울과 베드로 모두 실제 십자가의 고통을 겪는다는 뜻이 아니라면, 그들이 말한 고난이란 무슨 의미였나?

나의 대답은? **관계적 고난, 즉 보상을 바라지 않는 사랑이 주는 고난**이다. 예수님이 하나님의 선택받은 백성이 살던 거룩한 도시를 내려다보며 "예루살렘아, 예루살렘아…암탉이 제 새끼를 날개 아래에 품듯이 내가 몇 번이나 네 자녀를 모아 품으려 하였더냐! 그러나 너희는 그것을 원하지 않았다"라고 탄식하실 때 느끼셨을 고통을 느끼는 것이다(눅 13:34).

예수님의 고난은 관계적인 것이었다. 그분의 제자들도 비슷한 고난을 겪을 것이다. 세상은 관계적으로 죄를 짓는 사람들, 즉 나처럼 다른 사람들을 향해 자신이 갈망하는 관계적 만족을 채워 줄 것을 요구하는 사람들로 가득하며, 그런 곳에서 진정한 사랑에 대한 반응은 실망스러울 수밖에 없다. 사랑에 대한 실망스러운 반응은 불가피하다. 항상 그런 것은 아니지만 자주 그렇다. 그리고 그것은 아프다.

보상을 바라지 않는 사랑 그리고 그런 사랑을 하는 이들이 느끼는 타들어 가는 고통이 예수님의 제자들이 져야 하는 십자가다. 그리고 우리 등에 그 십자가를 얹을 때, 우리는 그것을 내려놓고 싶은 유혹을 받는다. '무심한 배우자와는 이혼하라. 다른 사람과 결혼하든지, 아니면 안전하게 그냥 혼자 살아라. 친절을 친절로 갚지 않는 친구는 멀리하거나 똑같이 대해 주어라. 내가 그들을 위해 한 일에 대해 제대로 감사를 표할 줄 아는 사람들과만 가깝게 지내라. 다른 이들에 맞서 네 자신을 변호하라.'

예수님은 "그렇지 않다!"라고 말씀하신다. 대신, '네 자신을 부인하라. 다른 이들이 너를 위해 와 주기를 요구하지 마라. 누구를 대하든 예수님의 사랑을 보여 줄 기회로 삼아라. 그리고 너의 십자가를 져라. 너를 형편없이 대하는 사람과 심지어 모욕하는 사람까지도 희생적으로 사랑하기 위해 최선을 다하면서, 예수님과 함께 고난을 받아라. 그분은 네가 어떤 마음인지 정확히 아신다. 그리스도의 고난에 동참하는 만큼 기뻐하여라. 그분은 네가 상처받으면서도 사랑하기를 멈추지 않을 때, 그리고 완벽한 공동체에서 함께할 영원한 그날을 고대할 때, 너와 함께하기를 갈망하시기 때문이다. 대가를 셈해 보아라. 좁은 길을 걸어라. 사랑이 주는 고난을 배워라. 그러면 예수님과의 친밀함이 더 깊어질 것이며, 그분처럼 사랑할 수 있도록 성숙해 갈 것이다.'

세 번째 대가: 네가 소유한 모든 것에 대한 권리를 포기하라

주님이 말씀하신다.

너희 가운데서 누구라도 자기 소유를 다 버리지 않으면 **내 제자가 될 수 없다.** (눅 14:33)

예수님이 우리에게 아무것도 소유하지 말라고 말씀하신 것이 아니라면, 제자도의 좁은 길로 올라서기 위해 예수님은 무엇을 요구하시는가? 베드로가 답을 제시한다. "사랑하는 여러분, 나는 **나그네와 거류민 같은** 여러분에게 권합니다. 영혼을 거슬러 싸우는 육체적 정욕을 멀리하십시오"(벧전 2:11).

오늘날의 기독교는 이 땅에서의 삶의 조건과 질을 향상시키는 데 초점을 맞추는 경향이 있다. 그 과정에서 우리는 더 나은 사람—즉 기본적인 관계에서 예수님을 드러내는 **관계적으로** 더 나은 사람—을 길러내는 것보다 더 나은 세상을 만드는 데 더 많은 에너지를 쏟는다. 우리는 이 땅의 시민인 양 살 때가 많다. 사회 정의를 위해 일하고 병에 걸린 사람을 회복시키며 이혼율을 낮추고 많은 이의 삶을 보다 안정적이고 안락하게 만들어 줄 부(富)를 생산하면서 말이다.

앞의 모든 일은 값진 노력이며 하나님을 영화롭게 하고 하나님 나라의 진보를 이루는 일이다. 그리스도인이 이런 일에 주도적이어야겠지만, **이것이 최우선순위가 되어서는 안 된다**. 그리스도께서 죽기 직전 아버지께 기도한 내용을 기억해 보라. 그분의 마음을 가장 많이 차지하고 있던 것이 무엇인지 보라. "아버지께서 내 안에 계시고 내가 아버지 안에 있는 것과 같이, 그들도 하나가 되어서 우리 안에 있게 하여 주십시오"(요 17:21). 예수님은 자신의 끔찍한 죽음일 뿐 아니라 참기 어려울 만큼 외로운 죽음이 가져올 결과로, 자신을 따르던 이들이 하나님을 드러내는 공동체 안에서 아버지와 아들과 성령 간에 끊임없이 흐르고 있는 (딱 한 번, 세 시간 동안만 멈추었던) 사랑과 같은 사랑으로 서로 사랑하기를 간절히 바라셨다.

내가 예수님의 그 기도에 대한 분명한 응답이 되기 위해서는 사실 아직도 갈 길이 멀다. 당신도 마찬가지일거라 생각한다. 그러나 그분의 제자가 되기 원한다면 그 길을 걸어야 한다. **관계적 죄**는 예수님을 가장 무겁게 하는 짐이었다. 그것은 공동체를 망친다. **관계적 거룩함**은 그분을 가장 신나게 한다. 그것은 하나님의 영원한 공동체를 닮아 가도록 우리 가운데 공동체를 회복시킨다. 그 공동체는 하늘의 **관계적** 나라가 땅으로 제자들 가운데 임하게 하며, 그리하여 세상을 보다 나은 곳으로 만들어 가게 하는 발판 역할을 한다.

네가 가진 모든 것을 포기하라. 이것이 제자가 되기 위해 셈해 보아야 할 세 번째 대가다. 우리의 일차적 시민권이 이 땅에 있다고 주장하는 한, **그곳**이 아닌 **이곳**에서의 삶에 더 신경을 쓰는 한, 우리는 삶의 질을 향상시켜 줄 모든 것에 대한 소유권을 주장할 것이다. 그리고 만약 사회적 책임에 민감한 사람이라면 다른 이들의 삶의 질을 향상시키기 위해 자신이 그들에게 줄 수 있는 것은 무엇이든 주려고 할 것이다.

우선순위가 뒤바뀐다. 이 세상을 더 나은 곳으로 만드는 일에 우선적으로 노력을 쏟다 보면, **관계적으로** 점점 더 거룩해짐으로써—먼저 그리스도인 서로에게 그리스도의 관계 맺는 방식을 드러내는 법을 배우고 그다음 세상을 향해 예수님과 같은 사랑을 흘려보냄으로써—하나님의 **관계적** 나라가 이 땅에 이루어지게 하는 일은 뒷전으로 물러나고 만다. 공동체의 질은 최우선순위에서 밀려난다. 그렇게 되면 우리는 하나님의 뜻에서 벗어나 살면서 권리 주장의 세 번째 얼굴인 **'이제 우리 모두는 더 나은 삶을 살 권리가 있다'**는 생각을 따라가게 된다.

그렇게 되면 의식적으로든 무의식적으로든 우리는 자아도취적 태도를 취할 것이다.

- 사회(교회, 정부, 문화)는 나에게 좋은 인생을 주기 위해 존재한다.
- 자원을 가진 사람들—부유한 사람, 재주가 많은 사람, 기업가—은 내가 마땅히 누려야 하는 것을 얻으려는 나의 바람을 이루도록 도울 도덕적 책임이 있다.
- 모든 사람이 인생을 즐기기 위해 필요한 것을 공급해 주지 않는 세상은 뭔가 크게 잘못되었다. 그 문제를 고치는 것보다 중요한 것은 없다. 예수님이 다시 와서 모든 것을 새롭게 해 주시기를 기다릴 필요는 없다. 지금 우리가 하면 된다.

예수님은 이러한 태도에 대해 지적하신다. 그분은 모호하지 않은 말로 말씀하신다. 우리에게는 이 세상으로부터 우리가 바라는 것을 얻어 낼 권리가 없다고 말이다. 그것이 제자도의 세 번째 대가다. 우리는 그 대가를 셈해 본다. 우리가 가진 모든 것을 부인한다. 삶의 어려움, 빈곤, 실망감을 맞이할 때, 좋은 이야기가 지금 펼쳐지고 있다는 확신, 더 좋은 날은 아직 오지 않았다는 소망, 하늘나라의 시민으로 살아갈 영원한 날에 대한 확고한 소망으로 반응한다.

예수님은 그분을 따라 좁은 길을 걷기로 결심하기 전 제자도에 요구되는 대가를 셈해 보라고 말씀하신다. 우리가 알아야 할 것은 다음과 같다.

- 예수님처럼 사랑하는 풍성한 삶을 살고자 하는 갈망과 그런 삶을 살 능력을 얻기 위해 그분 외에 다른 누구도 **의지하지** 않아야 한다.
- 지금 당장 완벽한 만족을 경험하기를 **요구하지** 말고, 이후에 완전할 뿐 아니라 계속 더 깊어져 갈 만족을 감사하는 마음으로 기대하라.
- 거짓된 자기 비하가 섞이지 않은 겸손한 태도로, 우리는 어떤 선한 것도 **누릴 자격이** 없음을 인정해야 한다. 대신, 하나님의 은혜로 모든 선한 것이 오고 있음을 신뢰해야 한다(물론 그러한 신뢰에는 무엇이 **선한** 것인지에 대한 바른 이해가 전제되어야 한다).

이 땅에서 하나님의 선교를 위한 나그네와 거류민으로 살아가는 우리는 예수님을 드러내기 위한 하늘 시민으로서의 모든 특권을 이미 부여**받았다**. 우리의 새로운 마음으로 모든 이의 굶주린 마음—우리는 이들을 위해 부름받았다—에 하나님의 사랑을 부어, 우리 관계 안에 삼위일체 하나님의 관계적 나라가 임하게 하는 데 초점을 맞추는 특권을 말이다.

이제 2부로 넘어가면서 이 사실을 기억하기 바란다. 우리의 질문은 우리가 얼마나 예수님만 의지하고 우리를 위해서는 아무것도 요구하지 않으며 좋은 것을 누릴 자격이 없음을 인정하는지가 **아니다**. 실제로 예수님 얼굴을 볼 때까지는 불가능하게 들리는 이 기준에 특출하게 도달할 수 있는 사람은 아무도 없다. 우리가 예수님을 만나게 될 그날에야 비로소 권리 주장의 세 얼굴을 영원히 지워 버릴 수 있을 것이다.

오히려 우리는 얼마나 간절히 각각의 대가를 셈하길 원하는지 자문해 보아야 한다. 마음껏 좁은 길을 걷게 하는 것은 잘 사는 일에 **성공**할 때가 아니라 잘 살고자 하는 **갈증**이 있을 때다. 우리가 좁은 길 위에 있을 때, 우리가 관계를 맺는 방식을 통해 하나님의 선한 이야기를 들려주고자 하는 갈망과 그렇게 할 수 있는 능력은 서서히 깊어질 것이고, 우리는 영적으로 성숙해 갈 것이다. 이런 변화는 천국의 때까지 완전하지는 않겠지만 이 생애에서도 실질적으로 일어난다.

잠깐 멈추어 보자. 당신은 지금 어디에 있는가? 당신은 더 나은 사랑, 다른 사람에게 부어 줄 때 다른 종류의 행복을 불러일으키는 사랑, 예수님의 사랑을 드러내며 관계를 맺는 더 좋은 방식이 있음을 아는가? 나를 비롯한 모든 사람이 그렇듯, 당신도 하나님의 관계적 영광에 미치지 못한다는 사실이 보이는가?

만약 그렇다면, 나는 당신이 더 잘 사랑해야 한다는 압박감 대신, 다른 사람과 관계 맺는 방식을 통해 하나님을 드러내 그분을 아는 행복을 누리도록 창조된 존재가 되고자 하는 갈망을 느끼기를 바란다. 즉 참된 당신이 되었을 때 비로소 우러나오는 열망을 느끼기 바란다.

삼위일체 하나님은 그분의 사랑 이야기를 들려주신다. 우리가 우리 삶의 방식을 통해서도 같은 이야기를 들려주고자 한다면, 우리는 무엇을 알아야 할까?

2부

제자들만 알아보는 좋은 소식

지쳤느냐? 종교 생활에 진력이 났느냐?
너무 많은 고통을 겪었느냐? 너무 많은 실망을 경험했느냐?

    전부 다입니다.

내게로 오너라. 나처럼 행복할 수 있기 위해 나처럼 사랑하는 법을 알려 주마.

    그곳에 어떻게 갈 수 있나요?

거친 길을 통해서지.

    다른 길이 있나요?

없단다.

    그렇다면 제게 그 길을 보여 주세요!

당신이 지금 이 문장을 읽고 있다는 것은 이미 1부를 읽었다는 의미일 것이다. 2부로 넘어가기에 앞서 이전 장들에서 다루었던 내용을 간략하게 정리해 보는 것이 좋을 것 같다. 지금까지 제안한 주제들이 우리 마음과 생각에 잘 자리 잡는다면, 이어지는 장들에서 내가 말하려는 내용을 더 잘 이해할 수 있을 것이다. 이제 나와 함께 1부의 핵심 내용을 다시 살펴보고 묵상해 보자.

- 기쁨, 즉 내가 일차적 행복이라고 불렀던 것은 즐거운 느낌이라기보다는 좁은 길을 걷는 우리를 지탱해 주는 우리 영혼 안의 생동하는 실재, 곧 다른 종류의 행복이다.

  질문: 기쁨이란 그런 것이라 할 때, 우리는 기도가 이루어지는 축복으로 인한 기분 좋은 느낌, 즉 부차적 행복보다 그 기쁨을 더 원하는가?

- 기쁨, 즉 예수님이 십자가에 달리시는 순간에도 아셨던 행복은 최악의 상황과 끔찍한 감정적 고통을 경험하는 중에도 우리 영혼 안에서 인식 가능할 만큼 생생히 살아 있을 수 있다. 진정한 기쁨은 하나님을 사랑하고 그분과의 관계를 최고의 선으로 소중히 여기며 타인의 안녕을 위해 자신을 희생하는 것을 가장 중요한 목적으로 삼고자, 오직 성령의 열정과 능력을 의지할 때만 우리를 지탱하는 힘으로 우리 안에 살아 있을 것이다.

  질문: 하나님을 사랑하고 다른 이들을 사랑하는 것이 가장 큰 계명일 뿐 아니라, 우리가 창조될 때부터 알고 누리게 하신 행복에 이르는 확실하고 유일한 길임을 정말로 믿는가?

- 부차적 기도, 즉 우리가 이타적인 마음으로 바라는 축복을 위한 기도와 우리가 으레 경험하기 바라는 치유를 위한 기도는 **조건적** 기도다. "아버지, 아버지의 뜻이라면, 이 기도를 들어주시는 것이 내 안에서 일하시는 성령의 역사를 방해하지 않고 더 나아가게 한다면, 저의 이 간구를 들어주시기를 간절히 구합니다. 그렇지만 이 기도에 대한 응답이 작은 그리스도가 되기 위한 저의 변화를 가로막거나 더디게 한다면, 기꺼이 저는 아버지의 선한 뜻에 굴복하겠습니다."

  질문: 그런 기도가 부차적 행복이라는 기분 좋은 경험을 만들어 내기도 한다는 것을 알면서도 그것을 정말로 단지 부차적인 것으로 여길 수 있는가? 당신은 최고의 선을 향한 더 깊은 갈망, 즉 예수님을 점점 닮아 가면서 이루어지는 관계적 성숙이라는

일차적 행복에 대한 갈망에 닿아 있는가?

• 일차적 기도는 하나님이 응답을 약속하신 기도다. "어떤 대가를 치르더라도 **저를 작은 그리스도가 되게 해 주세요**. 아버지, 성령님이 제 마음의 눈을 열어 아버지의 아름다움을 볼 수 있게 하시고, 이 세상에서 사는 동안 다른 사람들과 관계를 맺는 방식을 통해 당신의 아들이 보이신 사랑을 드러내는 것보다 더 큰 갈망은 제게 남아 있지 않게 해 주세요." 우리를 그리스도와 닮아 가게 하는 선한 일은 계속될 것이며 "그리스도 예수의 날까지 그 일을 완성하시리라"고 확신할 수 있다(빌 1:6). 그것은 하나님이 직접 보증하신 일이다.

질문: 시편 기자의 고백처럼 우리도 "내가 [주님 외에] 무엇을 더 바라겠습니까?"(시 73:25)라고 진심으로 말할 수 있는가? 기쁨의 소망 가운데 "하나님, 사슴이 시냇물 바닥에서 물을 찾아 헐떡이듯이, 내 영혼이 주님을 찾아 헐떡입니다. 내 영혼이 하나님, 곧 살아계신 하나님을 갈망하니, 내가 언제 하나님께로 나아가 그 얼굴을 뵈올 수 있을까?"(시 42:1-2)라고 부르짖게 하는 영혼의 채워지지 않는 갈망, 이 세상의 어떤 것도 만족시킬 수 없는 갈망에 닿아 있는가?

우리가 가장 자주 그리고 가장 열정적으로 기도하는 것은 부차적인 것을 위한 기도인가, 아니면 다윗과 더불어 망설임 없이 이렇게 고백할 수 있는가? "주님, 나에게 단 하나의 소원이 있습니다. 나는 오직 그 하나만 구하겠습니다. 그것은 한평생 주님의 집에 살면서 주님의 자비로우신 모습을 보는 것과 성전에서 주님과 의논하면서 살아가는 것입니다"(시 27:4)라고 말이다.

• 참된 **생명**, 곧 세상에서 모든 인생의 질곡을 겪으면서도 예수님처럼 사랑하는 하나님의 **생명**을 향해 가는 인생을 사는 동안, 예수님을 따르며 좁은 길에서 치르는 대가를 셈해 보지 않은 사람은 참된 제자라 할 수 없다. 참된 제자는 예수님처럼 사랑하는 데 필요한 모든 것을 얻기 위해 예수님만 **의지**한다. 참된 제자는 이 세상으로부터 만족을 **얻으려** 하지 않으며, 그들을 변화시키는 성령의 역사가 마침내 완성되기를 간절히 기다리면서 내면에서는 탄식한다. 참된 제자는 자신이 어떤 선한 것도 **누릴 자격**이 없다고 고백하면서, 대신 하나님은 모든 일에 모든 선한 것을 공급하신다는 것을 감사한 마음으로 믿는다.

　질문: 우리는 우리가 좋다고 생각하는 것은 무엇이든 바로 예수님이 주실 거라 믿는 자기중심적인 예수 애호가인가? 아니면 고통보다 죄를 더 미워하는 진정한 제자인가? 우리는 예수님처럼 사랑하려는 우리 노력을 망치는, 여전히 우리 안에 존재하는 자기중심적인 마음을 싫어하는가? 삶의 축복을 누리는 것보다 하나님의 용서와 예수님을 닮아 가기 위해 성령이 공급하시는 능력을 더 귀하게 여기는가?

스스로에게 이런 날카로운 질문을 던지면서, 당신도 그렇겠지만 나도 내가 이중적 존재임을 더욱 깨닫는다. 그러나 그리스도인

중 누구도 로버트 루이스 스티븐슨이 묘사한 그런 이중적 존재는 아니다. 단정한 삶에서는 어떤 즐거움도 찾지 못하는 지킬 박사와 부끄러운 욕망을 마음껏 충족시킬 때만 살아 있음을 느끼는 하이드가 아니다.

그렇다. 우리는 사랑이신 하나님의 관계적 형상을 닮았고, 그리스도 안에서 거듭났으며, 하나님이 우리를 사랑하시는 방식으로 사랑할 때 오는 기쁨을 아는 사람들이다. 그러나 우리에게는 고통받고 희생하는 사랑이 주는 기쁨보다 죄악이 주는 즉각적 즐거움, 특히 관계적 죄악이 주는 쾌락을 더 소중히 여기는 성향도 여전히 있다.

그분의 아들처럼 사랑함으로써 하나님을 기쁘게 해 드리고 싶은 성령이 심어 놓으신 갈망이 있지만, 상처로부터 자신을 보호하고 자기만족적 즐거움을 누릴 권리가 있다고 느끼는 여전히 소멸되지 않았고 계속해서 요구하려는 정신도 있다. 이 둘 사이에 **싸움이 계속된다**. 좁은 길을 걸을 때 싸우게 되는, 더 나은 사랑을 위한 싸움이다.

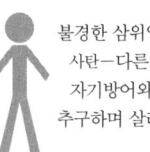

좁은 길에서의 싸움

거룩한 삼위일체—아버지, 아들, 성령—한편에서는 관계적 사랑을 경축하며 살라고 우리를 부르심

불경한 삼위일체—세상, 정욕, 사탄—다른 한편에서는 자기방어와 자아 증진을 추구하며 살라고 유혹함

하나님을 향해 살아 있는 우리의 구속받은 정신은 우리를 하나님의 축제 안으로 이끈다. 사탄에게 여전히 끌리는 우리의 정욕으로 인해 자신을 잘 돌보라는 초대야말로 생명으로 이끄는 길이라고 느끼기도 한다. 싸움이 계속된다. 그러나 진리는 우리를 자유롭게 하여 참된 생명에 이르는 좁은 길을 계속 걸을 수 있게 할 것이다. 2부에서는 이 진리를 살펴볼 것이다. 즉 우리를 자유롭게 함으로써 삼위일체 하나님께 응답하고, 불경한 삼위일체에는 저항하게 하며, 관계적 거룩함 안에서 기쁨을 발견하고 더 나은 사랑을 위해 싸우는 것의 의미를 깨닫게 하는 진리를 말이다.

이제 두 이야기가 들려주는 담화를 들을 시간이다. 하나는 싸움을 통해 우리를 **생명**으로 이끌어 가는 하나님의 이야기이고, 다른 하나는 사랑을 거부하는 쾌락을 통해 우리를 죽음으로 이끌어 가는 사탄의 이야기다.

11장 두 이야기가 들려주는 담화

> 하나님이 인간에게 많은 진리를 전달하신 것처럼, 사탄도 수많은 거짓을 가져오고자 애쓴다.…사탄은 그 진리의 얼굴을 뒤집어쓰고 작전을 수행한다.
> _사무엘 볼튼[1]

우리가 보는 모든 것의 표면 아래에서는 두 가지 이야기가 들려온다. 하나는 하나님이 들려주시는 이야기이고, 다른 하나는 사탄이 들려주는 이야기다. 아니다. 사탄의 이야기만 보이는 것 **아래** 숨어 있다. 하나님의 이야기, 진리이며 따라서 선한 이야기는 모든 순간 우리 **주변**, 우리 **안**, 우리가 사는 곳과 우리에게 일어나는 모든 일 **위** 그리고 **아래**에서 펼쳐지고 있다. 대부분의 사람들에게는 잘 보이지 않는 이야기이지만, 성경이라는 렌즈를 통해서는 언제나 볼 수 있다. 또한 사랑을 위해 싸우는 모든 사람에게, 그리고 사랑하기를 배우는 것은 싸움이며 우리가 관계를 맺는 방식을 통해 하나님의 이야기를 들려주고자 하는 싸움이라는 사실을 깨달은 모든 이에게는 눈부실 정도로 생생하게 보인다.

이제 하나님의 이야기에서 드러나는 좋은 소식, 좁은 길에서 예수님을 따르는 대가를 셈해 본 제자들만 비교할 수 없이 좋은 소식임을 알아보는 그 소식을 살펴보고자 하는데, 다음 세 가지를 기억하는 것이 유익할 것이다.

첫째, 오직 좁은 길을 걸을 때, 하나님이 들려주시는 이야기를 향해 우리 눈이 서서히 열릴 것이다. 우리가 보는 것이 경이감과 두려움 그리고 어쩌면 약간의 강퍅함까지 불러일으키면, 하나님의 이야기를 보고 있다는 뜻이다. 하나님이 예수님의 제자들에게 허락하시는 삶에 대해 우리가 반사적으로 저항하고 있음을 느낄 때, 하나님의 이야기와는 반대되는 이야기가 더 매력적으로 보일 때, 우리는 좁은 길이 정말로 좁다는 것을 체감한다.

사탄이 들려주는 정반대의 이야기는 합리적인 것 같은 충고를 제시한다. '관계적 상처로부터 네 자신을 보호하라. 거부당할 위험을 감수하면서까지 네 자신을 드러내지 마라. 숨어라! 제대로 대우받지 못할 때는 부당하다고 외치고, 상대방의 잘못으로 인해 네가 받은 고통을 곱씹어라. 네 안에 있는 잘못된 것을 발견하면 그동안 네가 잘못된 대우를 받아 와서 그렇다고 설명하라. 필요하다면, 네게 잘못을 저지른 사람을 용서하라. 그러나 그때의 용서는 그 나쁜 녀석이 너를 좀더 잘 대하도록 설득하기 위한 수단일 뿐이다. 진정한 용서는 하지 마라. 너에게 더 큰 상처만 가져올 뿐이다.' 사탄이 하는 이런 식의 충고는 합리적으로 들린다. 당신의 목표가 오직 당신 자신만을 위한 것이며, 당신이 원하는 기준과 시간표에 따라 행복을 느끼는 것이라면 말이다.

그러나 하나님의 이야기, 우리가 본능적으로 저항하게 되는 그 이야기는 더 깊은 곳으로 들어간다. 희미하게나마 내가 참으로 누구인지 깨닫는 지점 어딘가에서, 관계를 맺는 다른 방식이자 위험한 방식인 하나님 이야기에 드러난 자기희생적 사랑에 묘하게 끌리는 것을 느낀다. 분명 거기에는 위험이 도사린다. 하나님은 사랑하시기 때문에 고통당하신다. 나 역시 하나님처럼 사랑한다면 하나님처럼 고통당하리란 것을 안다. 그 고통은 그분이 받으신 고통만큼 강렬하지는 않겠지만, 여전히 고통스러울 것이다. 그러나 마치 사막의 보이지 않는 샘에서 시원한 물줄기가 가늘게 솟아오르듯, 예수님처럼 사랑하려는 열망이 말라붙은 내 마음의 밑바닥에서 솟아오른다.

각기 나름의 매력을 지닌 두 이야기가 들려온다. 나는 어떤 이야기를 택할 것인가? 내가 '이중적 존재'라는 긴장이 느껴지고 좁은 길 위에 서 있음을 깨닫는다. 나는 지금 제자도의 대가를 셈해 보고 있는 것이다.

둘째, (마음을 불편하게 하는 생각인데) **사탄이 들려주는 이야기대로 살고자 한다면 우리는 굳이 대본을 들여다볼 필요가 없다.** 사탄처럼 관계를 맺는 것은 이미 우리에게 아주 자연스러운 일이며, 심지어 옳게 느껴지기도 한다. 너무 쉽게 우리는 깨진 (혹은 깨지고 있는) 관계의 원인을 상대방 탓으로 돌린다. "나는 완벽하지 않아"라고 허울 좋게 고백하기도 한다. "그렇지만 내가 얼마나 형편없는 대우를 받았는지 누군가는 알아야만 해."

사탄의 이야기에 계속 눈을 감아 주는 것은 지옥의 길을 닦는 것과 같다. 원래 하던 대로 다른 사람과 관계를 맺으라고 부추기는 것이 누구에게서 오는 생각인지 깨닫지 못한다면, 우리는 자신이 다른 사람들에게 퍼뜨리고 있는 악을 인지하지도 부끄러워하지도 못한다. 뼈아픈 회개의 필요성을 느끼지 못한다. 형식적 사과로도 충분할 것이라 생각한다. 사탄이 틈타지 못하게 하라고 말하면서도, 정작 바로 그것이 사탄을 계속 머무르게 하는 확실한 길임을 깨닫지 못하는 것이다.

셋째, 더 나은 사랑을 위한 싸움을 하려면 예수님의 삶과 죽음에서 가장 온전히 드러난 하나님의 이야기를 볼 수 있어야 한다. 당신이 보고 있는 것에서 경외감을 느낄 때, 가장 참된 사랑 이야기를 엿보았음을 알 수 있을 것이다. 하나님의 공동체가 보여 주시는 관계적 아름다움은 그 무엇과도 비교할 수 없다. 그것은 하나님이 자기중심적 반역자 무리인 우리 모두와 관계를 맺으시는 방식에서 드러나는 아름다움이다.

우리는 삼위일체 하나님의 관계적 아름다움에 사로잡힐 때만, 사탄이 우리의 관계 맺는 방식에 영향을 끼치고 있음을 인식할 것이다. 우리가 숨고, 방어하며, 보호하고, 계속해서 요구하면서 관계를 맺는다는 것을 말이다. 그리고 그때 비로소 우리는 우리 안에서 다른 이들을 향해 하나님의 사랑이 넘쳐서 흘러가게 하려면 초자연적 도움이 필요하다는 것을 겸손히 인정할 것이다. 더 나은 사랑은 위험을 자초한다. 부인할 수 없다. 그 사랑은 우리를 고통에 노출시킨다. 왜곡된 사랑(사실 그것은 이미 사랑이 아니지만)이 더 안전하다. 늘 경계 태세를 유지할 것을 권하기 때문이다.

위의 세 가지 생각을 두 문장으로 요약해 보자. 첫째, 두 이야기 모두를 더 분명하게 볼수록, 우리는 더 나은 사랑을 위한 싸움이 일어나는 좁은 길에 더 단호하고 자유롭고 열정적으로 머물 것이다. 둘째, 두 이야기의 담화는 전해져야 한다.

사탄이 들려주는 악한 담화

우리가 보는 영화, 우리가 듣는 설교, 우리가 직면하는 건강 문제, 우리가 추구하는 우정, 우리가 고군분투하는 결혼 생활 등 이 모든 것 아래에서 사탄은 우리를 방해하고 있다. 사탄은 늘 우리 정신과 마음에 나쁜 이야기를 속삭인다. 그가 들려주는 이야기는 좋은 이야기인 것처럼 혹은 우리를 위하는 것처럼 가장하지만, 사실은 그렇지 않다. 그러나 사탄은 자신이 그 담화의 화자임을 늘 숨기기 때문에, 매력적으로 보이는 그 이야기가 악하다는 것을 우리가 깨닫지 못하기 때문에, 우리는 사탄이 들려주는 것을 좋아하면서 그 이야기에 매력을 느끼는 것이 잘못이 아니라고 생각한다. 그 이야기가 일러 주는 식으로 관계를 맺는 것은 선택이 아닌 본능적 반사 작용이라고 말이다. 그것이 우리가 태어날 때부터 관계를 맺어 온 자연스러운 방식이다. 광고, 유명 인사, 정치인, 때로 목사를 통해서도 사탄은 먼저 자신을 돌보라고 부추긴다. 그리고 거기에 아무 생각 없이 반응한다. "물론이지! 이거야말로 최선의 삶의 방식 아니겠어?"

속임수는 에덴에서 시작되었다. 뱀은 하와를 설득하여 끔찍한 거짓말을 믿게 했다. 하나님이 그녀를 창조하실 때부터 누리게 하신 행복은 하나님 안에서 찾을 수 없으며, 특히 하나님이 마련해 놓으신 방식 안에서는 절대 찾을 수 없을 것이라고 말이다. 금지된 나무를 보면 정말 그렇지 않은가. 하나님은 분명 하와가 가장 즐길 만한 것을 가로막고 계신 것처럼 보였다. 그런데도 하나님이 선하시다고 하는 것을 믿어야 할까? 일단 속임수에 넘어가고 나자, 하와는 자신이 원하는 행복을 얻으려는 행동이 충분히 정당하다고 느꼈고 꽤 지각 있게 스스로 모든 것을 결정하려고 했다.

그러나 아담은 속임수에 넘어가지 않았다(딤전 2:14을 보라). 그리고 그렇기 때문에 금지된 과실을 먹기로 한 그의 선택은 더 중대한 죄다. 그는 하나님의 공급하심이 선하다는 것에는 의심을 품지 않았다. 그러나 하나님의 사랑이 충분한지 의심했다. 좀더 설명해 보자.

하와와 달리 아담은 **하나님의 관대한 공급하심 바깥에는** 모두가 경험하기 갈망하는 깊은 행복을 가져오는 것이 아무것도 없음을 알았다. 그러나 **하나님의 사랑 많은 마음 안에 있는** 자원들이 선으로 악을 이길 수 있을 만큼 충분한 것인지는 확신하지 못했다. 그때까지 아담은 하나님의 아낌없는 축복만 받았다. 따라서 하나님이 관대하시다는 것은 잘 알았다. 그런데 용서도 하실까?

사탄은 이 틈을 포착했다. 하나님의 자비롭고 은혜로운 사랑의 깊이가 아직 아담에게 보이지 않았는데, 이제 하와가 지은 죄로 인해 그 깊이가 드러날 위험한 상황이 된 것이다. 과연 하와가 죽은 뒤 다시 살아날 수 있을까? 사탄은 그런 일이 일어나게 두고 싶지 않았다.

영혼의 혈관에 반(反)하나님 바이러스가 흐르게 된 하와는 금지된 열매를 아담에게 건넨다. 나는 그 순간 사탄이 아담에게 하와와 함께하는 것이 얼마나 좋았는지 생각나게 했다고 본다. 아담은 그것을 잃고 싶지 않았을 것이다. 따라서 하나님의 깊은 마음 속에 있는 놀라운 것—하와의 죄에 대한 반응으로 결국 드러났지만—에 대한 믿음은 갖지 못한 채, 모든 자손이 넓은 길을 가게 하는 치명적인 결정을 하고 말았다. 그는 자신이 알았던 하나님으로부터 등을 돌려 아내의 반역에 가담한다. 그것 외에 그녀와 계속 함께할 수 있는 길이 있을까? 그녀 없는 인생은 어떻게 될까? 그것은 나쁜 결정이었다. 그러나 다른 모든 죄가 그런 것처럼 그 순간만큼은 훌륭한 결정 같아 보였다.

사탄이 들려주는 이야기는 계속된다. 오늘날까지 그 이야기는 우리 각 사람이 생각하는 방식을 형성하는데, 적어도 두 가지 면에서는 불행으로 귀결된다. 첫째, 우리 스스로 무엇이 선하고 악한지 결정함으로써, 예수님처럼 사랑하는 것이 정말 예수님의 행복을 가져다주는지 의심하게 되었다. 우리는 그런 행복이 정말로 존재하는지조차 의심한다. 그런데 알다시피 부차적 행복은 언제나 유효하다. 다른 이들이 우리를 잘 대해 주고 인생이 우리가 원하는 대로 굴러갈 때 느끼는 만족스러운 감정을 추구하는 편이 낫지 않은가. 하와가 그랬던 것처럼 우리도 자신을 먼저 챙기라는 지옥의 지혜를 따라 이 세상에서 찾을 수 있는 행복은 무엇이든 쫓고, 관계적 상처로부터 가능한 자신을 보호하며, 감당해야 하는 모든 문제에서는 한발 물러선다.

둘째, 우리는 더 나은 사랑을 위한 싸움이 '그리스도인이라면 마땅히 해야 할 일'이며 그 보상으로 기쁨과 유사한 것이 주어지리라 암묵적으로 동의할 수는 있지만, 그 싸움의 대가가 너무 고통스럽지 않을까 두려워한다. 관계적 상처로부터 더 이상 자신을 보호하지 않는다고 가정해 보라. 그러면 '사랑받는 삶'보다 '상처받는 삶'을 살게 될까? 깨진 관계에 대해 상대방의 책임이 훨씬 크다고 느낄 때도 나의 '아주 작은' 잘못에 대해 용서를 구한다면 어떨까? 그러면 기분이 나아질까? 예수님은 정말로 우리에게 가장 나쁜 것을 주는 사람들에게 우리가 가장 좋은 것을 주길 원하시는가? 그분이 하신 일이 정확히 그것이었다.

아담처럼 우리도 예수님이 하신 사랑의 아름다움이 우리 삶에 어떤 아름다움을 불러올지 확신할 수 없다. 하나님은 우리가 알기를 그토록 열망하는 행복을 허락하실까? 우리는 확신할 수 없다.

하나님이 들려주시는 아름다운 담화

거룩한 분이 들려주시는 거룩한 이야기는 내가 **관계적 거룩함**이라 부르고 싶어 하는, 거룩한 사랑에 관한 것이다. 예수님이 보여 주신 예시가 없었다면, 실제 삶에 존재할 것이라 믿지 못했을 '다른' 사랑에 관한 이야기다. 우리는 예수님이 들려주신 하나님의 이야기를 통해서만 도저히 상상할 수 없는 관계적 열정 두 가지가 펼쳐지는 것을 본다. **자비**(마땅히 받아야 할 것을 하나님에게서 받지 않는 것)와 **은혜**(받을 만한 자격이 없는 것을 하나님에게서 받는 것)가 그것이다. 하나님 자신이 헤아릴 수 없는 대가를 직접 치르심으로써 우리는 둘 다 받을 수 있게 되었다.

이런 방식으로 다른 이들과 관계를 맺는 것, 즉 예수님이 우리를 사랑하신 것처럼 다른 사람을 사랑하는 것은 가능한가? 다른 사람에게 그들이 받아 마땅한 것―비난, 냉대, 되갚음―을 주지 **말아야** 한다고? 다른 사람에게 그들이 받을 만한 자격이 **없는**데도 그것―용서, 친절, 사랑―을 주어야 한다고? 하나님을 대적하는 우리의 죄악에도 불구하고 우리에게 주어진 그분의 자비와 은혜에 대해 뜨겁게 감사할 때만, 상처를 주는 사람에게도 자비와 은혜를 베풀 마음을 품는 것이 가능해진다.

바울은 우리에게 "보이지 않는 것을 바라[보라]"고 했다(고후 4:18). 그는 누구도 할 수 없는 일을 하고 보이지 않는 것을 보라고 말하는가? 아니면 성령이 우리 눈을 열어 주실 때 성령이 그렇게 해 주시지 않으면 볼 수 없는 하나님의 이야기를 볼 수 있다고 말하는가? 즉 우리가 하나님과 동일한 사랑을 드러내기 위한 싸움에 들어간다면 보게 되는 그런 사랑 이야기 말이다.

나는 후자를 믿는다. 그러나 질문은 남아 있다. 배우자를 향한 낭만적 열정이 사라져 버렸을 때, 열네 살짜리 아들이 골초라는 사실을 알았을 때, 친한 친구가 이유 없이 등을 돌릴 때, 다 큰 딸이 자살을 시도했을 때, 하나님이 당신에게 들려주시고 당신을 통해 세상에 들려주기 원하시는 선한 이야기란 무엇인가? 의사가 암이 재발했다고 말할 때 하나님이 나에게 들려주고 계셨던 선한 이야기는 과연 무엇인가?

질문을 다른 각도에서 바라보자. 의사가 고통 없는 국부 시술로 간암 치료에 성공했을 때(감사하게도 최근 내 경험담이다), 하나님의 이야기에는 이러한 반가운 치료 결과 그 **이상**의 좋은 것이 있는가? 좋을 때나 나쁠 때나, 만족스러운 관계에서나 어려움을 주는 관계에서나, 하나님이 들려주시는 이야기는 동일한가? 수술을 받기 위해 병원으로 가고 있을 때나 친구들과 골프를 치러 가는 길에서나 동일한가? 만약 그렇다면 **그것은 어떤 이야기인가?**

이 질문에는 분명 답이 있다. 그러나 좁은 길 위에서 예수님을 따르는 제자가 아니라면 그 답은 기쁨을 주는 특권으로 여겨지지 않을 것이다. 넓은 길을 걷고 있는 이들에게 그 답은 주 중에는 쓸모없고 일요일에나 생각해 볼 만한 종교적 언어로밖에 들리지 않을 것이다. 그리고 잊지 말기 바란다. 예수님의 제자가 되기 위한 대가를 셈해 보지 않은 사람은 좁은 길을 걸을 수 없다. 다시 한번 예수님이 우리에게 셈해 보라고 말씀하신 세 가지 대가를 상기해 보자.

- 대가 1: 우리는 예수님이 자신만 기쁨을 줄 수 있다고, 곧 우리를 창조하시면서 누리게 하셨던 행복을 줄 수 있다고 말씀하실 때 그분께 동의해야 한다. 그리고 그 결과 우리는 다른 이들에게 어떤 것도 받아 낼 권리를 주장할 수 없음을 인정할 수 있다.

- 대가 2: 생명을 다른 이들로부터 얻고자 하는 우리의 자연스러운 욕망을 부인하고 보상을 바라지 않는 사랑의 십자가를 질 준비 그리고 우리를 아프게 하는 사람을 계속 사랑할 준비를 해야 한다.
- 대가 3: 하나님의 도우심으로, 우리는 자신의 안녕을 위해 이 세상 어떤 유효한 행복에도 의존할 권리가 있다고 생각하는 것을 기꺼이 버린다고 선포해야 한다.

이러한 세 가지 대가를 상기시켜 볼 때, 단 소수라도 좁은 길에서 예수님을 따르겠다고 지원하는 사람이 있다는 것은 놀라울 따름이다. 내 삶에 펼쳐지는 하나님의 이야기를 보지 못한다면, 하나님의 이야기가 그분이 나를 창조하시면서 누리게 하신 행복으로 나를 이끌어 가고 있음을 믿지 못한다면, 나는 아마도 그 소수에 포함되지 못할 것이다. 하나님, 저를 도와주십시오. 저도 그 소수 중 한 명이 되고 싶습니다!

일곱 가지 질문의 답에 드러나 있는 하나님의 이야기

몇 년 전, 무엇인가 아주 분명하게 깨달은 적이 있다. **하나님은 내가 일상에서 묻는 모든 질문에 답하려고 성경을 쓰신 것이 아니라는 사실이다.** 이 사람에게 맞서야 할까, 아니면 물러서야 할까? 마약에 빠진 친구의 딸을 위해 어떤 치료 시설이 가장 좋을까? 이 직장을 선택하지 않는다면 더 나은 기회가 올까? 질문은 끝이 없다. 그리고 명쾌한 답이 보일 때도 드물다. 삶의 고비를 만났을 때 어떻게 해야 하는지, 시험을 잘 이겨 내면 어떤 축복이 따라오는지, 성경 구절이 이런 질문에 늘 명확한 답을 줄 것이라고 기대해서는 안 된다.

이제 나는 하나님이 성경을 쓰신 것은 나로 하나님을 알게 하고, 또 내가 맺는 관계의 방식을 통해 다른 사람들도 하나님을 알게 하며, 그렇게 함으로써 그들도 예수님의 행복을 알게 하고자 함이라고 믿는다. 이러한 진리가 나의 생각을 사로잡고 내가 성경을 읽는 방식에 영향을 미치게 되었을 때, 나는 하나님이 우리를 위해 쓰신 66권의 사랑 편지에서 일곱 가지 질문에 답하고 계심을 볼 수 있었다. 나는 그것을 '영성 신학의 일곱 가지 질문'이라고 부른다. '영성 신학'이라는 용어는 간략한 설명이 필요하다.

성경 신학은 신학교 학생들에게는 친숙한 용어로, 이 분과에서는 성경 연구를 통해 드러나고 변호될 수 있는 진리를 명확하게 제시한다. 많은 신학교에서 가르치는 또 하나의 과목인 조직 신학은 성경이 뒷받침하는 진리를 교리적 진술로 정리하거나 두꺼운 신학책에 풀어서 지식 체계로 구성한다.

내가 정의하는 영성 신학은 성경 신학과 조직 신학을 하나의 이야기, 즉 영원의 과거에서 영원의 미래로 이어지는 하나님의 사랑 이야기로 엮는다. 그리고 그분의 이야기는 우리 인생이라는 보잘것없는 이야기가 어떻게 하나님의 거대한 이야기를 담을 수 있는지 드러내면서 우리 이야기에 직접적으로 말을 건넨다. 그 일은 그 이야기에 대한 이해가 **우리의 관계 맺는 방식**을 형성할 수 있을 때만 가능하다. 영성 신학은 그것이 들려주는 이야기에 끌리는 사람들 안에서 예수님의 관계적 생명을 불러일으킨다. 어쩌면 내가 이해하는 방식의 영성 신학은 **관계의** 신학이라고 불러도 좋을 것이다. 그러나 여기서는 처음 용어를 고수하도록 하겠다.

나머지 장에서는 하나님의 이야기를 들려주는 영성 신학의 일곱 가지 질문에 대한 답을 최선을 다해 훌륭하게 그리고 가능한 한 단순하게 제시할 것이다. 더불어 사탄의 악한 이야기를 들려주는, 사탄이 우리로 하여금 믿게 만드는 거짓 답들도 함께 제시할 것이다. 두 이야기를 살펴볼 때, 우리는 각 이야기의 매력으로 인해 긴장을 느낀다. 그때 중요한 선택의 삶이 시작되며, 예수님처럼 사랑하려는 갈망과 그런 사랑을 할 수 있는 능력 및 지혜를 얻고자 더 나은 사랑을 위해 싸우는 좁은 길 위에 선 자신을 발견할 것이다.

영성 신학의 일곱 가지 질문

1. 하나님은 누구신가?
2. 하나님의 관심은 무엇을 향하는가?
3. 우리는 누구인가?
4. 무엇이 잘못되었는가?
5. 하나님은 우리의 문제를 위해 무슨 일을 하셨나?
6. 우리 인간의 문제에 대한 하나님의 해결책을 실행하기 위해 성령은 어떻게 일하고 계신가?
7. 우리는 성령이 하시는 일에 어떻게 협력할 수 있는가?

12장   진짜인가 가짜인가?

때로는 가려내기 어려운 질문

> 전체를 들을 때까지는 이해할 수 없는 것, 이야기가 정확히 그런 것이다.
>
> _ C. S. 루이스[1]

전체 역사 속에서, 오직 두 개의 우주적 이야기만 들려왔다. 그리고 계속 들려온다. 당신이 살아가는 방식을 통해, 특히 관계를 맺는 방식을 통해 한 이야기를 들려주어라. 그러면 당신은 작은 그리스도가 될 것이다. 많은 실패를 겪으면서 천천히 그러나 분명히 그렇게 될 것이다. 그리고 기쁨을 알게 될 것이다.

당신이 다른 이야기를 들려준다면, 그렇게 하는 것은 훨씬 자연스러운 일이기 때문에 당신을 더 빨리 작은 악마로 만들어 버릴 것이다. 다른 이들에게 친절하고 상냥하며 사려 깊고 도움 되는 사람으로 보일 수도 있고 스스로도 그러한 덕목을 다 갖추고 있다고 믿지만, 여전히 당신이 가장 헌신하고 있는 것은 자신의 안녕이다. 사탄은 우리 중 많은 사람을 속여 왔다. 자기중심성은 무엇과도 잘 결합할 수 있어서, 그것을 인식한다 해도 종종 개인적 평안을 위해 필요하고 따라서 그다지 잘못된 것이 아니라고 여긴다.

사탄처럼 '사랑하는 것'은 예수님처럼 사랑하는 것의 위험으로부터 우리를 보호해 준다. 또한 사랑의 기쁨을 아는 것으로부터도 보호해 준다. 다른 사람을 위해 내어 준 적이 없는 마음은 깨어질 수도 없다. 마음의 상처는 받을 수 있겠지만, 산산조각 나는 고통을 겪지는 않는다. 자기방어적인 마음(이는 적절히 그리고 성경적으로 신중한 마음과는 다른 마음이다)은 시간이 지날수록 점점 굳어져서 결국 사랑하는 것이 불가능해진다. 예수님의 고난뿐 아니라 그분의 행복도 들어올 수 없도록 딱딱한 껍데기로 자신을 둘러싸기 때문이다.

하나님 이야기를 들려주는 것의 분명한 결과인 그리스도를 닮는 것만이 관계 때문에 받는 마음의 고통에 기꺼이 자신을 내보인다. 그러나 그 고통에는 언제나 소망이 함께 들어 있다. 예수님처럼 관계를 맺을 때 우리 모두는 우리가 창조될 때부터 누리도록 계획되었던 아름다움, 즉 **관계적** 아름다움, 자신이 어떤 대가를 치르더라도 값없이 상대방에게 베푸는 사랑의 아름다움, 예수님 안에서만 완전히 드러나는 아름다움을 볼 수 있는 눈이 열린다.

사탄처럼 관계를 맺고 있으면서도 예수님처럼 사랑하고 있다고 착각하는 것은 위험하게도 가능한 일이다. 그런 일은 그리스도인의 결혼 관계에서, 가까운 친구 사이에서, 훌륭한 교회 안에서도 일어난다. 가족 및 친구들과 맺는 관계에서 우리가 두 개의 우주적

이야기 중 실제로 어느 이야기를 들려주고 있는지 아는 것보다 중요한 것은 없다. 자신이 누구의 이야기를 하고 있는지 깨달을 때 우리는 감사한 마음으로 찬양하거나 진심으로 회개하게 된다. 오직 한 이야기만 참되고 선하다. 다른 하나는 거짓되고 악하다.

영성 신학의 일곱 가지 질문에 대한 답들은 함께 엮여서 한 가지 이야기를 들려주며, 다른 모든 이야기들은 그 이야기를 구성하는 장들이 된다. 성경에서 하나님은 그 일곱 가지 질문에 답하심으로써 자신의 이야기를 들려주신다. 사탄은 자아를 찬양하는 문화—어떻게 하면 인생이 **나를** 위해 돌아갈까!—를 통해 자신의 답을 관철시키려 한다. 그리고 그런 사탄의 답은 우리의 자기방어적 성향에 매력적으로 다가온다. 그러나 사탄은 교활하고 속이는 일에 능숙하다. 자신의 답이 마치 하나님에게서 온 것처럼 들리도록 교묘하게 위장한다. 그 결과, 목마른 사람들은 무색무취의 독이 든 시원한 물을 들이킨다.

지금부터 나는 일곱 가지 질문에 대해 성경에 계시된 하나님의 답으로 이해한 것을 제시하려고 한다. 또 어떻게 빛의 천사, 거짓의 아버지가 좋은 신학처럼 보이는 답을 제시하는지도 보여 줄 것이다. 그 답은 우리의 가장 큰 관심을 만족시켜 주는 것 같은 이야기를 들려준다. 그러나 기억하라. **하나님의 답은 그다지 설득력 있어 보이지 않을 때조차 신뢰할 수 있다. 사탄의 답은 설득력 있어 보이도록 고안되었지만 결코 신뢰할 수 없다.** 부디 하나님이 우리로 하여금 우리가 맺는 관계를 통해 어떤 이야기를 하고 있는지 깨닫도록 도와주시기를!

이번 장을 시작하며 인용했던 C. S. 루이스(Lewis)의 문구를 기억해 보라. "전체를 들을 때까지는 이해할 수 없는 것, 이야기가 정확히 그런 것이다." 우리가 들어야 하는 전체 이야기는 영원의 과거에서 시작하여 영원의 미래로 이어진다. 일곱 개의 장으로 이루어진 드라마가 펼쳐진다. 이제 각 장을 살펴보자.

13장 첫 번째 질문

하나님은 누구신가?

> 사람들에게 신이라 불리는 것은 많지만, 살아 계시고 참되신 하나님은 오직 한 분이시고 그분은 어떤 창조물과도 근본적으로 다르다.…그리고 정말 중요한 것은 우리가 하나님을 바르게 알지 못하고는 다른 어떤 것도 바르게 알 수 없다는 것이다.
>
> _ 존 프레임[1]

신학 교수인 존 프레임(John Frame)은 437쪽으로 된 책을 써서 하나님을 아는 지식을 갖는다는 것의 의미를 제안한다. 그는 다섯 개의 짧은 문장으로 제안을 시작한다. "하나님을 아는 지식이라 할 때, 그 '대상'은 무엇인가? 하나님을 안다고 할 때 우리는 무엇을 안다고 하는 것일까? 물론 하나님이다! 그렇다면 더 할 말이 있을까? 아주 많다."[2]

그리고 나는 이렇게 덧붙인다. 그중 많은 것이 틀렸다! (프레임 교수의 책이 그렇다는 것이 아니다. 그의 책은 탁월하다.)

문제는 이것이다. 나는 목소리를 듣고 있다. 아니다. 내가 정신병 환자라는 말이 아니다. 예수님을 따르는 이들이 두 목소리—하나는 하나님의 목소리, 다른 하나는 사탄의 목소리—를 듣는 길, 즉 좁은 길 위에 서 있다는 말이다. 신실한 그리스도인이라면 더 나은 사랑으로 다른 사람과 관계를 맺음으로써 예수님을 드러내는 것을 향해 이 길 위를 걸어간다. 그러니 사탄이 참된 제자들을 내버려 두지 않는 것은 당연한 일이다. 사탄은 아무도 예수님을 보지 못하기를 바란다. 그들이 그분을 좋아하게 될지도 모르기 때문이다.

이러한 두 목소리를 듣는 것 때문에 야기되는 싸움의 예화로 사소한 듯 보이는 내 개인적 이야기를 하려고 하니 들어 주기 바란다.

인내심은 내 얼마 안 되는 장점들 중에 없는 항목이다. 그리고 아내가 가진 장점들은 훨씬 많지만, 시간 엄수 항목은 들어 있지 않다. 충돌은 불가피하다. 여러 번 그러했다.

"여보, 준비됐어?" 내가 묻는다. "늦지 않으려면 지금 나가야 돼."

"다 됐어요" 하고 아내가 대답한다. "차고에서 차 빼고 있으세요. 1분 안에 나갈게요."

하나님께 하루는 천 년 같다. 아내 레이첼에게도 1분은 도저히 규정할 수 없는 시간이라는 뜻이다.

10분 뒤, 나는 차고에서 차를 빼내 시동을 걸고, 차 안에 앉아 핸들을 쿵쿵 치며 중얼거리고 있다. '도대체 뭘 하고 있는 거야?'

3분가량 더 지나 마침내 나온 아내가 조수석에 앉으면서 웃으며 말한다. "이제 가도 돼요." 내 안에서 두 목소리가 들려온다. 내 내면의 귀에만 들리는 목소리다. 한 목소리가 더욱 강렬하게 들려온다.

'나에게는 왜 이렇게 늦게 나왔는지 물어볼 권리가 있어. 아내는 늘 약속에 늦잖아. 설명을 요구하는 게 당연해. 한 번도 제시간에 맞춰 준비하지 않는다는 것을 인정하게 해야 해. 정말로 화가 난다고.'

성급한 성질이 부추기는 말들이 내 혀끝에서 맴돌고 있을 때, 두 번째 목소리가 들려온다. 아직은 부족하지만 언젠가 이 목소리를 먼저 들을 정도의 성숙함이 내게 찾아올 것이다.

'나는 이 여자를 사랑하잖아. 그녀는 꽤나 자주 늦고, 나는 그녀가 제시간에 준비하기를 정말로 바라지. 그렇지만 예수님은 나의 더 큰 잘못들도 용납해 주시잖아. 무엇 때문에 늦었는지 물어볼 수는 있을 거야. 그렇지만 내 진짜 관심은 아내의 대답이나 심지어 그녀가 준비되었다고 말할 때 정말 준비가 되어 있느냐가 아니라, 아무리 그녀가 준비를 늦게 하더라도 그것 때문에 그녀를 향한 나의 사랑이 조금도 줄어들지 않을 거라는 사실을 그녀가 알 수 있게 하는 거야.'

두 목소리. 하나는 내 기분을 만족시켜 주지만 아내의 마음을 대가로 치르게 할 한마디를 부추기고, 다른 하나는 그녀가 내 기대에 부응하는지에 따라 나의 사랑이 조건적일 수 있다는 두려움을 사라지게 할 한마디를 하라고 말한다.

아내가 벨트를 매고 있을 때, 나는 좁은 길을 걷는다. 두 목소리,

아내에게 보일 수 있는 두 가지 반응. 하나는 내 욕심을 만족시키고, 다른 하나는 그녀의 영혼을 축복한다. 싸움이 일어나고 있다.

※ ※ ※

나는 하나님이 누구신지 알고 싶다. 내가 즐거워하는 다른 누구, 다른 어떤 것보다 그분을 더 즐거워할 만큼 그분을 잘 알고 싶고, 그분이 내 안에 그리고 나를 통해 이루시고자 하는 뜻에 협력할 수 있을 만큼 그분을 잘 알고 싶다. 그러나 나는 여전히 이중적 존재다(앞에서 다루었던 지킬 박사와 하이드에 대한 논의를 떠올려 보라). 하나님의 음성만 듣기를 바라지만, 하나님의 영광보다 내 자신의 유익을 중요하게 여기는 늘 존재하는 내 성향 때문에 사탄의 목소리를 듣기도 하는데, 더 심각한 것은 때로 사탄이 말하는 것에 더 끌린다는 것이다. 내가 듣는 것이 누구의 목소리인지 확신할 수 없을 때도 있다. 사탄은 교활하다. 이사야 시대의 이스라엘 사람들처럼 나는 악한 것을 선하다 하고 선한 것을 악하다 하도록 조종당할 수 있다(사 5:20을 보라). 다른 사람들에게 공평하고 세심한 대우를 받아야 한다고 주장하는 것은 좋아 보인다. 그러나 그 요구는 악하다.

나는 예수님이 그분의 양들은 "[그분]의 목소리를 알고" 있다고 말씀하신 것을 기억한다(요 10:4). 그러나 또한 바울이 전했듯, 거짓 스승들이 "그리스도의 사도로 가장"하여 교회가 그들의 말에 귀를 기울일 것이며 심지어 사탄도 "빛의 천사로 가장"할 것이라고 경고했던 것을 기억한다(고후 11:13-14). 하나님의 음성을 듣고 있음을 아는 것과 사탄이 마치 하나님의 음성인 양 말하고 있음을 분별해 내는 것이 언제나 쉽지만은 않다.

하나님은 누구신가? 상충하는 두 목소리가 질문에 답한다. 사탄이 자기 목소리를 너무도 잘 위장해서 예수님을 따르는 이들조차 스스로 하나님의 음성을 듣고 있다고 생각하게 만들 수 있는가? 물론이다. 그런 일은 우리가 아는 것보다 훨씬 더 자주 일어난다. 그러나 좁은 길을 걸을수록, 영성 신학의 첫 번째 질문에—나머지 여섯 질문에도—누가 답하고 있는지 알 수 있는 예민함과 분별력은 점차 깊어진다.

나는 이 책으로 인해 당신이 생명에 이르는, 언제나 더 좁아지는 길의 여정을 시작할 용기를 얻기 바란다. 어쩌면 누군가에게는 이것이 생전 처음 좁은 길을 걷는 계기일 수도 있고, 다른 누군가에게는 탕자의 돼지우리에서 각성의 시간을 보낸 뒤 좁은 길로 돌아와 다시 시작하는 기회일 수 있다. 나는 후자 쪽에 속한다.

나는 예수님의 음성을 듣곤 했다. 모든 그리스도인이 그럴 것이다. 그렇지 않다면 그리스도인이 아니기 때문이다. 나는 하나님과 가까이 있다고 느끼고 예수님을 사랑하고 성령의 인도하심을 받는 것이 무슨 의미인지 알았다. 그러나 이번 장을 쓰는 지금, 그동안 내 마음에 점차 얇은 막이 덮이고 있었고 그 막이 하나님을 알고 또 알리고자 하는 나의 갈망을 약화시키고 있었음을 깨닫는다. 아내에게 불편한 마음을 표현하는 것은 정당해 보일 수 있고 이상하게도 만족감을 준다. 내 안 깊숙이 완고하게 자리 잡은 고약한 뭔가가 **내가 아는** 하나님과 거리를 두고 싶어 한다. 그동안 나는 하나님이 누구신지에 대해 사탄이 말하는 것을 듣고 있었던 걸까?

나에게, 이 첫 번째 질문을 하는 것은 학문적 활동이 아니다. 나는 하나님 알기를 갈망한다. 단지 하나님에 대해 아는 것이 아니라, 그분을 알기 원한다. 거룩하신 세 위격이 관계 맺는 방식에 드러나는 아름다움, 그리고 명백하게 그분을 저버린 이 세상에서 그분이 나를 비롯한 모든 이와 관계 맺으시는 방식에 드러나는 아름다움 안에서 말이다. 그러나 사탄의 답을 하나님의 답으로 착각하고 있다면, 나는 예배를 불러오고 순종을 이끌어 내는 아름다움이자 관계적으로 그리스도를 닮아 가게 하는 아름다움을 결코 보지 못할 것이다.

※ ※ ※

사탄도 성경을 안다. 그는 자신의 목적을 위해 진리를 진리 같은 거짓으로 왜곡시키는 법을 알고 있다. 사탄은 많은 사람 가운데서도 의심하지 않고 따라서 방심하고 있는 그리스도인에게 하나님이 누구신지 두 가지 이해를 제공한다. 먼저, 사탄의 첫 번째 답은 이것이다. **'하나님은 전능하시다.'** 물론 이것은 참이다. 그리고 사탄도 그것을 안다. 하나님은 모든 것을 창조하셨고 모든 것을 다스리시고 모든 것의 주권자이시고 모든 이를 심판할 최후의 심판자시다. 하나님에게는 원하는 모든 것을 할 수 있는 능력이 있다. 그리고 그분은 거룩하셔서 순종에는 상을 베풀고 불순종에는 벌을 내릴 것이라고 분명히 밝히셨다. 이에 대해 신명기 28장 1-6절,

15-19절에서 직접 말씀하셨다. 나는 하나님을 사랑하기 위해 그분을 알기 원한다. 사탄은 하나님을 알고 그분을 미워한다. 그래서 그는 하나님의 은혜를 부차적인 것으로 밀어내면서 하나님의 능력을 강조하고 그것에 집중 조명을 비춘다. 하나님의 능력을 예수님 안에서 더 드러내시는 하나님이 지니신 또 다른 성품의 서막으로 보지 않는다면, 자칫 전능한 존재로 알려진 이슬람의 알라로 하나님을 축소시키고 만다.

그리스도인이 된 지 얼마 안 되었을 때, 내게 하나님의 사랑과 은혜는 그분의 엄격함 뒤에 있는 배경 정도로만 보였다. 학창 시절 중요한 시험이 있는 날이면 하나님께 드리는 경건의 시간을 절대 빠뜨리지 않았다. 하나님께 가까이 가고자 하는 갈망이 아니었다. 단순히 나는 법을 잘 지킴으로써 거룩하고 요구가 많으며 전능한 경찰관이 내 뒷덜미를 놓아주고 대신 그의 호의를 받을 수 있기를 바라는 마음이었다.

많은 시간이 지난 지금도 미신적 태도가 여전히 내 안에 남아 있다. 설교를 하거나 집회를 인도하기 전, 책을 쓰고자 할 때, 또는 차에서 레이첼을 맞을 때, 특히 율법을 지켜야 한다는 부담감을 느낀다. 사탄의 비공식적 감독 아래, 하나님 앞에서 나의 책임을 지혜롭게 다하고 있다는 생각이나 좋아하던 죄를 즐기지 않기로 선택하는 행동은 그분께 내가 가장 원하는 것을 받아 내기 위한 조종 기술이 된다. 이런 동기를 가지고 있을 때, 내가 가장 원하는 것은 분명 하나님이 아니다. 레이첼을 참을성 있게 대하는 것은 조건 없는 사랑을 나타내는 증거이기보다 그녀를 부끄럽게 하여 앞으로 시간을 더 잘 지키게 하려는 의도일 수 있다.

사탄이 말하는 것만 늘 문제인 것은 아니다. 더 자주 문제가 되는 것은 사탄이 말하지 않은 채 남겨 둔 것일 때가 많다. 하나님은 전능하시지만, 하나님에 관해 말할 것은 더 많다. 훨씬 많다. 바울은 주권적 심판자로부터 들은 것을 다음과 같이 전한다. "율법은 약속을 받으신 그 후손이 오실 때까지 범죄들 때문에 덧붙여 주신 것"이다(갈 3:19). 그리고 이제 예수님이 왔으니 우리는 "[그리스도 예수 안에 있는] 믿음으로 의롭다고 하심을" 받았다(24, 26절). 심판자는 이제 미소 짓고 계신다. 우리는 그분의 궁정에서 열리는 파티에 초대되었다.

사탄은 반쪽 진리, 그 사악한 전문 기술로 우리가 할 수 없는 일을 하고 될 수 없는 존재가 되어야 한다는 압박감을 느끼게 한다. 하나님을 주로 능력도 감정도 없는 심판자로 볼 때, 그 결과를 생각해 보라. 절망이 우리를 덮어 버리거나('나는 기대를 충족시킬 수 없어') 어리석고 눈먼 **자만심**이 우리를 치켜세우거나('나는 기대에 잘 부응하고 있어') 둘 중 하나일 것이다.

화가 난 아내가 남편에게 맞선다. "당신은 정말로 나에게 상처를 줘요. 당신을 용서할 수 있을지 모르겠어요."

그녀의 남편이 하나님을 강력한 법 집행자로만 알고 있다면 그녀에게 어떤 반응을 보일까?

절망의 길

자신에게: '내가 뭘 할 수 있겠어? 나는 뭐든 제대로 하는 게 없잖아.'

아내에게: "내가 정말로 큰 실수를 했다는 거 알아. 미안해. 왜 이렇게 늘 형편없이 망쳐 버리는지 나도 모르겠어."

자만심의 길
자신에게: '도대체 그녀는 언제쯤 화내는 걸 그만둘까? 나는 더 나쁜 것도 참아 줬잖아.'
아내에게: "이것 봐. 당신은 나를 비난만 하잖아. 나는 그동안 참을 만큼 참았어. 나 좀 쉬게 해 줘."

그런데 사탄은 '하나님은 누구신가' 하는 질문에 대해 성경적으로 들리는 답을 하나 더 가지고 있는데, 이 답은 죄를 부정하는 오늘날의 문화에 한층 더 잘 어울린다. 이제 '악'은 살인, 강간, 인종 학살과 같은 극악무도한 행위나 인종차별적 발언, 도덕적 편협함, 부패한 정부, 기업의 탐욕 같은 사회적 불의에 제한된다. 그러한 도덕적 기준에 비추어 볼 때, 나는 대체로 선한 사람이다. 물론 **하나님은 나를 사랑하신다. 왜 그렇지 않겠는가?**

교회 문화를 비롯해 오늘날의 문화는 관계적 죄를 거의 의식하지 않는다. 관계적 죄는 삼위일체 하나님의 관계적 영광에 미치지 못함을 뜻한다. 마음이 맞는 정도의 관계에 만족하고 자기방어적으로 행동하며 자기희생은 거의 하지 않는 관계에 머물고 싶어 하는 사람들에게 사탄은 하나님이 누구신지에 대해 또 다른 반쪽 진리를 들려준다. 이번 답은 정의가 더 형편없다.

사탄의 두 번째 답은 이것이다. '**하나님은 사랑이시다.**' 우리는 너무 자주 "당연해!"라고 반응하면서 그 심오한 진리에 담긴 의미를 그저 '**하나님은 친절하시다**' 정도로 받아들인다. 맞다. 예수님은 우리를 위해 죽으셨다. 그리고 그것은 친절함 그 이상, 곧 아주 특별한 극한의 자기희생이었다. 그러나 이제 그리스도께서 갈보리에서 감당하신 대속의 결과로 하나님은 더 이상 심판자가 아니시며 우리도 더 이상 죄인들이 아니다. 이것은 진실이다. 우리는 용서받았고 받아들여졌으며 모든 죄는 무효화되었다. 물론 우리는 아직도 완벽하지 않다. 그러나 우리가 여전히 저지르는 어떠한 '사소한' 잘못도 놀라운 은혜를 만난다. 따라서—그리고 이 지점에서 사탄은 우리를 속인다—우리는 미묘한 관계적 죄에 대해 걱정할 필요가 없으며, 어디에서 예수님의 관계적 영광을 드러내지 못했는지 분별할 필요도 없으며, 더 나은 사랑을 하기 위해 싸울 필요도 없다. 우리의 사랑은 꽤 훌륭하며, 이따금씩 하는 실수는 이해할 만한 것이다. 하나님은 우리에게 친절하게 대해 주셔야 한다. 따라서 다른 모든 사람 역시 그래야 한다. 하나님이 우리를 판단하지 않으신다면, 다른 누가 그렇게 할 수 있겠는가.

바울은 사탄의 답에 감추어진 거짓을 드러낸다. 맞다. 바울은 하나님이 사랑이시며, 우리의 죄는 하나님이 그분의 사랑을 드러내는 기회가 되었다고 강하게 동의한다. 그러나 그 진리는 한 가지 질문을 하게 한다. "그러면…은혜를 더하게 하려고, 여전히 죄 가운데 머물러 있어야 하겠습니까?"(롬 6:1) 바울은 같은 강도로 "그럴 수 없습니다"라고 답한다(2절). 하나님의 은혜는 결코 관계적 죄를 가볍게 넘기도록 부추기지 않는다. 복음은 용서를 뜻하며, 예수님처럼 사랑하기를 배움으로써 얻는 **관계적 성숙**을 의미한다.

그러나 같은 질문에 대해 사탄은 이렇게 답한다. "왜 아니겠어?" 사탄은 우리가 하나님의 사랑에 대해서만 생각하고 우리의 죄에 대해서는 생각하지 않기를 바란다. 눈에 잘 띄지도 않고 오히려 다른 사람에게 친절을 베푸는 동기가 되는데, 왜 자기중심성에 대해 강박감을 느껴야 하나? 우리의 친근하고 외향적 성격이 다른 이들에게 매력으로 작동하는데, 왜 그들의 공허한 영혼에 하나님의 사랑을 쏟아붓지 못하는 것은 아닌지 신경을 쓰는가? '이것 봐. 내가 그들을 실망시키는 것보다 그들이 나를 더 많이 실망시키잖아. 나 자신을 보호해야 해. 하나님도 이해하실 거야. 좋은 분이시니까. 그분은 내가 나 자신에 대해 좋게 느끼길 원하셔.'

'하나님은 전능하시다'라는 사탄의 첫 번째 답이 깨어 있지 않은 그리스도인을 절망 혹은 자만심이라는 넓은 길로 이끈다면, 두 번째 답이자 '하나님은 사랑이시다'라는 의도적으로 의미를 왜곡시킨 사탄의 진술은 권리 주장이라는 넓은 길로 우리를 이끈다. 사랑의 하나님은 우리에게 우리가 원하는 좋은 삶을 허락하신다는 확신 또는 탐욕의 길, 우리가 바라는 즐거움은 무엇이든 누리고 두려워하는 고통은 무엇이든 피할 수 있도록 방종을 정당화하는 길로 말이다. '하나님은 나를 사랑하셔. 당연히 내가 원하는 것을 주실 거야. 그리고 예수님과 똑같이 타인과 관계를 맺지 않는다 해도 별로 개의치 않으실 거야. 나는 이미 타인과 하나님을 꽤 잘 사랑하고 있으니까. 하나님은 내가 나 자신에 대해 좋게 느끼길 바라셔. 나를 사랑하시니까.'

화가 난 아내가 남편과 맞선다. "당신은 정말로 나에게 상처를 줘요. 당신을 용서할 수 있을지 모르겠어요."

남편이 하나님을 적당히 친절한 분으로 알고 있다면, 그는 어떤 반응을 보일까?

권리 주장의 길

자신에게: '그녀는 뭐든 심각하게만 생각해. 왜 한 번도 그냥 넘어가질 않지?'

아내에게: "내가 당신에게 상처를 줬다는 거는 알아. 당신과 화해하고 싶어. 오늘 외식하는 거 어때? 영화도 한 편 볼까?"

탐욕의 길

자신에게: '그녀는 나를 실패자라고 생각해. 그냥 맥주나 마시면서 포르노나 봐야겠어.'

아내에게: "당신은 나를 있는 그대로 인정해 주지 않으니, 어떻게 하면 더 잘해 볼 수 있을지 말하는 게 별 의미 없을 것 같아."

※ ※ ※

이번 장을 시작하면서 인용했던 프레임의 말을 다시 떠올려 보자. "하나님을 안다고 할 때 우리는 무엇을 안다고 하는 것일까? 물론 하나님이다! 그렇다면 더 할 말이 있을까? 아주 많다." 그리고 나는 이렇게 덧붙인다. "**그런데 그중 많은 것이 틀렸다.**"

그러나 **맞는 것도 아주 많다.** 그리고 창조 세계의 모든 것과 모든 창조된 인간과는 근본적으로 다른 하나님에 관한 모든 것, 하나님에 관한 멋진 모든 것, 그분에 관한 참된 모든 것은 영혼을 뒤흔드는 그러나 너무 자주 입에 발린 말처럼 이해되고 마는 한 가지 주요 사실에서 흘러나온다.

하나님은 누구신가? 하나님의 답은 다음과 같다. 하나님은 **관계적인 분이다**. 그렇다. 그분은 전능하시고 사랑이시지만, 훨씬 이상이다. 그분의 능력이 드러나는 모든 것은 사랑에 의해 힘을 얻는다. 그리고 그분의 사랑은 거룩한 사랑, 즉 자신이 어떤 대가를 치르더라도 타인의 안녕을 위하는 헌신이며, 타인들에게만 안녕을 가져올 일에 대한 헌신이다. 또한 그 사랑은 더 나은 사랑이자, 예수님의 행복을 가져오는 예수님처럼 사랑하는 관계로 나아가게 하는 능력이다. 하나님은 우리의 사랑이 완벽해지길 원하신다. 그리고 그분은 진심으로 그 일이 일어나는 것을 보고자 하신다. **그래서 하나님은 누구신가?**

하나님은 세 위격의 공동체이자 세 분 모두 완전한 하나님인 동시에 고유한 위격으로 영원히 존재하시는 한 하나님이다. 세 위격 모두 이타적이고 희생적이며 다른 이들의 행복에 전적으로 헌신하는 방식으로 관계를 맺는 하나님의 성품을 온전히 가지고 계신다. 그러한 방식으로 관계를 맺는 것이야말로 하나님의 영광, 즉 하나님의 **관계적** 영광을 드러낸다. 예수님은 이 영광을 우리에게 보여 주고 나누어 줌으로써 우리도 삼위일체 하나님이 영원히 누리시는 공동체와 동일한 공동체를 누릴 수 있게 해 주셨다. 생각해 보라. 우주에 남는 마지막 실재는 그리스도인이 확언하는 교리적 진술이 아니라, 모든 이가 초대받은 하나님의 공동체에서 드러나는 더 나은 사랑이다. 바른 교리는 중요하고, 그 이유는 수도 없이 많지만, 그 어떤 이유도 삼위일체로 정의되는 더 나은 사랑을 드러내는 것보다 더 중요하지는 않다.³

화가 난 아내가 남편과 맞선다. "당신은 정말로 나에게 상처를 줘요. 당신을 용서할 수 있을지 모르겠어요."

남편이 알고 있는 하나님이 서로를 그리고 모든 사람을 더 나은 사랑으로 사랑하는 세 위격의 관계적 공동체라 한다면, 그는 어떤 반응을 보일까?

> 자신에게: '나는 스스로를 방어하고 아내를 공격하면서 그녀에게서 돌아섬으로써 좀더 나은 기분을 느끼려는 충동에 빠질 수도 있어. 아내는 날 짜증 나게 하거나 공정하지 않게 대할 수도 있고, 자주 늦기도 하니까 말이야. 그렇지만 아내가 부당하고 불합리하게 군다고 느껴지는 때도 정말로 예수님을 드러내고 싶어.'
>
> 아내에게: "지금 당장은 당신에게 어떻게 다가가야 할지 잘 모르겠어. 내가 당신을 어떻게 실망시켰는지, 그래서 지금 당신 안에 어떤 일이 일어나는지 나에게 말해 주겠어? 당신이 받은 상처에 대해 내가 할 수 있는 최선의 것으로 반응하고 싶어."

❋ ■ ❋

이제 관계적인 하나님의 이야기가 시작된다. 다음 질문이 따라온다. '**하나님의 관심은 무엇을 향하는가?**' 그리고 나는 이 질문에 대해 사탄의 답이 아닌 하나님의 답을 듣고 싶다. 뛰어난 성경 학자인 데이비드 브로우톤 녹스(David Broughton Knox)를 길게 인용하여 다음 장을 위한 배경 설명을 하고자 한다.

오늘날 베스트셀러 작가들은 자신을 표현하고 자신을 사랑하며 자기의 개성 발달에 저해되면 다른 사람들과의 관계에서 벗어나라는 현대의 이상을 담아 글을 쓴다. 삼위일체의 계시를 통해, 신자들은 이런 특정 철학 개념과 사회적 목표가 실재와 반대이며 따라서 그들이 바라는 행복과 평화라는 유익을 가져다주지 않을 것을 안다. **삼위일체에 대한 이해를 회복하고 그것이 인간의 삶이 근거해야 할 존재 방식임을 인식할 때, 우리는 타인 중심의 인간관계야말로 인생의 절대적 가치임을 깨닫는다.** 그러한 관계는 우아한 생활, 균형 잡힌 삶, 소위 말하는 진정한 존재감이라는 이상(chimera)을 추구하지 못하게 할지라도 말이다. 생명은 잃어버릴 수 있어도, 그 행위의 기초가 되는 실재는 영원할 것이다.[4]

이제 입안 한가득 곱씹을 거리가 풍성한 만찬이 펼쳐질 것이다. 최선을 다해 한입 분량씩 잘 나누어 설명해 보겠다.

14장   두 번째 질문

하나님의 관심은 무엇을 향하는가?

> 그는 우리 중 가장 연약하고 흠 많은 사람을…지금으로서는 상상도 할 수 없는 에너지와 기쁨, 지혜, 사랑으로 고동치는 눈부시게 빛나는 불멸의 존재로 만드실 것이다.…그 과정은 길며 때로 아주 힘들겠지만, 바로 그것이 우리가 향해 가고 있는 목표다. 한 치의 모자람도 없을 것이다. 그분의 말씀은 진심이었다.
>
> _C. S. 루이스[1]

루이스에게 하나님의 관심은 무엇을 향하는지 묻는다면, 이 인용문이 그가 내놓을 만한 답변에 가장 가까울 것 같다. 늘 그렇듯, 루이스는 생각을 표현하는 방식이 무척 예술적이다. 그런데 나는 가장 연약하고 흠 많은 사람 중 하나인가? 나는 길고 힘든 그 과정에 협력하고 싶은가? 그의 글은 내게 흥분과 소망을 불러일으키는가? 아니면 그의 글솜씨는 인정하지만, '눈부시게 빛나는 존재'가 되는 것보다 다른 데에 더 관심이 있는 나로서는 그의 글을 대하며 그저 어깨를 으쓱이고 마는가? 내게는 안락한 삶이 더 좋아 보이는 것 같다.

루이스의 글이 하나님의 관심이 무엇을 향하는지 말하고 있다면, 마땅히 그것은 우리 마음을 사로잡고 하나님을 경배하게 해야 하지 않을까? 그러나 그가 말한 것은 성경보다는 작가의 위대한 상상력과 환상을 좋아하는 마음에 근거하는지도 모른다. 우리는 이것이 영성 신학의 두 번째 질문에 대한 하나님의 답인지 확인할 필요가 있다. 그런데 정작 하나님의 답 역시 또 다른 망설임과 함께 어깨만 으쓱이게 한다면? 어쩌면 나는 성경이 주는 답은 루이스의 답과 사뭇 다를 거라고 믿고 싶은 것인지도 모른다. 내가 원하는 것은 아마도 다음과 같은 답일 것이다. "하나님은 모든 신실하고 도덕적인 그리스도인을 행복에 넘치는 축복받은 존재가 되게 하실 것이며, 그들 안에서 고동치는 삶의 열정으로 인해 많은 이가 신나서 동참할 것이다. 그 과정에서 몇 번의 사소한 장애물을 만날 수도 있지만, 긍정적 태도—하나님을 신뢰하는 것이라고 해 두자—만 유지한다면 풍성한 축복이 재빨리 모든 길을 평탄하게 할 것이다. 지금 당장의 좋은 인생, 이후에는 천국. 더 이상 무엇을 구하겠는가? 하나님을 찬양하라!"

이번 장 질문에 대한 첫 번째 답, 즉 루이스가 제시한 답에 따르면, 하나님이 관심을 두시는 일은 예수님을 따르는 모든 이를 어떤 종류의 **사람이 되게 하는** 것이다. 두 번째 답은 하나님이 우리에게 어떤 종류의 **인생을 준다는 것**이다. 예를 들어, 좋은 가족, 좋은 친구, 좋은 건강, 좋은 직장 같은 것들 말이다. 심지어 시간 잘 지키는 아내도 포함될 수 있다.

두 가지 답 중 어느 쪽에 보다 즉각적인 매력이 있는가? 23살짜리 아들이 마약 거래 혐의로 막 교도소에 들어갔다. 이 일로 당신의 마음은 찢어지게 아프다. 하나님의 마음도 마찬가지일 것이다. 당신이 가장 열정적으로 기도하는 것은 더 나은 사랑, 즉 아들을 더 잘 사랑할 수 있는 능력을 위해서인가? 그럼으로써 하나님을 기쁘시게 하고 아들에게 예수님을 보여 주게 될 테니 말이다. 또는 아들이 교도소에서 하나님을 만나 인생이 완전히 바뀌기를 강렬히 갈망하면서 무엇보다도 아들이 올바르게 되기를 바라는가? 후자 쪽이 하나님의 최종 목적을 더 잘 반영하지 않는가?

관계와 관련된 많은 순간에, 특히 비판받거나 이해받지 못한다고 느끼는 순간에, 내가 하나님께 바라는 것은 오로지 나에 대해 좋은 기분이 들고 내가 원하는 방식으로 행복을 누리며 존중받아 마땅한 나의 권리를 지키려는 노력에 그분이 협조해 주시는 것밖에 없다. 그런 순간에는 내가 규정하는 방식의 정의가 하나님이 규정하는 방식의 사랑을 이긴다. '그분이 협력**하셔야만** 하지 않겠어? 불의로 인해 내 인생은 고통당하고 있잖아. 하나님은 불의를 미워하시고 나를 사랑하시잖아? 나는 축복받은 삶, 모든 문제가 해결된 삶을 원해. 그게 뭐 그렇게 잘못된 거야?'

하나님의 관심이 무엇을 향하는지 답할 때 사탄은 가장 교활해진다. 첫 번째 질문인 '하나님은 누구신가'에 대한 답으로, 규칙을 지키는 사람에게 원하는 무엇이든 마음껏 호의를 베푸는 법 제정자, 아니면 손자손녀를 애지중지하면서 자기만 생각하는 아이들의 버릇을 계속 망치면서도 그저 좋아하기만 하는 할아버지나 할머니 같은 존재로 각인되었다면, 이미 우리는 두 번째 질문에 대한 영혼을 죽이는 사탄의 답을 생명 주는 씨앗처럼 받아들일 준비가 되어 있는 것이다.

"하나님, 도대체 지금 뭐하고 계신 거예요? 어디 계세요? 저는 당신을 믿고 싶어요. 당신이 선하시다는 것을 믿습니다. 저를 사랑하시는 것도 알아요. 하지만 지금 제 인생에는 재앙이 닥쳤고 저는 엉망진창입니다. 그런데도 당신은 전혀 도와주시질 않네요. **하나님, 도대체 무엇에 관심을 두고 계신 겁니까?**"라고 외칠 만큼 인생이 어려워지는 순간, 이런 질문을 억누를 수 있는 사람은 운명론을 믿는 무신론자밖에 없을 것이다.

나는 무신론자도 아니고, 운명론자도 아니다. 무한한 능력과 지혜와 사랑을 지닌 인격적이고 관계적인 하나님이 존재하심을 믿으며, 또한 그분이 내 삶의 모든 순간에 나를 위한 좋은 계획을 이루어 가고 계심을 믿는다. 내 안에서, 나에게, 내 주변에 일어나는 모든 일은 아주 좋은 이야기의 한 장—어쩌면 아주 고통스러운 장—이라고 믿고 있다. 나는 섭리의 신비를 믿는다. 어려운 일을 당할 때, 이 질문을 폭발시키는 것은 바로 믿음, 결코 흔들리지 않는 믿음이다. '**하나님, 당신의 관심은 무엇을 향해 있습니까?**'

당신은 이제 이 책을 13장까지 읽었다. 내가 이번 장의 질문에 대한 하나님의 답이라고 여기는 것이 무엇인지도 이미 알 것이다. 그 답은 여러 가지로 표현될 수 있다. 그중 하나는 다음과 같다. 지금 하나님은 복음을 받아들인 이들이 예수님처럼 관계를 맺는 제자로 성숙해 가는 일을 위해 그분의 무한한 능력과 지혜와 사랑을 모두 쏟아부으신다. 그분은 새로운 축복을 허락하거나 거두었던 축복을 회복시켜서 인생의 장애물을 평탄하게 해 줄 것이라고 약속하지 않으셨다. 대신, 세 가지 이유 때문에 사랑을 발산하는 사람으로 우리를 만들어 가고 계신다. 첫째, 그것이 삼위일체 하나님의 기쁨이기 때문이고, 둘째, 예수님을 따르는 이들에게 그분의 행복을 베풀어 주기 위함이며, 셋째, 그리스도를 드러내는 제자들을 통해 다른 사람들을 온전히 사랑하는 삼위일체의 공동체 안으로 이끌기 위해서이다. 삶의 축복을 누리고, 사회 정의를 위해 일하고, 암을 고치고, 배고픈 사람에게 먹을 것을 주고, 정치적으로 압제당하는 이들을 구하고, 의료 기술을 발전시키고, 원칙을 지키는 정부를 지지하는 등 다른 모든 좋은 것은 그것이 허락되든 허락되지 않든, 하나님의 핵심 관심사에서 비롯된다.

내 답은 루이스의 답에 비하면 유창하지는 않겠지만, 비슷하기는 하다. 그런데 하나님의 답과 일치할까? 성경의 다음 여섯 구절을 통해 확인해 보자.

1. "하나님께서는 미리 아신 사람들을 택하셔서, **자기 아들의 형상과 같은 모습이 되도록** 미리 정하셨으니"(롬 8:29). 예수님처럼 예배받기에 합당한 존재가 되는 것? 아니면 관계적으로 예수님처럼 사랑하는 것?
2. "나의 자녀 여러분, 나는 **여러분 속에 그리스도의 형상이 이루어지기까지** 다시 해산의 고통을 겪습니다"(갈 4:19). 온 우주

를 창조하고 이제 그것을 지탱하는 주권적 능력으로 완전히 구비되는 것? 아니면 예수님의 더 나은 사랑으로 관계를 맺는 온전한 성숙함을 이루는 것?

3. "하나님은 세상 창조 전에 그리스도 안에서 우리를 택하시고 사랑해 주셔서, 하나님 앞에서 **거룩하고 흠이 없는 사람이 되게 하셨습니다**"(엡 1:4). 단지 밖으로 드러나는 기준으로 볼 때 거룩하고 흠이 없는 사람? 아니면 관계적으로 거룩하시고 흠이 없으신 하나님이 보실 때 관계적으로 거룩하고 흠이 없는 사람?

4. "여러분은 그리스도로 말미암아 하나님을 믿고…진리에 순종함으로 영혼을 정결하게 하여서 꾸밈없이 서로 사랑하기에 이르렀으니, [순결한] **마음으로 서로 뜨겁게 사랑하십시오**" (벧전 1:21-22). 사람들을 잘 대하고 친절한 것으로 만족해야 하는가? 아니면 자기 유익 면에서는 어리석어 보이는 방식으로 다른 사람을 위해 자신을 희생하기를 오히려 특권으로 여기고 감사해야 하는가?

5. "하나님 안에 있다고 하는 사람은 자기도 그리스도께서 사신 것과 같이 마땅히 그렇게 살아가야 합니다…[서로 사랑하라는] 그 옛 계명은 여러분이 들은 그 말씀입니다. 나는 다시 여러분에게 새 계명을 써 보냅니다. 이 새 계명은 하나님께도 참되고 **여러분에게도 참됩니다**"(요일 2:6-8). 나에게도? 당신에게도? 우리는 더 나은 사랑을 위한 싸움을 하고 있는가?

6. 이제 예수님에게서 직접 들어보자. "이제 나는 너희에게 새

계명을 준다. 서로 사랑하여라. **내가 너희를 사랑한 것같이,
너희도 서로 사랑하여라. 너희가 서로 사랑하면, 모든 사람
이 그것으로써 너희가 내 제자인 줄을 알게 될 것이다.**…내
가 너희에게 명하는 것은 이것이다. 너희는 서로 사랑하여라"
(요 13:34-35; 15:17). 우리가 예수님께 속해 있음을 다른 이들
에게 증명하기 위해 우리는 세상을 바꾸는 일에 우선순위를
두는가? 아니면 먼저 신앙 공동체 안에서 더 나은 사랑으로
서로를 사랑하고, **그다음** 사랑하는 공동체로서 세상을 향해
나아가는가?

성경은 분명히 말한다. 하나님은 우리가 원하고 기도하는 축복
의 일부, 심지어 대부분을 **주실 수** 있다. 내 암이 재발하지 않게
해 **주실 수**도 있다. 교도소에 있는 아들이 용서받고 새롭게 되도
록 은혜를 **주실 수**도 있다. 당신이 바라는 축복을 위해 기도하라.
그러나 받기를 기대하는 것은 하나님의 관심이 향하는 선한 것이
어야 한다. 하나님은 대가를 셈하는 모든 제자를 작은 그리스도로
만드실 것이며, 그 일은 이 생애 동안 점차적으로 이루어지고, 이
후에는 완전히 이루어질 것이다. 그분은 우리 그리스도인이 더 나
은 사랑으로 관계 맺는 모습을 통해 예수님이 **드러나게** 하실 것이
다. 단, 우리의 가장 깊은 갈망이 관계적으로 예수님처럼 성숙하는
것이라면 말이다. 그리고 그것은 사실이다. 모든 진정한 그리스도
인의 심장 안에는 관계적으로 예수님처럼 성숙하려는 갈망이 견
고하게 자리 잡고 있으며 생생하게 살아 있다.

그러나 여기에서 싸움이 일어난다. 사탄은 우리가 예수님처럼 사랑하려는 거룩한 갈망에서 멀어지고 '부차적인 것'을 향한 갈망에만 붙어 있기를 원한다. 가족과 친구들을 사랑하려는 마음보다 그들에게서 사랑을 받으려는 마음을 더 쉽게 느낄 때, 치유되지 않은 내 안의 상처가 계속 고통스럽게 할 때, 그럼에도 불구하고 다른 사람을 사랑하겠다는 마음보다 나를 고통스럽게 하는 관계적 상처가 치유되기를 바라는 마음이 더 강력하다면, 지치고 우울한 순간에 잘 사랑할 힘을 발견하려고 하기보다 나의 안녕을 위해 매일의 기회와 도전과 마주하며 정서적으로 고무되어 사는 것이 더 필수적이라고 느낀다면, 나는 사탄이 일하고 있음을 안다.

사탄은 교활하다. 그는 우리의 시선이 두 가지 합당한 욕구에 고정되기를 원한다. 그것은 **공동체**와 **치유**에 대한 욕구다. 그는 우리로 하여금 하나님이 관심을 두시는 것은 오직 이 두 가지 욕구를 채워 주는 것밖에 없다고 믿게 한다. 다시 한 번 내가 말하려는 것을 명확하게 하기 위해 C. S. 루이스를 인용하려 한다.

루이스는 『순전한 기독교』(Mere Christianity, 홍성사)에서 우리가 그리스도인의 여정을 갈 때 두 가지 중요한 사안에만 주의를 기울이고 더 중요한 세 번째 사안을 간과하여 바른 길에서 벗어난다고 말한다. 이러한 요점을 전달하기 위해 그는 몇 척의 배가 일정한 대형을 이루어 항해하는 장면을 묘사한다. 각 도선사는 다른 배들과 부딪치지 않기 위해 조심하고, 배의 엔진은 잘 작동하는지, 선체에 물이 새는 부분은 없는지 등을 확인하면서 배가 바다를 항해하기에 적합한 상태인지 세심한 주의를 기울인다. 문제가 발견되면 기술자를 보내 잘못된 부분을 수리하게 한다.

그러나 도선사들이 배가 의도한 방향을 정확히 인지하지 못했다고 가정해 보자. 그렇다면 그들은 자신이 바른 방향으로 가고 있는지 알 수 없다. 루이스의 표현에 따르면, "배가 아무리 훌륭하게 항해했다 해도, 그 배의 목적지는 뉴욕이었는데 실제로 도착한 곳은 캘커타였다면 그 항해는 실패다."[2]

그의 요점은 분명하며 또 중요하다. **우리는 예수님이 우리를 어디로 데려가고 있는지 정확히 알 필요가 있다.** 좁은 길의 목적지는 어디인가? 우리는 그분의 관심이 이것을 향해 있다고 믿는데, 실제로 그분의 관심은 저것을 향하는 일이 있을 수 있나? 그 사실을 몰라서 우리가 길을 잃은 것은 아닐까?

물론 우리는 서로 잘 지내고 관계적 충돌을 피하기 위해 주의를 기울인다. 그런데 그렇게 하는 궁극적 목표가 무엇인가? 목적이 무엇인가? 단지 공동체를 누리고 싶은 것인가? 아니면 우리와 문제를 일으키는 사람들, 어쩌면 의도적으로 그렇게 하는 사람들을 향해서도, 더 나은 사랑으로 다가가 관계를 맺음으로써 예수님을 드러내고자 하는가?

그리고 대체적으로 현대의 상담 중독 덕분에, 기독교 문화를 포함한 우리 시대의 문화는 감정적 치유에 집착하게 되었다. 감정적 고통에서 자유로워지는 것이 우리의 최우선순위가 된 것이다. 우리는 온전해짐을 느끼기 원한다. 물론이다. 우리 모두 그렇다. 그러나 다시 한 번 묻자면, 그것의 궁극적 목표가 무엇인가? 목적이 무엇인가?

우리 중 많은 이에게 스스로를 좋게 느끼는 것, 어쩌면 그리스도 안에서 우리 정체성을 발견함으로써 그렇게 느끼는 것은 목적을 위한 수단이 아닌, 목적 자체가 되었다. 다른 사람에게 예수님을 드러내는 것보다 온전해짐을 느끼는 것이 더 중요해진 것이다. 예수님처럼 사랑하는 것을 방해하는 요소를 극복하기 위해 상담이나 영적 지도의 도움을 구한다면, 그것은 좋은 일이다. **그러나 영적 지도의 목적은 관계적 성숙이다.** 우리의 영혼에 쉼과 평안을 가져오는 하나님의 임재를 경험하는 것에서 멈추면 안 된다. 하나님의 임재는 우리를 자유롭게 하여 우리를 통해 그분의 임재를 다른 사람에게도 가져오게 한다. 또한 우리로 하여금 그분의 놀라운 사랑을 드러냄으로써 하나님께 영광을 돌리게 한다. 그것이 목표이자 목적이다. 그리고 기독교 상담의 목표 역시 그것과 동일해야 한다. 그렇지 않으면 그것은 **기독교** 상담이 아니다.

사탄은 두 가지의 나쁜 이유로 두 가지 선한 것을 가치 있게 여기도록 우리를 속인다. 사탄이 때로 영성 신학의 두 번째 질문에 어떻게 답하는지 들어보라. "하나님은 당신이 안전하고 서로 용납하고 지지해 주는 공동체에 속할 수 있게 하셨다. 그분이 가능하게 만드신 것을 달라고 요청함으로써 하나님께 영광을 돌려라. 적당히 만족하지 마라. 안전한 공동체에 속하기 위해 안전하지 못한 사람들을 피해야 한다면 그렇게 하라. 하나님은 당신이 만족을 누리기 원하신다. 다른 이들이 당신이 원하는 방식으로 (그리고 당신이 마땅히 받아야 할 방식으로) 당신을 대접해 줄 때 비로소 충족되는 만족을 말이다. 그것이야말로 하나님이 당신의 삶에서 가장 관심을 두시는 일이다.

또한 하나님은 당신이 사랑받으며 안정감을 누리는 여인으로 또는 존경받으며 가치 있는 남성으로 온전해짐을 느끼기 바라신다. 한 가지 기대만 가지고 상담을 찾아다니고 영적 지도를 받으며 설교를 들으라. 즉 스스로에 대해 좋다고 느끼게 되는 것을 말이다. 그것보다 더 큰 선은 없다."

사탄은 거짓말쟁이며 영리하기까지 하다. **물론** 하나님은 그분의 자녀들이 좋은 공동체를 누릴 때 기뻐하신다. "그 얼마나 아름답고 즐거운가! 형제자매가 어울려서 함께 사는 모습!"(시 133:1) 또한 하나님은 우리가 관계적 고통에서 벗어나기를 바라신다. "[주님은] 마음이 상한 사람을 고치시고, 그 아픈 곳을 싸매어 주신다"(시 147:3). 함께 항해하는 배들이 서로 부딪히지 않고 조화를 이루며 앞으로 나아가는 것, 배들 간의 협조가 잘 이루어지는 것은 하나님 눈에 그리고 우리 눈에 보기 좋다. 그러나 그것의 궁극적 목표가 무엇인가? 목적이 무엇인가?

좋은 공동체와 부드러운 치유는 더 나은 사랑을 위한 싸움을 하도록 우리를 격려해 줄 수는 있다. 다른 이들에게서 용납받고 생명을 주는 말을 들으면, 우리는 가장 깊은 갈망인 하나님이 우리를 위해 하시려는 일에 협력하고자 하는 갈망에 닿을 수 있을 것이다. 이런 식으로도 표현할 수 있다. **하나님은 우리가 그분을 잘 알고 깊이 사랑하며, 그리하여 다른 이들과 관계 맺는 방식에서 예수님을 드러내 그분의 행복을 늘려 가는 것보다 더 큰 선은 없음을 받아들이길 간절히 바라신다.** 곧 진정한 제자를 만드는 것이야말로 하나님이 가장 관심을 두시는 일이다. 더 나은 사랑으로 사랑하는 것이 예배의 핵심이다. 하나님께 영광을 돌리는 어떤 일도 그보다 클 수는 없다.

※ ※ ※

이번 장의 질문에 제대로 답할 때, 우리는 더 나은 사랑을 위한 싸움으로 들어가고 좁은 길 위에서 살아가게 하는 원동력을 얻는다. 좁은 길에서 우리는 하나님의 이야기와 사탄의 이야기를 모두 듣는다. 거기서 우리는 삼위일체 하나님과 그분의 이야기가 지닌 아름다움으로 인해 자기만을 위하는 사탄의 이야기가 지닌 매력이 우리 안에서 서서히 밀려 나가는 것을 깨닫는다. 제자도의 대가를 지속적으로 셈해 보는 그리스도인이 좁은 길을 걸어갈 때, 사탄의 거짓말뿐만 아니라 우리가 얼마나 쉽게 그 거짓말에 끌리는지 폭로되고 하나님의 진리가 지닌 더 깊은 매력은 표면 위로 드러난다. **이런 일은 관계적 죄에 편하게 머물게 하는 넓은 길에서는 결코 일어나지 않는다.** 오직 좁은 길만 하나님이 우리를 데려가시고자 하는 곳으로 우리를 이끌 수 있으며, 우리로 하여금 하나님의 은혜 안에서 우리의 진정한 존재이자 원래 우리가 창조되었던 본연의 모습, 즉 더 나은 사랑을 하는 사람이 될 수 있게 한다.

그리고 그것이 인간으로 산다는 것의 진정한 의미다. 즉 예수님처럼 사랑하고 그분의 행복을 경험하는 것이다. 타락은 인간으로 하여금 인간 이하의 존재로 내려가게 했음을 기억하라. 이제 진정한 인간으로 온전하게 살아갈 우리의 능력을 발견할 시간이다.

이제 영성 신학의 세 번째 질문을 할 차례다. **우리는 누구인가?** 사탄도 이 질문에 대한 답을 가지고 있다. 그러나 우리는 하나님으로부터 답을 들어야 한다.

15장 세 번째 질문

우리는 누구인가?

오, 위대함을 위해 창조되었고 위대함으로 부름받은 영혼이여. **그대는 무엇을 하고 있는가?** _십자가의 요한[1]

제안을 하나 하겠다. 이번 장을 읽기 전에, 잠시 책을 내려놓고 1분 동안 이 질문을 묵상해 보라. '**나는 누구인가?**' 명백한 사실들 아래를 생각해 보라. 당신은 이미 자신에 대해 알고 있다. 남자인지 여자인지, 결혼을 했는지 하지 않았는지 또는 이혼을 했는지, 키는 큰지 작은지, 뚱뚱한지 말랐는지 또는 알맞은 키와 체형인지, 직장에 다니는지 실업 상태인지, 신실한 그리스도인인지 형식적인 그리스도인인지 또는 그리스도인이 아닌지, 아니면 최근 나에게 '독실한 무신론자'라고 자신을 소개한 나이 든 유대인 여성처럼 다른 종교를 신봉하는 사람인지 등을 말이다.

분명하고 눈에 보이는 사실보다 더 깊이 들어가 보라. **당신은**

누구인가? 어쩌면 생소할지 모를 방식으로 이 질문을 숙고해 보라. 사람들과 관계를 맺는 방식, 삶에서 일어나는 크고 작은 일에 반응하는 방식을 결정하는 진짜 당신은 누구인가? 가까운 친구가 당신에게 상처를 준다. 당신이 이 친구를 대하는 태도를 보면 당신의 어떤 모습이 드러나는가? 전화벨이 울리고 나쁜 소식이 들린다. 그것에 대한 감정적 반응을 보면 당신의 어떤 모습이 드러나는가?

이에 대해 1분 동안 생각해 보라. 나 역시 60초 동안 펜을 내려놓고 이러한 질문들, '나는 누구인가'라는 질문과 관련된 일련의 질문들에 대해 생각해 보려 한다.

여기까지. 1분이 지났다. 사실 거의 2분에 가까웠다.

나는 어제 친한 친구와 나누었던 대화에 대해 생각해 보았다. 아직도 불쾌한 마음이 든다. 사소한 일에 대해 나누면서, 그 일이 내 마음을 괴롭히는 좀더 심각한 문제를 나타내는 좌표 같다고 말했다. 피식 웃으면서 그 문제가 "그래, 유치한 작은 일들 때문에 가끔 거슬릴 때도 있지" 하는 정도의 반응이면 충분할 만큼 별일 아닌 것을 알고 있다고 확실히 해 두었다. 그렇지만 친구는 하찮은 걱정거리 아래 더 큰 문제가 들끓는 것은 아닌지 의심스럽다고 하는 내 말에 감정이 실렸다고 받아들였다.

친구는 이렇게 반응했다. "그럴 수도 있겠지. 그렇지만 이봐 친구. 나는 가끔 자네가 생각을 너무 많이 하는 게 아닌가 싶을 때가 있어. 여유를 좀 가져 봐." 그러고 나서 친구는 화제를 돌렸다.

나는 특별한 관심을 기울일 가치가 없는 존재로 묵살당한 느낌이 들었다. 서운한 마음이 몰려왔다. 웃는 얼굴로 "자네는 생각을 너무 안 하며 사는 것 같은데"라고 비꼬면서 그의 말을 되받아치고 싶은 생각도 들었다. 속으로 생각했다. '그에게 세심한 친구가 되어 주기를 바라는 것은 너무 큰 기대지. 늘 하던 대로 혼자 삼키고 그냥 기분 좋게 넘어가자. 지금 내 기분대로 그에게 소리치는 것보다는 그게 낫잖아. 당한 것 같은 느낌도 들지만, 이젠 뭐 그것도 익숙한걸. 그리스도인으로서 해야 할 행동을 하고 상처 주는 말 따위는 그냥 무시하자고.' (이 책을 쓰고 있었기 때문에 내 안에는 물론 몇몇 더 나은 생각들도 있었다. 그렇지만 요점을 정확히 하고 나를 변호하려는 것처럼 들리는 것을 피하기 위해 다른 생각들에 대해서는 언급하지 않겠다.)

지금 내가 머릿속으로 그 대화를 다시 떠올리면서, 어떤 상담 칼럼니스트에게 무슨 일이 있었고 내가 어떻게 느꼈는지를 써서 보내면서 그런 상황에서 내 친구의 실망스러운 말에 어떻게 반응하는 것이 성숙한 태도일지 묻는다면 그 칼럼니스트는 어떻게 충고할지 생각해 본다. 편지에는 내가 신앙인이며 그리스도인이라는 사실 역시 언급했을 것이다. 그 칼럼니스트는 과연 나에게 어떤 조언을 했을까?

내 짐작은 이렇다. 아마 그녀의 조언은 훌륭할 것이다. 매일 아침 신문에서 그녀의 칼럼을 읽는다.

당신이 어떻게 느꼈는지 친구에게 말한다면 기분이 좀더 나아질 겁니다. 단, 친구에게 판단하거나 부담을 준다는 느낌을 주지 않은 채로요. 당신 마음을 상하게 한 일이 오히려 그에게는 더 좋은 친구가 될 수 있는 기회임을 그가 깨달을 수 있게 해 주세요. 그가 당신의 말을 무시한다면 그 친구를 있는 그대로 받아들이세요. 즉 좋은 친구이지만 불완전한 인간이라는 것을 받아들이고 그냥 넘어가세요.

그러나 다른 이들에게 당신 자신을 숨긴 채 넘어가지는 마세요. 누구에게나 자기 말에 귀 기울여 주고 따뜻한 관심을 보이는 사람이 필요합니다. 주는 대로 받는다는 것을 기억하세요. 당신도 다른 이들의 말에 귀를 기울이는 사람이 되도록 노력하세요. 그러면 당신도 당신이 필요로 하는, 당신의 말에 귀 기울여 주는 그런 사람을 만나게 될 겁니다. 그리스도인이라고 하셨죠? 저도 하나님을 믿습니다. 하나님께 더 나은 친구를 만나게 해 달라고 기도해 보는 건 어떨까요?

이 조언에서 무엇이 명백하게 빠져 있는지 보라. 즉 여기에는 **당신을 실망시킨 친구를 향해 더 나은 사랑을 품는다는 것에 대한 생각은 찾아볼 수 없다**. 상담 내용은 내 친구의 안녕이 아닌 내 기분이 나아지는 것을 목표로 하고 있다. 예수님의 행복? 그분의 기쁨? 이런 것은 개의치 않는다.

이 칼럼니스트는 '내가 누구인지' 찾아가는 데 직접적인 관련은 없지만, 그녀의 조언은 나를 특정 방향으로 이끈다. 나는 누구인가? 그녀에게 나는 도움이 필요한 사람 그리고 다른 사람에게서 만족을 얻어 낼 권리가 있는 사람이다. 또한 나는 자신에 대해 좋은 느낌을 갖기 위해 어떤 필요가 반드시 충족되어야 하는 사람이

므로 그 필요를 만족시켜 줄 다른 누군가—새로운 친구? 더 나은 배우자? 혹은 내 말을 들어주는 대가로 돈을 지불해야 하는 상담가?—를 계속 찾는 것이 마땅하다.

그리스도인이 상처를 받았을 때, 어떻게 반응해야 하는지에 대한 그녀의 이해도 명확해 보인다. 나는 하나님이 나의 필요를 만족시켜 줄 친구를 만나게 해 주시리라 신뢰해야 한다. 다시 말하지만, 나에게 고통을 안겨 주는 사람에게 예수님을 드러낸다는 것에 대한 고려는 없다. 나의 목적을 위해 하나님을 이용해도 되며, 자아도취를 위해 초대해도 좋다. 부분적으로는 내 귀도 솔깃해진다. **'좋은 생각 같아!'**

이번에는 십자가의 요한에게 조언을 구한다고 생각해 보자. 이번 장 도입부에 사용한 인용문을 묵상할 때면, 나는 그가 흐느끼면서 예루살렘을 향해 애통해하시던 예수님과 동일한 감정을 느끼리라 상상할 수 있다. "예루살렘아, 예루살렘아…암탉이 병아리를 날개 아래 품듯이, 내가 몇 번이나 네 자녀들을 모아 품으려 하였더냐! 그러나 너희는 원하지 않았다.…내가 너희에게 말한다. 너희가 '주님의 이름으로 오시는 분은 복되시다!' 하고 말할 그때까지, 너희는 나를 다시는 보지 못할 것이다"(마 23:37-39).

예수님의 영 안에서 아마도 요한은 나에게 이렇게 물을 것이다. "오, 래리, 위대함을 위해 창조되었고 위대함으로 부름받은 그대여. **그대는 무엇을 하고 있습니까?**" 그에게 그 말이 무슨 의미냐고 묻는다면, 아마도 그는 다음과 같이 답할 것이다. "그대는 도저히 사랑할 수 없는 이들을 사랑하시는 하나님의 형상으로 창조되었습니다. 위대함이란, 그대가 그분을 무시하고 그분의 제자가 되는 것에 아무 관심조차 없었던 순간에도 그대를 사랑하셨던 분, 즉 예수님처럼 사랑하는 것을 의미합니다. 그런데 그대는 지금 그분을 무시하고 있습니다."

"요한, 제가 어떻게 그럴 수 있다는 겁니까? 저는 예수님을 사랑합니다. 그분은 저의 죄를 용서해 주셨어요. 저는 그분의 제자입니다. 어떻게 제가 그분을 무시하고 있다는 겁니까?"

"모르겠습니까? 그대는 진정한 그대의 모습, 즉 하나님의 은혜로 말미암아 그분의 형상을 지닌 사람으로 살도록 하나님께 부름받았습니다. 즉, 그대는 다른 이들에게 은혜로 충만한 하나님의 마음을 드러냄으로써 예수님을 높이도록 부름받은 것이지요. 그것이 진정한 위대함입니다. 그리고 그것은 예수님의 행복, 삼위일체 하나님의 기쁨을 함께 가져다줄 겁니다. 그렇지만 지금 그대가 친구를 대하는 태도는 관계적으로 사탄의 본성을 드러내고 있어요.

네, 그대는 친구에게 그대의 말에 좀더 관심을 보여 주면 고맙겠다고 말할 수 있습니다. 그러나 그대 안에는 더 깊고 더 위대한 갈망이 있음을 알아야 합니다. 그대는 예수님께 속한 사람입니다. 그분이 그대를 보고 듣고 계십니다. 그대에게는 다른 이들에게, 심지어 그대에게 큰 상처를 주는 이들에게도 그분을 드러내고자 하는 갈망이 있습니다.

이제 곧 성숙에 이를 나의 친구여, 하나님은 시작하신 일을 **완성하실** 것입니다. 그대는 무엇을 하고 있습니까? 그대에게 사랑의 관심을 보여 줄 친구가 필요하다고 말하기 전에 먼저 사랑을 베푸십시오. 예수님이 그대를 사랑하십니다. 그분은 그대가 그분께 친절한 관심을 보이기 전부터 그대를 사랑하셨습니다. 가서 그대도 그렇게 하십시오. 예수님의 더 나은 사랑으로 그대의 친구를 사랑하십시오. 그대는 자신이 누구인지 알아야 합니다. 그대는 하나님께 사랑받는 존재이기에 또한 하나님을 사랑하고 다른 이들을 사랑하는 사람입니다."

※ ※ ※

약간의 설명을 뒷받침해 보자. 우리는 누구인가? 영성 신학의 세 번째 질문이다. 누구나 이런저런 방식으로 이 질문을 한다. 나는 어렸을 때 자주 거울을 보며 큰 소리로 묻곤 했다. "이 사람은 누구지?" 그때는 내가 누구를 향해 말하고 있는지 잘 몰랐다. 이제 나는 내가 하나님을 향해 말하고 있지 않았나 하는 생각이 든다. 그러나 열 살밖에 되지 않았던 내 귀에는 침묵밖에 들리지 않았다. 내가 내놓을 수 있는 최선의 답은 "이건 나잖아"였다.

그러나 그 답은 충분하지 않았다. 나와 거울 속 나 사이의 대화는 계속되었다. "아니, 이건 내가 아니야. 나는 거울 속에 있지 않잖아. 나는 여기 있어. 나는 나야. 그러면 저건 뭐지?" 5분가량 그러다가 나는 분명 답을 찾는 것을 포기했을 것이다. "내가 무슨 말을 하고 있는 건지 모르겠네"라고 중얼거리면서 이내 나는 밖으로 뛰어나가 놀았을 것이다.

그러고 보면 수년 뒤 내가 심리학 전공을 선택한 것은 별로 놀랍지 않다. 나는 내향적인 아이였다. 교회 학교와 교회 학생부 활동도 내 질문에 대한 답을 주지는 못했다. 어쩌면 심리학이 답을 주지 않을까 하고 기대했던 것 같다.

그러나 대학원에서 2년 동안 임상 심리학을 전공하면서 그런 환상은 깨졌다. 프로이트도 로저스도 스키너도, 혹은 인간 본성의 문제점과 활용 가능한 해결책을 제시한 비교적 최근의 어떤 이론가도 내 질문에 답을 주지 못했다. **나는 누구인가? 당신은 누구인가? 우리는 누구인가?** 알 수 없었다. 그러나 나는 답이 있음을 느꼈고 또 그 답은 세상의 지혜가 닿을 수 없는 심오한 영역에 놓여 있음을 알았다.

대학원 공부를 마쳐 갈 즈음, 나는 존경받는 신학자인 루이스 스페리 샤퍼(Lewis Sperry Chafer)가 쓴 강렬한 문장과 마주쳤다. 그에 따르면, **인간의 본성에 대한 어떤 계시도 성경이 선포하는 것, 즉 우리 인간은 하나님의 형상을 담고 있다는 진술보다 위대하지는 않다.**

나의 어둠에 섬광이 스쳐 갔다. 나는 그 질문에 대한 하나님의 답을 듣고 있었는가? 어렸을 적부터 인간이 하나님의 형상으로 창조되었다는 말을 수없이 들었지만, 한 번도 그것이 중요한 개념으로 다가온 적이 없었다. 그 문장을 읽던 순간까지도! 그때, 하나님은 내가 누구인지 말씀하고 계셨던 걸까? 들을 수 있는 모든 사람에게, 들을 귀 있는 모든 이에게, 그토록 오랜 세월 동안 찾을 수 없었던 나의 중대한 질문에 답을 하고 계셨던 걸까? 우리 모두가 하나님의 형상을 지니고 있다는 것은 도대체 어떤 의미였을까?

샤퍼의 문장과 마주쳤던 그 순간 이후로 내 안에는 두 가지 생각이 형성되었다. 첫째, 우리 각각은 하나님의 형상을 지닌 **성별을 지닌** 존재다. 즉 하나님이 관계 맺으시는 방식에 있어서 문자 그대로 영광스러운 무언가를 반영하는, 하나님에 의해 창조된 남자 혹은 여자라는 것이다. 둘째, 우리를 자신의 형상으로 지으신 하나님은 **관계적** 하나님이시라는 것이다. 그분은 우리 모두가 본능적으로 맺는 관계의 방식과는 완전히 다른, 더 나은 종류의 사랑으로 세 위격이 관계를 맺고 계신 삼위일체 하나님이시다.

이 두 가지가 내 머릿속에서 진리로 자리 잡아 가는 동안, 이제는 '우리가 누구인가'라는 질문에 대한 하나님의 답이라 믿는 대답을 들었다. 짧게 말하면, 그 대답은 다음과 같다. **우리는 실현되기를 기다리는 잠재력을 지닌 관계적 인격체다.** 좀더 길게 설명하면 다음과 같다.

> 우리는 하나님을 아는 데서 오는 기쁨을 알도록 창조된 관계적 인격체이고, 하나님의 관계적 형상을 지닌 남자와 여자이며, 우리 안에는 남자다운 남자와 여자다운 여자로서 예수님을 드러낼 잠재력이자 이 땅에 사는 동안 더욱 실현되기를 늘 기다리는 잠재력이 있다.

우리가 하나님의 형상을 지닌 존재라는 것 그리고 당신이 거울에서 보는 사람, 당신이 함께 살고 있는 배우자와 자녀, 당신이 아는 친구, 당신이 물건값을 내면서 미소를 건네는 식료품 가게 점원, 그 밖의 다른 모든 사람이 "위대함을 위해 창조되었고 위대함으로 부름[받았다]"고 하는 것은 정확히 어떤 의미인가? **관계적 위대함**을 이룰 잠재력은 우리가 하나님의 형상을 지녔기 때문에 실현 가능하다. 세 위격이신 하나님은 본질적으로 관계적이실 수밖에 없으며, 그런 하나님의 형상을 지닌 존재인 우리에게는 네 가지 능력이 주어져 있다. 제대로 훈련만 한다면, 우리는 하나님이 사랑하시는 방식대로 사랑하면서 그분을 닮아 가도록 창조된 우리의 잠재력을 실현시킬 수 있다. [이 네 가지 능력은 하나님의 형상을 지닌 존재란 무엇인지 알려 준다는 점을 밝혀야 할 것 같다. 아주 중요한 요소인 하나님의 형상을 지닌 **성별을 지닌** 존재라는 것의 의미는 이미 출간된 나의 책 『에덴 남녀』(*Fully Alive*, 복있는사람)에서 자세히 다루었다. 남자다운 남자로서 그리고 여자다운 여자로서 하나님을 드러낸다는 것이 무엇을 의미하는지 더 깊은 논의를 살펴보기 원한다면 이 책을 읽어 보길 권한다.]

우리는 하나님의 형상을 지닌 존재로서,

- 하나님을 **알 수** 있다. 그분을 충분히 알 때 우리는 하나님의 세 위격 모두를 어떤 사람이나 어떤 것보다 즐거워할 수 있다. 그래서 실망, 마음의 고통, 실패, 질병, 불의, 외로움을 겪고 있을 때도, 우리는 우리가 맺는 관계에서 예수님을 드러내고 싶어진다. 우리는 누구인가? **우리는 사랑받았기에 사랑하는 사람들이다.**
- 하나님을 **믿을 수** 있다. 그래서 기도가 응답되지 않고, 꿈은 산산조각 나고, 그분의 임재는커녕 그분의 존재에 대한 감각마저 사라져 버렸을 때도, 하나님의 살아 계심과 선하심을 확신할 수 있다. 이것이 진리다. 우리는 누구인가? **예수님이 우리에게 오셔서 말씀**

하신 것이 진리임을 믿는, 진리를 말하는 자들이다.
- 아버지께 순종하기를 **선택할 수** 있다. 우리는 불순종이 삶을 더 쉽게 만들어 주고 즉각적인 만족을 가져다주리란 것을 알 때도, 다른 이들에게 아들이신 예수님의 관계적 성품을 드러내어 아버지께 순종하기로 선택할 수 있다. 이러한 선택을 할 능력은 하나님을 기쁘시게 하여 행복을 발견하기로 믿음에 근거한 선택을 했기 때문에 가능해진다. 우리는 누구인가? **기쁨을 알도록 창조된 우리는 예수님의 길을 따르면서 그 기쁨을 발견하기로 선택할 의지를 가진 존재다.**
- 하나님의 임재를 **경험할 수** 있다. 우리는 밝은 대낮이든 어두운 밤이든 하나님이 우리와 함께 계심을 확실히 알 수 있다. 하나님을 최대한 온전히 표현하는 만큼 그분을 최대한 풍성히 경험할 수 있다는 확신 가운데 살아간다. **우리는 기쁨에 이르는 좁은 길 위에서 예수님을 기쁘게 따라가는 자들이다.**

배우자가 상처를 주고, 자녀가 마음을 찢어 놓는다. 친구가 배신을 한다. 비평가로부터 신랄한 비판을 받는다. 스스로를 사랑받고 사랑하는 사람으로, 하나님에 관한 진리를 말하는 사람으로, 기쁨에 이르는 좁은 길을 걷는 제자로서 하나님께 순종하기를 어떤 강압도 받지 않은 채 택할 자유 의지를 가진 그리스도인으로 생각한다면, 당신은 어떤 반응을 보일까? 이 질문에 대한 답은 지켜야 할 목록이나 특정 지침으로 주어지지 않는다. 스스로를 성장해 가는 '작은 그리스도'로 본다면, 당연히 실제적 윤리 원칙도 열심히 지킬 것이다. 하지만 타인에게 그리스도의 더 나은 사랑을 드러내고자 하는 뜨거운 갈망, 즉 모든 그리스도인의 마음 중심에 자리 잡고 있을 그 갈망을 찾는 것에 더 열의를 보일 것이다. 성령은 그런 열의를 귀하게 보실 것이고 대가를 치러야 하겠지만 분명 옳은 방향으로 그 사람을 이끄실 것이다.

그러나 사탄 역시 가만히 있지는 않을 것이다. 내가 다른 이들로 인해 실의에 빠진 순간을 기회로 삼아 아주 다른 방향으로 가라고 부추길 것이다. 그리고 내가 그의 계략에 넘어갈 가능성에 대비해, '나는 누구인가'라는 질문에 대해 현혹시키려는 매력적인 답을 제공한다. 그 질문에 대한 답으로 실현되길 기다리는 잠재력을 지닌 **관계적** 인격체가 아닌 나의 필요를 채우며 사는 것이 당연한 **궁핍한** 인간을 생각한다면, 사탄의 충고는 옳을 뿐만 아니라 좋아 보일 것이다.

마이클 카드(Michael Card)는 그것을 잘 표현했다. "좁은 길을 계속 걷는다는 것은 부분적으로 거짓 선지자들을 늘 경계한다는 의미다. 그들은 겉으로는 양처럼 순해 보이지만 안은 늑대처럼 사납다."[2]

사탄의 말을 하고 있으면서도 마치 하나님의 말을 전하는 양 자신을 위장하는 거짓 선지자들은 세 번째 질문에 대해 다음과 같이 반응할 것이다. "맞아요. 당신은 하나님의 형상을 지녔습니다. 당신은 그분께 특별하지요. 당신은 예수님과의 관계 안에 있고, 모든 이도 깨닫든 아니든 그렇기 때문에, 하늘 아버지의 보살핌을 기대해도 됩니다. 하나님이 하겠다고 약속하신 것을 하실 수 있도록 그분을 의지하세요. 바울은 당신에게 이렇게 말했습니다. '나의 하나님께서 자기의 풍성하심을 따라 그리스도 예수 안에 있는 영광으로 여러분에게 필요한 것을 모두 채워 주실 것입니다.' 그리고 예수님 자신도 이렇게 말씀하셨지요. '의를 구하라. 그리하면 이 모든 것을 너희에게 더하여 주실 것이다'"(빌 4:19; 마 6:33).

사탄이 광야에서 구약 말씀으로 예수님을 어떻게 시험했는지 기억해 보라. 사탄이 예수님조차 시험에 빠지게 하려고 말씀을 비틀어 사용할 정도로 교활했다면, 이번에는 분명히 성공할 것이라는 기대를 가지고 우리에게도 똑같이 할 것이 분명하다. 물론 하나님은 우리에게 필요한 모든 것을 채워 주시지만, 이때의 모든 것이란 **우리가 편안한 인생을 즐기기 위한 것이 아닌 하나님 나라로 나아가기 위해 필요한 것들이다.**

영성 신학의 세 번째 질문에 대한 사탄의 답을 간략하게 써 보면 다음과 같이 표현할 수 있다. "우리는 필요를 가진 사람들이며, 우리가 행복을 느끼기 위해서는 이 필요가 꼭 채워져야만 한다." 이 답에 자세한 설명을 덧붙이면 다음과 같이 길어진다.

우리는 하나님의 형상을 지닌 남자와 여자로서 하나님께 사랑받는 개별적 인격체이자 개인적 필요를 가진 사람들이며, 이 필요는 반드시 다른 사람들에 의해 우리 자신과 삶에 대해 좋은 느낌이 들게 하는 방식으로 충족되어야 한다. 그렇게 될 때 비로소 우리는 살아가면서 예수님을 따르는 기쁨을 발견할 수 있다.

개인적 필요? 나는 사랑하는 배우자, 말 잘 듣는 자녀, 힘이 되어 주는 가족, 월급을 많이 주는 좋은 직장, 건강, 성공적인 사역, 여유를 즐길 수 있는 휴가가 필요하다. 가만있자. 사실 내가 필요로 하는 것은 훨씬 더 많다. 하나님은 내가 행복하기를 바라신다. 따라서 하나님은 당연히 그 모든 필요를 채워 주시거나, 최소한 나 자신과 삶에 대해 좋은 느낌이 들기에 충분할 만큼은 채워 주시지 않을까.

여기에 기꺼이 속아 넘어간 자신의 졸개들—나는 거짓 선지자들을 지칭하고 있다—을 통해 사탄은 계속 이어 간다. 우리는 누구인가? 우리는 하나님의 형상을 지닌 자로서,

- 하나님을 **알 수** 있다. 우리는 하나님을 충분히 잘 알아서 그분의 사랑은 우리가 원하는 모든 필요를 채워 줄 것임을 신뢰할 수 있다. '우리는 우리 삶을 보다 안락하게 해 줄 하나님을 의지하는 사랑받는 개인이다.'
- 하나님을 **믿을 수** 있다. 그리하여 그분이 선하시다는 진리는 우리가 구하는 모든 축복이 주어지리란 것을 보장해 준다. '우리는 모든 어려움이 우리를 행복하게 해 줄 더 큰 축복의 문을 열어 준다고 선포하는 진리의 전달자다.'
- 하나님의 환심을 사고 하나님이 우리 삶을 행복한 경험으로 바꾸어 주시도록, 우리는 삶의 방식을 **선택할 수** 있다. '우리는 지속적으로 응답받는 기도 생활을 영위하겠다고 자유롭게 선택할 수 있는 의지적 존재다.'

- 하나님의 임재를 **경험할 수** 있다. 우리는 위로를 주는 그분의 임재를 느낄 수 있기에 외로움과 의심 혹은 혼란이라는 어두운 밤에 결코 잠기지 않는다. '우리는 예수님을 따라 언제나 우리를 즐거운 환경으로 이끄는 길 위를 걷는 자다.'

사탄의 뒤틀린 신학은 '싸움과 분쟁'을 일으키는 자기중심성을 살찌운다(약 4:1). 다른 이들이 나를 잘 대접해 줄 것을 요구한다. 결과는? "탐내어도 가지지 못[한다]"(2절). 사탄이 불어넣는 생각은 '내가 누구인가'라는 질문에 대해, 부차적 행복을 위해 다른 사람과 인생으로부터 내가 원하는 것이라면 무엇이든 얻어 낼 권리가 있는 궁핍한 개인이라고 답하게 한다. 사탄은 절대로 더 높은 목표를 갖지 않는다.

그러나 '내가 누구인가'라는 질문에 대한 하나님의 답을 들으면, 다음과 같은 진리를 받아들이게 된다.

- 나는 관계적으로 사랑이 많으신 하나님의 형상을 지닌 존재다.
- 예수님처럼 사랑하는 나의 숙명을 실현시키는 데 필요한 모든 것은 이미 예수님 안에서 충족되었다.
- 예수님의 더 나은 사랑으로 사랑하는 '작은 그리스도'가 되는 것보다 더 위대한 삶의 방식은 없다. 따라서 나는 그 외에 아무것도 바라지 않는다.
- 내 영혼 안에서는 하나님이 들려주시는 이야기와 사탄이 들려주는 이야기 사이에 내전이 일어나고 있다.

이제 토마스 찰머스(Thomas Chalmers)가 "새로운 애착이 갖는 배제의 힘"이라고 불렀던 것을 깨닫는다.[3] 나는 더 나은 사랑을 위한 사랑으로 들어가기 **원할** 것이다. 나의 진정한 정체성 깊숙이 자리 잡은 하나님의 성품과 외적으로도 일치하는 삶을 살기 **원할** 것이다. 나를 관계적 삶으로 이끌어 갈 좁은 길을 걷기 **원할** 것이다.

나를 경멸하라. 비판하라. 오해하라. 무시하라. 거부하라. 판단하라. 당신이 내게 어떤 최악의 행동을 하더라도, **내가 나 자신이 누구인지 알고 있다면**, 나는 내 영혼 안에 살아 있고 온전히 실현되기를 기다리는 예수님처럼 사랑할 잠재력을 인식할 것이다. 나는 하나님의 음성을 듣고 그분이 말씀하시는 것을 따르는 한편, 사탄의 음성을 듣고 그가 말하는 모든 것에 저항하면서 더 나은 사랑을 위한 싸움으로 들어갈 것이다.

그러나 분명 내가 갈 길은 아주 멀어 보인다. 잘 사랑하지 못할 때도 많다. 무엇이 잘못되었을까?

16장 네 번째 질문

무엇이 잘못되었는가?

> 죄에 대한 옛 인식을 회복하는 것은 기독교에서 필수적이다. 그리스도는 인간이 죄인이라는 것을 당연하게 여기신다. 그분의 이런 생각이 진리로 느껴질 때까지 우리는 그분이 구하러 오신 세상의 일부일지언정, 그분의 말씀이 전해지는 청중의 일부가 될 수는 없다. _C. S. 루이스[1]

루이스는 죄에 대한 옛 인식을 언급한다. 그렇다면 우리 인간에게 무엇이 잘못되었는지 이해하는, 오늘날 유행하는 새로운 방식 또는 인식이 있다는 말인가? 나는 그렇다고 생각한다. 그리고 여기에도 사탄이 연루되어 있다.

모든 선한 것의 적은 우리가 묻는 모든 좋은 질문에 대해 악한 답을 내놓는다. 사탄이 말하는 매력적이지만 독이 든 그 답을 믿으면, 우리는 풍성한 삶에 이르는 좁은 길에서 벗어나 삶을 낭비하게 하는 넓은 길을 행복해하며 걸어갈 것이다.

루이스의 말에 함축된 중요한 핵심에 주의를 기울여 보자. 가장 중요한 이 질문에 대해 그리스도의 답을 듣고자 한다면, 우리는 우리를 죄인이라고 하시는 그분의 말씀에 **동의**할 뿐 아니라 우리가 죄인임을 **느껴야** 한다. 우리는 오해받았고 우리가 행한 모든 선한 일에 대해 인정받지 못했으며 우리에게 고통을 주는 모든 상처와 우리가 견뎌 온 잘못된 처사에 대해 충분히 공감받지 못한다고 느끼기 쉽다. 물론 때로 나쁜 일도 행한다. 그러나 우리를 비난해서는 안 된다. 우리가 상처받고 있다는 것을 보지 못하는가?

상담 치료가 성행하는 문화에서, 우리는 스스로를 악하기보다는 불안정한 존재라고 믿는다. 자신이 악하다는 느낌보다는 거절당했거나 무능한 존재라는 느낌이 우리를 규정한다. 이것은 거짓임에도, 사탄은 유리한 위치를 차지한다. **진리보다 거짓이 믿기 쉽기 때문이다.**

우리에게 가장 잘못된 것은 삶이 우리에게 입힌 손상이라는 생각을 일단 받아들이고 나면, 권리 주장의 정신이 잡초처럼 재빨리 자라난다. 이 잡초는 언젠가 시들겠지만 강인한 생명력으로 오랫동안 버틸 것이다. 그 손상된 부분을 고치기 위해 필요한 것은 무엇이든 우리가 당연히 받아 낼 몫이라고 믿는다. 그것은 하나님의 임재를 경험하는 흥분된 순간일 수도 있고, 좋은 직장 혹은 좋은 배우자일 수도 있다.

예수님은 다르게 생각하신다. 그분은 우리가 악하고 뼛속까지 자기중심적이며 용서와 근본적 변화가 절실하게 필요한 존재라고 말씀하신다. 관용과 이해, 손상된 부분을 수리하는 정도로는 우리를 정말로 살아나게 하지 못한다. 그렇지만 거짓이 진리보다 믿기 쉽다. 우리는 천국의 지혜보다 지옥의 어리석음을 택하고 만다.

'무엇이 잘못되었는가'에 대한 성경의 답에 동의하는 것과 그 답이 진리라고 느끼는 것은 다르다. 세상, 정욕, 사탄이 이루는 불경한 삼위일체는 우리로 하여금 세상과 타인의 잘못에만 집중하게 함으로써 정작 우리 안의 잘못된 것에 대해서는 주의를 기울이지 않게 한다. 우리는 세상이 우리에게 준 마음의 고통이 우리의 영혼 안에 존재할지 모르는 어떤 악보다 더 깊다고 느낀다. 죄에 맞서는 것보다 고통을 해결하는 것이 좀더 옳은 일이며 심지어 윤리적이라고 생각한다.

죄에 대한 이러한 새로운 인식으로 인해, 기분이 좋아지는 데 필요한 노력은 무엇이든 정당화된다. 그래서 우리의 가장 큰 문제는 약해진 자기 사랑이며, 타인들이 우리를 제대로 사랑해 주지 않은 결과라고 규정한다. 타락한 인간인 우리는 우리의 가장 큰 실패가 스스로 사랑받기에 합당하지 못하다고 여기는 것이라 믿는다. 따라서 자기 유익에 충분히 전념하지 않는 것은 자기 자신에게 죄를 짓는 것이다. 이제 '나답게' 사는 것, 우리가 스스로에 대해 어떻게 느끼는지에 따라 사는 것이 도덕률이 되었다. 죄에 대한 이러한 새로운 인식은 우리의 귀를 예수님의 오래된 이야기, 은혜로 구원받은 죄인들의 이야기, 하나님의 선하고 참된 이야기에서 멀어지게 한다.

때로 나는 이 네 번째 질문에 대한 답을 통해 회개의 필요를 제거하는 것이 사탄의 가장 큰 야욕이 아닐까 생각하곤 한다. 죄를 회개하고 있다고 생각하지만 사실은 실패를 정당화하고 있을 때, 사탄이 사악한 즐거움을 만끽하는 장면을 상상해 본다. 우리는 "잘못을 시인하고 아버지께 용서를 구합니다"라고 말하지만, 자신을 향해서는 다음과 같이 덧붙인다. '그렇지만 내가 다른 사람에게 잘못한 것보다 그들이 나에게 더 큰 잘못을 저지른 적이 훨씬 더 많아. 정말로 회개해야 할 사람은 나보다 그 사람들이라고.'

사탄은 교묘하게 속인다. 나는 그가 이렇게 속삭이는 것을 들은 적이 있다. "다른 사람에게 저지른 너의 죄 때문에 네가 곤란에 빠졌어. 곤란에서 빠져나와 삶을 즐기기 위해 회개하렴." 그의 말을 듣는다면, 나의 회개는 하나님께 중대한 죄를 범했음을 인식하는 비통함이라고는 전혀 없이 내가 원하는 것을 얻고자 교묘하게 이용하는 수단이 되고 만다. 거짓 회개의 핵심은 예수님의 용서하시는 사랑을 타인에게 마음껏 드러낼 수 있도록 그분과의 친밀감을 회복하는 데 있지 않다. 거짓 회개는 오직 나를 위한 더 나은 삶을 회복하는 것이 목적이다.

사탄은 회개하지 않는 것보다 거짓 회개를 훨씬 더 좋아한다. 당신은 거짓 회개가 익숙할 것이다. 나 역시 그렇다. 우리의 선택이 우리를 비참하게 만들었다. 우리의 선택이 죄였다고 생각하는 이유는 그것이 우리를 비참하게 만들었기 **때문이다**. 그 이유 때문에 우리는 회개한다. 곤란에서 벗어나는 것이 가장 높은 목적이다. 1600년대 청교도 작가였던 토마스 왓슨(Thomas Watson)은 놀라운 통찰로 거짓 회개의 거짓됨을 폭로한다. "고통과 곤란함이 회개의 충분조건이라면, 지옥에 떨어진 저주받은 이들이 가장 진실하게 참회하는 자들이 될 것이다. 그들이야말로 가장 큰 괴로움 속에 있기 때문이다."[2]

여기에 부가적 개념을 첨가하고자 한다. 왓슨은 저서 『회개』(*The Doctrine of Repentance*, 복있는사람)에서 거짓 회개가 다루지 못하는 죄의 실상을 매섭게 폭로한다. 현대 사람들이 듣기에, 죄에 대해 이 책이 이해하는 방식은 맥이 빠지게 하거나 심지어 억압적일 수 있다. 그런데 왓슨은 서문 마지막에 서명을 하면서 "여러분의 행복을 진정으로 바라는 사람"이라고 썼다.[3] 그는 죄성에 대한 깊은 자각이 기쁨을 제거하기는커녕 오히려 기쁨을 더 가져온다고 생각했을 것이다.

청교도를 행복의 적으로 그리는 것은 부당한 처사다. 청교도는 홍을 깨는 사람이라고 굳게 믿는 한 비평가는 다음과 같이 논평했다. "청교도가 곰 사냥을 싫어하는 것은 사냥이 곰에게 고통을 주어서가 아니라 그것을 구경하는 사람들에게 기쁨을 주기 때문이다."[4] 그러나 잘 알려진 청교도인 리처드 십스(Richard Sibbes)는 "사역의 궁극적인 목적은 사람들의 영혼에 압제를 가하거나 그들을 찌르고 빈죽거리는 것이 아니라,…**그들의 기쁨을 위한 조력자가 되는 것, 곧 여기서는 기쁨이라 표현한 그들의…행복을 돕는 것이다.**"[5]

현대의 청교도이기를 바라는 나는 죄를 보면서 하나님을 향한 악한 모욕으로 인식하고 비통해하는 것이야말로 진정한 회개로 이끌어 간다고 믿는다. 그리고 이것만이 예수님의 행복을 누릴 수 있게 하는 유일한 길이라고 믿는다. 영성 신학의 네 번째 질문에 죄를 비난하는 답을 할 때 오히려 기쁨이 마음껏 실현될 문이 열린다. 그때 비로소 우리의 진정한 정체성에 따라 나답게, 곧 성령에 의해 사랑하는 사람으로 변화되고 있는 용서받은 죄인으로 살 수 있다. 다음 몇 장에서는 우리가 나쁘다고 느끼는 것이 어떻게 기쁨으로 이어지는지 더 자세히 살펴볼 것이다. 좋은 소식이 정말로 좋은 소식으로 들리는 곳은 거기다.

다윗은 간음을 저질렀다. 자신의 쾌락을 위해 밧세바를 이용하였고 그녀에게 죄를 지었다. 그녀의 남편을 죽여서 그녀의 남편에게도 죄를 지었다. 자신이 수치를 당하지 않으려고 계략을 꾸며 우리야를 죽게 한 것이다. 그러나 다윗은 자신의 죄를 깨닫고 그것을 고백하면서, 하나님께 다음과 같이 시인했다. "주님께만, 오직 주님께만 나는 죄를 지었습니다. 주님의 눈앞에서 내가 악한 짓을 저질렀으니…"(시 51:4). 그런데 나는 과연 밧세바의 아버지나 우리야의 형제도 다윗의 말에 동의했을지 궁금하다.

다윗이 하나님께 저지른 죄의 심각성을 드러낸다고 해서, 그가 능욕한 여인과 살해한 남자에 대한 죄의 악함이 줄어드는 것이 아니다. 오히려 간음과 살인의 사악함 아래 더 끔찍한 악이 숨어 있음이 폭로된다. 즉 하나님을 비롯한 다른 모든 이보다 다윗은 자신의 이익을 먼저 추구했고, 하나님의 사랑이 담긴 지혜 대신 사탄의 기만적 어리석음을 따라갈 만큼 교만했음이 드러난다.

지난 2주 동안 나는 수없이 많은 회개의 노력에도 불구하고 여전히 나 자신의 안녕에만 전념하고 있음을 새로운 눈으로 보게 되었다. 내가 진정한 회개라고 확신했던 것이 사실은 내가 가장 즐기는 죄를 다시 탐닉하지 않겠다며 결심을 불태우는 것에 지나지 않았음을 깨달았다. 결국 아무런 효과가 없었다. 왜일까? 내가 성령의 능력이 아닌 나 자신의 노력에 의존하고 있지 않았나? 성령의 능력은 진정한 회개, 즉 내 자신의 고통에 대한 분노가 아닌 하나님께 죄를 지은 데 대한 상한 심령을 통해서만 오는 것 아닐까? 지속적으로 유혹을 이기는 것은 더 잘 사랑하기 위해 죄와 싸움을 시작할 때만 가능해지는 것 아닐까?

죄에 대한 옛 인식을 회복하는 것은 참된 회개를 가능하게 한다. 참된 회개는 다시는 죄를 짓지 않겠다는 더 강력한 결심을 낳는 것이 아니라, 유혹을 이기는 데서 오는 더 큰 기쁨을 열렬히 갈망하게 한다. 좁은 길 위에서 살아가는 삶이 점점 더 매력적으로 다가오게 한다. 나에게 더 잘 사랑하고 죄를 이길 수 있는 기회가 선물로 주어진다는 것을 깨닫게 한다.

기쁨과 자유를 가져오는 회개는 죄를 바르게 이해하고 회개의 필요성을 인식할 때만 가능하다. 우리는 네 번째 질문, '**무엇이 잘못되었는가**'에 대한 하나님의 답을 들어야 한다. 그러나 앞선 세 질문에 대한 하나님의 답이 네 번째 질문을 더 진지하게 묻게 한다는 것을 분명히 볼 수 있을 때, 비로소 네 번째 질문에 대한 하나님의 답을 들을 수 있다.

간략하게 상기해 보자.

질문 1: **하나님은 누구신가**? 답: 잔치가 열린다! 그분은 사랑으로 관계를 맺으시는 분이기 때문에, 세 위격의 공동체를 전적으로 즐거워하는 관계적인 하나님이시다.

질문 2: **하나님의 관심은 무엇을 향하는가?** 답: 그분은 우리를 그 잔치에 초대하심으로써 고난을 견디며 희생하는 자신의 사랑을 드러내고 계신다! 그분은 우리가 하나님의 거룩한 관계적 성품의 리듬에 맞추도록 우리를 이끌어 가고 계시며, 우리가 예수님처럼 사랑할 수 있도록 축복과 고난의 시절을 통해 우리를 성숙시켜 가고 계신다.

질문 3: **우리는 누구인가?** 답: 하나님의 관계적 형상을 지니고 있으며, 따라서 하나님을 즐거워하고 예수님처럼 사랑할 수 있는 잠재력을 지닌 남자와 여자다.

그렇다면 우리는 모든 것이 선하다고 추정할 수 있다. 하나님은 선하시다. 그분의 계획도 선하다. 그리고 우리에게도 선한 존재가 될 능력이 있다. **그런데 우리는 선하지 않다.** 뭔가가 잘못된 것이다. 무엇일까?

※ ■ ※

왜 죄는 그렇게 자주 매력적으로 보이며, 나의 안녕이나 내가 가장 원하고 필요로 하는 것이라 믿는 것을 충족시키기 위해 불가피한 것처럼 보이는가? 성 중독, 강박적 다이어트 또는 과식, 더 이상 거부당하지 않으려는 자기 보호, 정당해 보이는 원한 등 잘못된 것임을 아는 이런 것들이 왜 그토록 옳게 느껴지는가? 답은? **나에게는 어떤 존재가 되도록 창조되었는가의 문제보다, 어떤 느낌**

을 느끼도록 창조되었는가의 문제가 더 절실하기 때문이다. 그렇게 되면 내 선택의 동기는 진리가 아닌 감정이 된다.

나는 불완전하다고 느낀다. 나는 그리스도 안에서 **완전하다**. 그러나 나는 혼자서는 완전한 존재로서의 경험을 하지 못한다. 바울처럼 나는 신음한다. 아직은 가능하지 않은 완전한 만족을 경험하기를 갈망한다. 때로 상처 입고 걱정하며 두려워한다. 분노와 쓴 뿌리까지 내 안에서 들끓는다. 자주 무능하다고 느낀다. 그리고 그것이 단지 느낌만은 아니라는 것도 안다. 나는 실제로도 **무능하다**. 나는 내게 없는 힘, 내 안에 존재하지 않는 원천에 의존하고 있다.

따라서 나는 하나님의 도움이 있으면 있는 대로, 없으면 없는 대로 슬픈 상황에 처한다. 하나님을 향해 주먹을 추켜세운다. 슬픔을 견딜 수가 없는 것이다. '**하나님, 안 보이세요? 상관도 하지 않으시는 겁니까? 저는 이 외로움을 견딜 수가 없어요. 저를 위해 뭔가 해 주셔야 한다구요.**' 나의 갈급함은 요구가 된다. 나의 가장 큰 문제는 고통이다. 하나님은 그것을 위해 뭔가를 하셔야만 한다.

하나님께 고통을 제거해 달라고 요청하는 것은 너무 당연한 일처럼 보인다. 내가 신장 결석으로 통증에 시달리고 있을 때 의사는 친절하게 나를 안심시켰다. "당신의 고통보다 우리가 가진 약이 더 많습니다." 그러나 다른 무엇보다도 영혼의 고통을 가장 크게 인식하면서 하나님 앞으로 나아갈 때, 그분은 이렇게 말씀하신다. "회개하라!" 그렇다면 무엇을?

성인이 되신 그리스도가 처음 하신 말씀으로 기록된 것은 "너의 죄를 회개하[고 하나님께 돌아서라]"였다(마 4:17). 무엇을 위해 하나님께 돌아서라는 것인가? 나는 고통에서 해방되기를 원하는데, 그분은 용서를 주신다. 그분이 제자들에게 마지막으로 하신 말씀은 모든 민족에게 "그의 이름으로 죄사함을 받게 하는 회개"가 있음을 전하라는 것이었다(눅 24:47). 그것이 내가 가장 원하는 것인가? 내게 가장 필요한 것이 용서라는 것을 깨달았는가?

고통에 대한 분노보다 죄에 대한 슬픔을 더 절실히 느끼기 전까지는 용서에 대한 그리스도의 약속이 그다지 반갑지 않을 것이다. 로마서에서 바울이 예수님의 복음을 설명하기 시작하는 부분을 읽어 보라. "하나님의 진노가…을 겨냥하여 하늘로부터 나타납니다"(롬 1:18). 무엇을 겨냥하여 나타나는 것인가? 최근 혈액 검사로 알게 된 내 몸에 남아 있을지 모르는 암 덩어리? 결혼 생활에서 당신이 받는 스트레스? 자녀로 인해 무너진 마음? 계속되는 우울증과의 싸움? 실패한 사역?

당신이 울 때 하나님도 함께 우신다. 그분은 우리의 연약함과 슬픔에 마음 아파하신다. 우리의 고통스러운 현실과 멀리 떨어져 계시지 않다(히 4:15을 여러 번역으로 읽어 보라. 각 번역이 다르게 표현하고는 있지만 공통적으로 하나님이 우리와 함께 아파하신다는 것을 분명히 드러낸다). 그러나 우리의 고통에 **공감**하시는 그분은 또한 우리의 죄에 **분노**하신다. 그러나 우리를 정죄하지 않으신다. 우리 대신 예수님이 정죄를 당하셨기 때문이다. 그러나 여전히 그분은 우리의 죄에 대해서는 분노하신다. 죄를 미워하신다. 그분이 엄청나게 먼 길을 건너와 우리에게 주려고 했던 기쁨을 죄가 가로막기 때문이다.

우리는 이 점을 분명히 해야 한다. 고통이 끝날 것은 약속된 것이다. 그러나 그것은 **나중** 일이다. 지금 요구되는 것은 죄에 대한 회개다. 왜 그러한가? "하나님의 진노가…온갖 **불경건함**과 **불의함**을 겨냥하여 하늘로부터 나타[나기]" 때문이다(롬 1:18). 우리의 상함은 그분의 자비를 이끌어 낸다. 우리의 패역함은 그분의 거룩함을 침해한다.

나는 하나님이 바울을 통해 우리에게 무엇이 잘못되었는지 분명하게 요약해 주시는 것을 듣는다.

- **불경건함**: 하나님이 누구신지, 곧 선한 모든 것의 원천이시며 우리 마음이 갈망하는 모든 것을 공급해 주시는 분임을 부인하는 것이다. 우리는 이것을 부인하여 즉각적으로 기분을 좋게 해 주는 것들에서 행복을 찾으려 한다.
- **불의함**: 선한 하나님이 가장 관심을 두시는 일, 곧 평생 **생명**에 이르는 좁은 길을 걸으면서 예수님처럼 관계를 맺도록 성숙하는 일을 가장 귀하게 여기고 깊이 신뢰하기를 거부하는 것이다.

계속되는 우리의 불경건함과 불의함은 우리를 넓은 길로 이끈다. 사람은 하나님의 형상을 지닌 존재이자, 그분의 거룩한 성품의 리듬에 맞추어 하나님 그리고 다른 이들과 관계를 맺음으로써 하나님을 즐거워하도록 창조된 존재인데, 넓은 길에서는 그런 우리의 잠재력을 실현시키는 것이 불가능하다. 우리가 영성 신학 네 번째 질문에 대한 사탄의 거짓 대답을 믿는다면, 처음 세 질문인 하나님은 누구시고 그분의 관심은 무엇을 향하며 우리는 누구인지에 대한 옳은 답을 갖고 있을지라도, 우리는 예수님의 행복을 누릴 수 없다. 설명해 보겠다.

로렌(가명)은 어렸을 때 성적으로 학대를 당했다. 어른이 된 그녀는 자신의 상처받은 마음에 딱딱한 보호막을 두르고 있다. 그리스도인인 그녀는 예수님을 사랑하기 원하지만, 더 이상 고통을 받는 것이 두렵다. 그녀의 두려움은 딱딱하게 굳어 하나의 신념이 되었다. **'나는 다시는 그렇게 상처받지 않을 거야.'** 자신은 의식하지 못하는 이러한 신념은 그녀의 부드러운 마음을 마비시켜 버렸다. **'나는 사랑할 수 없어. 내 안에는 사랑이 없어. 나는 내가 두려워하는 상처를 다시 받을지 모를 위험을 감수하지 않겠어.'**

그러나 그녀의 영혼 안에는 하나님의 성품이 자리 잡고 있다. 더 이상 상처받지 않을 것이라는 확신을 가지고 다른 이들을 대할 수는 없을지 모른다. 그러나 그녀는 예수님처럼, 상대방이 어떤 사람이 될 수 있을지에 대한 비전을 가지고 그 사람을 대할 수는 있다. 또한 더 나은 사랑, 고난을 당할 때조차 그치지 않는 사랑, 아들의 성품을 드러내기 때문에 아버지가 기뻐하시는 사랑을 위한 싸움을 시작함으로써, 확신 가운데 그 비전을 다른 이들에게도 권할 수 있다.

나 역시 로렌과 다르지 않다. 다른 이유, 다른 방식으로 나 역시 성령을 근심하게 하며 소멸시키기도 한다. 끈질긴 불경건함과 불의함, 사도 요한이 말하는 대로 내 안에 여전히 남아 있는 죄(요일 1:8)는 하나님을 **신뢰**하고(경건함) 그분께 **순종**하게 하며(의로움)

예수님 외에 행복을 누릴 수 있는 다른 길은 없음을 깨닫게 하시는 성령의 능력이 들어오는 것을 자주 가로막는다.

무엇이 잘못되었는가? 예수님만 다루실 수 있는 내 안의 핵심적 문제는 무엇인가? 내가 드러내고 고백할 때 진정한 회개로 이끌어서 자유를 주는 것은 무엇인가?

사탄의 답: **고통**. "그것이 너의 가장 큰 문제다. 하나님이 너의 고통을 제거해 주시고 어려운 상황을 해결해 주시리란 것을 신뢰하라. 네 자신을 돌보지 못하게 만드는, 네게는 행복할 자격이 없다는 생각을 회개하라. 그때 비로소 네가 당연히 누려야 할 행복을 경험할 수 있을 것이다. 다가오는 고통으로부터 이제 최선을 다해 스스로를 보호하라. 무엇이든 더 나은 기분을 느낄 수 있게 해 줄 만한 것을 추구하라. 자신의 안녕을 위해 합당한 헌신을 행하는 사람으로, 진정으로 너답게 살아라. 그것이 하나님의 뜻이다."

하나님의 답: **죄**. "그것이 너의 가장 큰 문제다. 내가 너를 용서한다는 것을 믿어라. 분명히 그렇게 할 것이다. 내가 너를 바꾸리라는 것을 믿어라. 분명히 그렇게 할 것이다. 여전히 네 안에 있는 자기중심성—나는 너를 사랑하기에 이것을 미워한다—**그리고** 나의 영이 너의 가장 깊은 내면에 심어 놓은 희생적 사랑—내가 이것을 좋아하는 이유는 내가 누구인지 정의해 주기 때문이다—**사이에서** 싸움을 시작하라. 자기중심성의 죄, 관계적 죄, 거룩함보다 안락함을 더 중요하게 여겨서 내 아들처럼 관계 맺지 못했던 잘못을 회개하라. 고통에서 해방되기를 요구하지 마라. 나를 향해 돌아서라. 나의 아들처럼 사랑하는 법을 배워라. 그러면 그가 누렸던 기쁨을 알게 될

것이다. 약속한다."

'하나님, 무슨 말씀인지 알겠습니다. 그 말씀에 동의합니다. 저의 문제는 죄입니다. 제 힘으로는 그것을 감당할 수 없습니다. 과연 제가 당신이 보시는 것만큼 제 자신의 죄를 나쁘게 보고 있는지조차 모르겠습니다. 제발 저에게 분명하게 말씀해 주세요. 자세하게 설명해 주세요. 해결책이 무엇입니까?'

이것이 영성 신학의 다섯 번째 질문이며, 사탄은 이 질문에 대해서도 우리에게 나쁜 답을 들려준다. 우리는 하나님의 답을 들어야 한다. 그러나 다섯 번째 질문으로 넘어가기 전, 우리 안에 있다는 것을 자주 인식하지 못한 채 매일 저지르는 죄, 곧 **관계적 죄**를 다시 한 번 조명하고자 한다.

필은 어려운 성경 본문을 읽을 때 주님이 주시는 풍성한 통찰에 대해 신이 나서 아내와 나누려고 한다. 그러나 아내는 별 관심을 보이지 않는다. 아내가 예의 바르게 웃으면서 "당신이 성경 공부를 하면서 좋은 시간을 보내고 있다니 기쁘네요"라고 말할 때, 그는 그녀에게 실망할 뿐 아니라 무시당한다고 느낀다.

필의 아내는 남편이 그의 자아를 치켜세워 주도록 요구한다고 느껴서 무미건조하게 반응하는 것일지 모르는데, 필은 그런 생각을 하지 못한다. 아니면 아내는 필의 그런 열정이 그녀에게 향하기를 바라고 있을 수도 있다. 혹은 성경에 대한 그의 통찰 때문에 그녀가 위축되어 남편이 그녀를 얕잡아 보지는 않을까 걱정했을 수도 있다.

이때, 필은 다음과 같이 물을 수 있다. "여보, 나를 신나게 만든 말씀에 대해 내가 당신에게 나눌 때, 당신 안에서 어떤 일이 일어나는지 말해 줄 수 있겠어?" 그러나 필은 불쾌한 감정을 적당히 감춘 채 아내에게서 멀어질 수도 있다. **그렇게 하는 것은 관계적 죄다.**

헤일리는 어린 소녀였을 때 아버지에게 버림받았고 어머니가 마지못해 그녀를 길렀다. 대학 시절 그녀는 예수님을 구세주로 영접했다. 서른두 살이 되었을 때에 그녀의 꿈이 이루어졌다. 근사한 그리스도인이 그녀에게 청혼을 한 것이다. 그런데 남자는 결혼 2주 전에 자동차 사고로 죽었다. 그녀는 참을 수 없는 외로움에 시달렸다. 마음의 고통이 자신의 인생을 규정하고 있다고 생각했다. 친구들이 애처로워하며 그녀에게 다가올 때마다 그녀는 자신의 슬픔에 대해서만 말했다. 그녀는 자신이 다른 사람들은 거의 느껴보지 못했을 엄청난 외로움을 홀로 견디는 고귀한 인내심의 소유자이며 이를 찬양받아야 한다고 여겼는데, 친구들은 이렇게 찬양을 '이끌어 내려는' 그녀로 인해 금세 지쳤다. 그녀가 하는 이런 **'이끌어 내려는 것'이 관계적 죄다.**

예수님은 이 세상에서 33년간 살면서 그가 무엇을 견뎌야 했든 무엇을 느꼈든, 늘 다른 이들을 대하는 방식을 통해 거룩한 사랑의 영광을 드러내셨다. 그러나 나와 당신은 늘 하나님의 관계적 영광에 온전히 미치지 못한다. 예수님은 회개하실 이유가 없었다. 그러나 우리는 있다. 그것도 날마다 말이다.

17장   다섯 번째 질문

하나님은 우리의 문제를 위해 무슨 일을 하셨나?

이 꿈에서 깨어났을 때, 그는 엄청난 슬픔에 사로잡혔다. 인생을 가치 없고 무의미하게 허비한 것 같았다. 그에게는 없어서는 안 될 것도, 어떤 식으로든 소중하고 가치 있는 것도 없었다. 그는 해변에서 조난당한 사람처럼 홀로 서 있었다.

_헤르만 헤세[1]

싯다르타, 방금 인용한 헤르만 헤세(Hermann Hesse)의 소설에 나오는 주인공 남자는 끔직한 현실과 마주한다. 꿈속에서 매일 아침마다 그에게 노래하던 종달새가 더 이상 노래하지 않는다. 종달새는 목소리를 잃었고, 음악은 더 이상 들려오지 않는다.

싯다르타는 자신이 알았던 모든 선하고 의미 있는 것이 사실은 죽어 있었음을 깨닫고 꿈에서 깨어났던 것이다. 부를 수 있는 노래가 없었다. 행복은 사라졌다. 헤세는 우리에게 그 남자가 비탄에 잠겼고 아무런 희망도 없이 어깨가 축 처진 채로 한때 그토록 즐거움을 느꼈던 정원에서 걸어 나왔다고 말한다. 남자는 자신이 다시는 그곳으로 돌아가지 않을 것을 알고 있다. 정원의 새도 다시는 노래하지 않을 것이다. "그는 그것과 결별했다. 그것 역시 그 안에서 죽었다. 그날 밤 싯다르타는 자신의 정원과 마을을 떠났고, 다시 돌아오지 않았다."[2]

운이 좋아서 하나님이 우리에게 가혹한 자비를 베푸신다면, 우리는 삶이 주는 익숙한 것과 모든 좋은 것에서 우리가 누리고 싶어 하는 행복을 더 이상 발견할 수 없는 지점까지 밀려날 것이다. 이제 우리는 갈림길에 서 있다. 남은 인생을 불행 속에서 보내든지, 우리가 일반적으로 구하는 것과는 다른 종류의 행복인 예수님의 행복을 알게 되든지 둘 중 하나다. 하나님은 자기 백성을 고난의 계곡으로 이끄신 뒤 거기서 소망에 이르는 문을 볼 수 있는 눈을 열어 주신다고 말씀하신다(호 2:15을 보라). 우리가 알던 종달새가 더 이상 노래할 수 없을 때, 우리의 유일한 희망은 새로운 종달새가 부르는 새로운 노래를 듣는 것이다. 한때 하찮은 욕망을 만족시킴으로써 발견했던 행복 밑으로 우리 영혼 깊은 곳에 묻혀 있는 달래지지 않던 갈망이 드러나고 있다. 오직 예수님만 그 갈망에 대해 말씀하실 수 있다.

환상의 순간을 마음껏 즐겨라. 프랑스의 철학자 블레즈 파스칼이 자기 정원을 떠나려던 싯다르타와 우연히 함께 걷게 되었다고 가정해 보자. 파스칼은 인간의 상태에 대해 다른 누구보다 심오하게 고찰했다. 그는 "우리의 불행을 깨닫고 하나님에 대해 아무것도 모르는 자에게는 순전한 절망밖에 없다"고 썼다.[3] 그리고 다음과 같이 덧붙인다. 예수 그리스도 안에서 "우리는 인간의 비극과 하나님을 동시에 발견한다."[4] 나는 파스칼이 우리 모두를 향해 썼던 것을 싯다르타에게도 똑같이 말해 주는 장면을 상상한다.

> 하나님을 아는 지식 외에는 선한 것이 없다는 사실은 분명해 보입니다. 그 지식에 가까이 갈수록 더 행복해지며 그 지식에서 멀어질수록 더 불행해집니다.[5]

또 다른 위대한 사상가 자크 엘륄(Jacques Ellul)이 이 대화에 참여한다고 상상해 보라. 틀림없이 싯다르타에게 다음과 같이 말할 것이다.

> 예수 그리스도가 주는 소망은 후추 약간과 겨자 한 숟가락 정도가 아닙니다. 본질적이고 기본적인 음식 그 자체, 곧 빵과 포도주입니다. 그것 없이 모든 지식은 망상이며 모든 행동은 환상일 뿐입니다.[6]

빵과 포도주. 어째서 엘륄은 예수 그리스도의 소망을 절박하게 배고픈 이에게 더 필요할 것 같은 고기와 감자를 주는 것이라고 말하지 않는가? 왜 영양뿐 아니라 즐거움을 더해 주는 애플파이 한 조각이 아닌가? 그렇다. 이유는 이것이다. 빵과 포도주를 주는 것은 아주 특별한 기회를 잡는 것이 될 수 있기 때문이다. **하나님 이외의 다른 모든 행복의 원천이 막혔을 때, 우리가 기대했던 종달새가 더 이상 노래할 수 없게 된 그때, 비로소 우리는 영양분 가득한**

식사인 빵과 포도주를 즐길 준비가 된 것이다.

빵은 즐거움을 맛보도록 고안되었던 모든 신경에 말단까지 고통만 전해져 올 만큼 잔인하게 찢긴 예수님의 육신을 상징한다. 포도주는 삶에서 사랑을 제외한 모든 좋은 것을 비우려고 예수님이 쏟아 낸 피를 상징한다. 예수님은 우리의 악함 때문에 벌을 받으셨고, 당신과 내가 하나님의 공동체에 일원으로 환영받으며 하나님의 사랑으로 생명을 얻어 그 사랑을 다른 이들에게 드러내게 하시려고 죽음을 택하셨다. 그리고 이제, 우리가 관계적으로 하나님을 드러낼 때 하나님을 인격적으로 아는 데서 오는 행복, 다른 모든 행복이 사라지더라도 결코 사라지지 않는 행복이 우리 영혼에 차오른다. **싯다르타의 문제에 대한 답은 빵과 포도주다.**

❈ ❈ ❈

우리의 문제에 대한 하나님의 답은 예수님의 죽음이다. 하나님은 우리의 문제를 위해 무슨 일을 하셨나? **그분은 자신의 아들을 죽게 하셨다.** 그러나 우리가 찾는 행복이 만족스러운 관계, 넉넉한 수입, 좋은 건강이나 성공적인 목회와 같은 부차적 행복이라면, 예수님의 죽음은 무력하고 부적절하며 우리를 위해 아무 소용도 없는 일처럼 느껴질 것이다. 우리는 그저 축복이라는 익숙한 노래를 끊임없이 불러 줄 종달새를 원할 뿐이다.

하나님은 우리가 바라는 것이 너무 빈약하다고 여기신다. 우리는 하나님이 비협조적이라고 여긴다. 우리는 더 나은 직장, 더 좋은 건강, 더 멋진 결혼 생활, 더 잘 맞는 친구를 위해 기도한다. 모두 좋은 기도다. 그러나 더 높은 것을 구하는 기도가 빠져 있다면 이 것들은 더 이상 좋은 기도가 아니다. 이 생애에서 예수님은 우리가 구하는 부차적인 것들 중 어떤 것도 약속하지 않으셨다. 물론 그중 많은 것을 자주 허락하시지만 말이다. 그분은 자신의 생각에 더 나은 것, 즉 갈급한 우리 영혼이 기쁨을 알게 할 기회를 주고자 하신다. 그 기쁨이란 하나님을 친밀하게 앎으로써, 다른 사람들에게 하나님이 들려주시는 이야기를 드러낼 때 삼위일체의 리듬에 맞춤으로써 알게 되는 기쁨이다. 그러나 나는 예수님이 주시는 이 기회가 더 나은 것임을 믿기 위해 여전히 갈등한다. 왜 그러한가? 왜 나는 다른 사람을 더 나은 사랑으로 사랑하는 것보다, 더 나은 직장, 더 좋은 건강, 더 멋진 결혼 생활, 더 잘 맞는 친구들로 이루어진 공동체를 더 원하는가?

나는 종달새의 노래처럼 들려오는 사탄의 목소리를 듣고 있지는 않은가? 타인을 사랑하는 데서 발견하는 행복에는 관심이 생기지 않을 정도로 내 삶이 잘 돌아갈 때 오는 행복에 안주하는 것은 아닌가? 그렇다면 내가 느끼는 현실에는 예수님의 죽음으로 감싸인 하나님의 좋은 소식이 들려올 리 만무하다. 계속되는 축복의 선율만 노래하는 새소리를 듣고 있다면, 우리는 다른 어떤 음악도 듣지 못할 위험에 처한다. 그리고 그 새가 더 이상 노래하지 않을 때 다시 좋은 시절을 노래하는 그 새소리만을 원할 것이고, 그때 예수님의 복음은 아무 의미도 없는 것이 되든지 아니면 그것을 왜곡하여 예수님은 우리가 바라는 것들을 분명 이루어 주실 것이라는 거짓 소망 안에서 살아갈 것이다.

당신이 지혜로운 사람이라면 당신 인생에서 더 이상 노래하지 않는 새는 어떤 새인지 스스로 물어보라. 당신이 행복을 발견하고자 했던 인생의 좋은 것들 중 지금 당신에게 고통만 안겨 주는 것은 무엇인가? 배우자일 수도 있고 자녀나 친구일 수도 있다. 다른 수많은 사람과 마찬가지로 당신 역시 싯다르타처럼 조난을 당해 해변에 홀로 서 있는 사람같이 느껴질 수도 있다. 그렇다면 자기 방어적인 무감각 상태로 도피하려 하지 마라. 당신이 느끼는 고통은 절망의 문을 열어 주기도 하고, 희망의 문을 열어 주기도 한다. 그리고 그때 희망으로 가기 위해서는 빵과 포도주를 먹고 마셔야 한다.

나는 70년 넘게 살아오면서 마치 깊은 바다가 나를 삼켜 버리는 것 같은 비통한 일과 실패를 수도 없이 경험했다. 믿음이 약해지거나 완전히 사라질 정도로 뜨거운 불을 통과해야 할 때도 있었다. 나는 묻고 또 물었다. '하나님은 **정말로** 선하신가?' 하나님은 나의 간구를 듣지도, 나를 도와주지도 않으시는 것처럼 느껴졌다. '**하나님은 내가 이렇게 큰 상처를 받고 이토록 괴로워하고 있는 것에 관심은 있으실까? 알고는 계실까?**'

고통에 대한 감각을 마비시키는 대신 의도적으로 그것을 느끼도록 나 자신을 열어 놓을 때, 나는 하나님이 말씀하시는 것을 듣는다. "**내가 너를 속량하였으니 두려워하지 말아라.**" 나는 그분의 말씀이 위로를 주며 어려움 가운데서도 쉼을 얻도록 도와준다는 것을 안다. 그러나 여전히 나는 친숙한 새소리가 다시 들려오고 마음을 들뜨게 하는 축복이 찾아오기를 원한다. 하지만 그런 기도는 계속 응답되지 않는다. 어려운 시기가 이어진다. 교회에서 "오 십자가, 놀라운 십자가"라고 찬양할 때면 희미한 희망이 솟아나는 것 같기도 하지만, 찬양이 끝나면 곧 사그라지고 만다.

하나님은 계속 말씀한다. "**내가 너를 지명하여 불렀으니 너는 나의 것이다.**" 그렇다면 왜 하나님은 나에게 더 잘 해 주시지 않는가? 행복을 느끼게 해 줄 좋은 일들이 일어나게 해 달라는 내 기도에 응답하지 않으시는가? 하나님의 말씀은 현실적이기보다 종교적인 말에 불과하며, 듣기 좋지만 실질적인 도움은 되지 않는 말처럼 들린다. 나는 정말로 좋은 식사가 필요하다. 그런데 하나님은 빵과 포도주를 내미신다.

그때 영성 신학의 네 번째 질문에 대한 하나님의 답을 떠올린다. 하나님 보시기에, 나의 가장 심각한 문제이자 진정한 기쁨에 대한 모든 소망을 파괴하는 문제는 나를 향해 좋은 일들이 오고 있지 않다는 사실이 아니라 내 안에 있는 악한 것이다. 즉 나의 마음을 아프게 하는 일들이 아닌 내 마음의 완고함이 문제다. 기쁨을 가져오는 것에 대한 나의 잘못된 이해가 인생의 모든 것이 잘 돌아가고 다른 이들이 나를 잘 대해 주어야 한다는 자기중심적 요구를 정당화하는 것이 나의 진짜 문제다. 네 번째 질문에 대한 하나님의 답을 숙고할 때, 만약 내가 회개한다면—진정으로 회개한다면—어떤 일이 **일어날지** 궁금해진다. 종달새가 다시 노래를 들려주고 예수님의 죽음이 아닌 다른 것에서 행복의 근원을 찾을 수 있어야 한다는 내 요구에 대해 회개한다면 말이다.

✣✤✣

내가 가장 갈망하는 행복은 예수님 안에서만 얻을 수 있음을 믿는다면, 땅에 속한 축복이 아닌 예수님이 주시는 하늘로부터 오는 생명에서 오는 것임을 위험을 감수하면서도 믿는다면, 어떤 일이 **일어날 수 있을까**? 행복에 대한 모든 소망을 하나님의 사랑과 예수님처럼 사랑할 기회에 전부 건다면 어떤 일이 **일어날까**? 그동안 나는 예수님이 공급하시는 단단한 바위, 곧 내 삶이 무너지지 않게 지탱해 줄 견고한 토대를 무시한 채 모래 위에 인생의 집을 짓고 있었던 것인가?

하나님의 노랫소리가 들려오기 시작한다. "네가 물 가운데로 건너갈 때에, 내가 너와 함께하고, 네가 강을 건널 때에도 물이 너를 침몰시키지 못할 것이다. 네가 불 속을 걸어가도 그을리지 않을 것이며, 불꽃이 너를 태우지 못할 것이다"(사 43:2).

그런데도 여전히 나는 저항한다. 홍수로 넘친 물이 목까지 차오른다. 불이 집을 태우고 있다. 나는 겁에 질렸고 화가 났으며 상처를 입었다. 아직 나는 죽임당한 어린양에 관해 기쁨으로 노래하는 천국 찬양대에 낄 준비가 되지 않았다. 하나님은 내가 물 가운데로 지나갈 때 나와 함께하겠다고 약속하셨으면서, 어째서 쾌적한 초원에 이르는 마른땅으로 인도하지 않으시는가? 불이 나를 태우지 못할 것이라고 말씀하셨는데, 나는 이미 타고 있다. 어째서 그 불을 끄지 않으시는가? '아니에요, 하나님. 당신은 아직 저를 납득시키지 못했습니다. 다섯 번째 질문에 대한 당신의 답은 아직 저를 기쁘게 하지 않습니다.' 나는 조난당한 것 같다. 나야말로 싯다르타다. 하나님은 파스칼과 엘룰을 통해 나에게 말씀하시지만, 그들의 말로도 나는 아직 완전히 기쁘지 않다.

이 시점에서 앞서 말했던 것을 다시 한 번 상기하는 것이 좋을 듯하다. 이 책은 아직 끝나지 않은 한 편의 이야기다. 잘 정리된 메시지를 가지고 그것을 글로 잘 표현할 수 있을 것이라고 확신하며 이 책을 쓰기 시작한 것이 아니다. 아마도 나는 머릿속에 독자인 당신보다 더 불투명한 결론을 가진 채 마지막 장을 마칠지도 모른다. 한 문장 한 문장이 잘 정리된 강의의 일부이기보다는 중요한 여정에서 한 걸음씩 내딛는 모험처럼 느껴진다.

이 장을 쓰고 있는 순간에도, 책에서 언급하려고 계획하지 않았던 구절이 갑자기 떠올랐다. 예수님이 죽으셨을 때 일어난 일을 설명한 바울의 완성도 높은 가르침의 도입부에 나오는 구절이다. 이 구절을 나는 수천 번 **읽었지만**, 이제야 제대로 **들린다**.

> 나는 복음을 부끄러워하지 않습니다. 이 복음은…모든 믿는 사람을 구원하는 하나님의 능력입니다. (롬 1:16)

이 구절은 이렇게 번역되기도 한다.

> 나는 복음을 부끄러워하지 아니하노니 이는 믿는 모든 자에게 구원을 주시는 하나님의 능력임이라. (개역개정)

곧바로 두 가지 질문이 머릿속에 떠오른다. 첫째, 무엇으로부터 모든 사람을 구원한다는 것인가? 깊은 물이나 불타는 화염은 분명 아닐 것이다. 그것들을 통과할 수는 있지만, 그것들로부터는 아니다. 그렇다면 무엇으로부터 구원한다는 것인가? 앞 세대의 설교자들은 우리가 죄에 대한 형벌에서 구원받았고 죄의 권세로부터 구원받는 중에 있으며 죄의 존재 자체로부터 구원받을 것이라고 말하곤 했다. 이 세 가지 생각을 하나로 모으면 다음과 같은 결론에 이른다. **하나님은 능력으로 역사하셔서 그리스도를 믿는 모든 자들을 자기중심성이라는 끝나지 않는 형벌로부터 구원하여 근본적으로 타인 중심적인 존재, 즉 예수님처럼 사랑하는 존재로 만들어 가고 있다.** 예수님의 죽음은 이기심의 노예가 된 우리를 구원해서 더 나은 사랑을 위한 싸움을 시작하게 하고 그 싸움에서 영원하고도 완전히 이기는 그날까지 계속 싸울 수 있게 한다.

둘째, 바울은 실제로 일부 그리스도인이 복음을 부끄러워할 수도 있음을 염려하고 있는가? 나는 그렇다고 생각한다. 그러면 왜 그런 일이 일어나는가? 알지 못하는 사이에 **나 역시** 복음을 부끄러워한 적이 있을까? 혹시 지금도 그런 것은 아닌가? 물론 나는 예수님의 죽음을 값이 이미 지불된 내 천국행 표라고 생각한다. 분명 그러하고, 그래서 또한 감사하다. 그러나 이 땅에 살면서 갖가지 실망과 마음의 고통을 겪는 지금, 이 땅에서의 삶과 그분의 십자가는 아무 상관이 없는 것인가? 만약 그렇다면, 그분의 죽음은 내 영혼이 나아질 것만 보장하기 때문인가? 정작 나는 내 삶이 나아지기를 간절히 원할 때도 말이다.

예수님의 죽음에 초점을 맞춘 그분의 복음은 바울이 다마스 쿠스 도상에서 회심을 하던 순간부터 로마 감옥에서 마지막 날을 맞이하던 순간까지 그에게 전부였다. 그러나 30여 년간, 그의 인생은 아주 오랫동안 조난당한 삶과 같았다. 그의 삶은 나아지지 않았고, 더 나빠지기만 했다. "사방으로 죄어[들었던]" 바울은 말 그대로 조난당한 사람이었다. 돌로 맞고 미움받고 멸시받았으며 사용자 친화적 복음을 믿던 다른 그리스도인들에게서도 버림받았다(고후 4:8-9; 갈 1장을 보라).

그러나 그는 움츠러들지 **않았고** 낙심하지 **않았으며** 한 번도 하나님께 버림받지 **않았고** 망하지도 **않았다**. 그렇지만 왜 그러했나? 볼 수 있는 눈을 가진 자들에게는 그의 삶 안에서 "[고난을 통해]… 그리스도의 생명"이 언제나 더 잘 드러났기 때문이다(고후 4:10). 바울을 압도했던 것은 그가 통과해야 했던 깊은 물이 아니었다. 다른 이들에게 예수님을 드러낼 수 있는 특권, 오직 예수님의 죽음을 통해서만 가능해진 그 특권이었다. 그를 불태운 것은 시련의 불길이 아닌, 그를 믿음으로 부르고 더 나은 사랑을 위한 싸움에 필요한 능력을 공급하는 성령의 불길이었다(벧전 1:6-7).

나는 십자가 인생을 살기 원한다. 다른 사람들에게 인정을 받아 나의 자존감을 개선하려고 애쓰는 것에서 벗어나 자유로운 인생을 살고 싶다. 나는 더 이상 내 삶을 어렵다고 느끼며 살고 싶지 않다. 구출될 소망도 없이 외딴섬에 홀로 남겨진 조난당한 사람처럼 낙심하고 억울해하며 살고 싶지 않다. 맛진 축복이든 고통스러운 시련이든 다가오는 어떤 것도 "더할 나위 없는 기쁨"을 위한 기회로, 내 자신이 어떤 대가를 치르든 다른 이들의 안녕을 먼저 생각하는 예수님의 사랑을 드러낼 기회로 맞아들이기 원한다(약 1:2을 보라). **예수님처럼 사랑하는 풍성한 삶, 진정으로 좋은 삶, 예수님의 죽음을 통해 나와 당신에게 가능해진 삶을 살기 원한다.**

그러나 이런 삶은 예수님의 십자가가 아니라 그분의 **부활을 통해서** 가능해지는 것 아니었나? 물론 맞다. 만약 예수님이 부활하지 않으셨다면, 분명 그분의 죽음은 아무 의미 없는 비극이었을 것이다. 그러나 한 가지 사실에 주목하라. 예수님이 **"다 이루었다"**고 말씀하셨던 시점은 부활 이후가 아니었다. 십자가에 달려 계시던 때, 그분의 영이 떠나고 육체의 죽음을 맞으시기 직전 그리고 하나님께 버림받고 영혼의 죽음을 경험한 암흑의 세 시간이 지나고 난 후였다.

정확히 바로 그때 무언가가 이루어졌다. 무엇일까? 33년간의 공생애를 사시면서 그분은 하나님의 형상을 지닌 존재가 다른 이들과 어떻게 관계를 맺도록 지어졌는지 보여 주셨다. 죽음을 통해, 그분은 훨씬 많은 것을 이루셨다.

- 죄의 형벌을 치르셨다.
- 사탄이 패했다.
- 고난받는 사랑이 온전히 드러났다.

언젠가 사자는 포효하며 선포할 것이다. "보아라, 내가 모든 것을 새롭게 한다!"(계 21:5) 그러나 그 일이 가능한 것은 오직 어린양이 죽음을 당했기 때문이다. 요한의 환상에서, 부활 이후 하늘의 찬양대는 "죽임을 당하신 어린양은…찬양을 받으시기에 합당하십니다"(계 5:12)라고 노래했다. 왜 "부활하신 사자는 찬양을 받으시기에 합당하십니다"라고 노래하지 않는가? 찬양대는 죄의 형벌이 치러지고 사탄의 권세가 꺾였으며, 하나님의 고난받는 사랑이 드러났음을 그리고 **이 모든 것이 예수님의 죽음에서 성취되었음을** 경축하고 있는 것이다.

나는 하나님의 용서하시고 강력하며 고난받는 사랑을 그분이 주시는 부차적 축복보다 더 경축하는가? 더 이상 사탄이 내 삶을 좌지우지할 힘이 없음을 믿음으로써 사탄의 패배를 경축하는가? 고통에서 벗어나게 해 달라고 요구하는 대신, 그 고통이 예수님을 드러낼 좋은 기회라고 하면서 경축하는가? 그리고 더 나은 사랑을 위한 싸움에서 예수님이 보이신 부활의 능력, 즉 오직 빵과 포도주를 먹고 마심으로써 내 안에 부어지는 능력을 경축하는가?

들리는가? 거룩한 종달새가 노래하고 있다. **그 새소리는 멈춘 적이 없으며 앞으로도 멈추지 않을 것이다.** 성령의 부드러운 노래는 다섯 번째 질문에 대한 답을 들려준다. 우리의 기쁨을 망쳐 놓는 우리의 문제를 위해 하나님은 무슨 일을 하셨나? 답은? **'다 이루셨다!'** 이다.

지금 이 순간 그리고 매 순간, 우리는 하나님과의 관계 안에 있다. 우리를 우리 자신의 영광을 위해 살며 수단과 방법을 가리지 않고 자신의 기분을 좋게 만드는 것만 추구하며 사는 존재로 만들고 싶어 하던 사탄의 권세로부터 자유로워졌다. 그리고 우리에게는 이 세상을 사는 동안 무가치하고 무의미한 삶 대신 하나님의 이야기를 들려주는, 영원토록 의미 있는 삶을 살 기회가 주어졌다. 하늘의 모든 영적 축복이 여기 땅에 있는 우리에게 주어진 것이다.

십자가 앞에 서서 예수님이 고난을 받으심으로써 어떤 일이 일어났는지 깨닫는 순간에도 내 존재의 중심에서 마음이 움직이지 않는다면, 그것은 아마도 내가 다섯 번째 질문에 대한 사탄의 답을 듣고 있기 때문일 것이다. 부적절하다는 것을 알면서도 여전히 매력적으로 느껴지는 그 답을 말이다. 사탄의 답은 때로 설교 연단에서도 들려온다.

> 그렇습니다. 예수님을 경축하십시오. 그분이 보이신 삶의 본을 경축하십시오. 그분처럼 사랑하기 위해 최선을 다한다면, 당신의 삶은 순조롭게 굴러갈 것입니다. 죄와 자기중심성에 대해 많이 말하지 마세요. 그런 이야기는 불필요하게 마음을 처지게 합니다. 실수하는 것은 당연합니다. 하나님은 당신이 완벽하지 않다는 것을 아십니다. 그분의 사랑에 대해 더 많이 말하세요. 예수님은 그분의 사역을 거의 다 이루셨습니다. 훌륭하게 살고 훌륭하게 죽으심으로써 우리에게 어떻게 사랑해야 하는지 보여 주는 선한 일을 시작하셨습니다. 그분의 가르침을 따라 훌륭하게 살고 훌륭하게 사랑함으로써 지금 그 일을 완성하십시오. 그분이 가르친 것들을 따라 행하십시오. 계속되는 불의 가운데서도 미래에 대한 소망만 말하는 대신, 당신이 받은 사명의 우선순위인 사회 정의를 이루십시오. 그러면 풍성한 삶의 축복을 누릴 수 있을 겁니다. 하나님이 당신에게 그런 삶을 주실 것을 신뢰하십시오. 바로 그것이 **그리스도인의** 삶입니다.

언제나 거짓말하는 사탄은 아주 영리한 거짓말쟁이기도 하다. 그는 반쪽짜리 진리를 속삭이면서 교묘하게 우리를 속인다. 사탄은 우리가 갈보리에서 실제로 일어났던 모든 일을 보기 원하지 않는다. 예수님이 고난받는 사랑의 완벽한 본을 보여 주었는가? 물론이다! 그러나 천국이 임할 때까지는 누구도 그분이 세워 놓으신 기준에 도달하지 못할 것이다. 바로 그것이 그분이 죽으신 이유다. 우리는 하나님의 관계적 영광에 미치지 못하는 것에 대해 용서를 받았다. 그 일은 이미 이루어졌다. 관계적으로 예수님을 닮아 갈 능력은 지금도 유효하다. 영광 안에 계신 그분을 우리가 직접 뵐 때까지 완벽하지는 않겠지만 말이다. 지금도 우리는 더 나은 사랑을 위한 싸움을 싸워 갈 때 우리에게 다가오는 고난을 견딤으로써 진정한 기쁨을 누릴 수 있다. 그뿐만 아니라, 예수님처럼 사랑하는 것에 실패할 때마다 바로 그것이 우리가 그분의 죽으심을 경축하는 이유임을 우리는 안다.

✕ ■ ✕

이 엄청난 진리를 **믿고** 그것을 다른 어떤 진리보다 더 귀하게 여기는 것이 필요하다. 그리고 이 진리를 삶으로 **살아 내는** 것에는 더 많은 것이 필요하다. 예수님이 무덤에서 부활하시고 하늘의 보좌에 오르셨을 때, 그분은 우리가 이러한 진리를 살아 낼 수 있도록 성령을 보내 주셨다. 그러나 성령은 어떻게 그 일을 하시는가? 성령은 어떻게 우리 삶에 하나님의 능력, 곧 예수님처럼 사랑하는 능력을 부어 주시는가? 바로 이것이 영성 신학의 여섯 번째 질문이다.

사탄은 패했다. 다만 그 패배는 사탄이 심한 후두염에 걸렸지만, 지금 여전히 쉰 목소리로 소리를 낼 수 있다는 의미다. 그리고 그 소리로 우리 안에 남아 있는 자기중심성의 에너지를 부추긴다. 거짓을 노래하는 사탄의 소리는 듣기 좋은 음악처럼 들리기도 한다. 그러나 우리는 그다음 질문에 답하시는 부드러운 성령의 노랫소리를 들어야 한다.

18장 여섯 번째 질문

> 우리 인간의 문제에 대한
> 하나님의 해결책을 실행하기 위해
> 성령은 어떻게 일하고 계신가?

하나님의 목적은 영혼을 위대하게 만드는 것이다…오, 위대함을 위해 창조되었고 위대함으로 부름받은 영혼이여. **그대는 무엇을 하고 있는가?**

_십자가의 요한[1]

성령은 어떻게 예수님을 따르는 이들을 영혼의 위대함으로 이끄시는가? 위대한 영혼이 된다는 것은 무슨 의미인가? 그것이 내가 가장 원하는 것인가? 성령이 나를 그 목적으로 이끌어 가실 때 나는 어떻게 그것을 아는가? 성령은 나를 위대한 영혼, 즉 작은 그리스도로 만들기 위해 어떤 일을 하시는가?

이것은 쉬운 질문들이 아니다. 그리고 이 모든 질문이 영성 신학의 여섯 번째 질문에서 흘러나온다. 나는 이번 장을 쓰려고 한 달 이상 준비했다. 17장을 마친 뒤 이번 장에 대해 구상하기 시작했을 때, 살아 있다고 느껴지는 그 어떤 하고 싶은 할 말도 떠오르지 않는다는 사실을 깨닫고 당황했다. 물론 나는 그것으로 인해 괴로웠다. 성령이 내 안에 살아 계셔서, 나를 위해 그리고 나를 통해 선한 일들을 행하신다는 것을 경험적으로 알고 있는지 스스로에게 물어볼 수밖에 없었다.

지난 4주간, 나는 성령이 누구시며 그분이 예수님을 따르는 이들의 삶에서 어떻게 일하시는지 심도 있게 연구해 온 존경받는 학자들의 책을 여섯 권 정도 읽었다. (그중에는 전에 읽었지만 다시 읽은 책도 있다.) 귀한 경험이었다.

그러면서 나는 삼위일체 하나님의 관계적 세 위격 중 한 분인 성령이 실제로 살아 있는 인격체일 뿐 아니라, 조언자, 위로자, 동반자이며, 아버지의 사랑과 아들의 지혜를 전달해 주는 분임을 더 분명히 깨달았다. 또한 내가 아무리 형편없는 일을 행한다 해도 그것이 성령으로 하여금 나를 떠나시게 할 수 없음을 성경 말씀에서 확인했다. 그리고 성령은 그리스도의 죽음으로 행하기 시작하신 계획을 내 삶 가운데서 행하고 계시며, 심지어 그 계획이 항로를 이탈한 것처럼 보일 때도 지탱할 수 있는 소망을 공급하신다는 사실을 다시 한 번 새롭게 이해할 수 있었다.

나에게 가장 큰 영향을 준 것은 무엇보다도 성령과 실제적 관계를 맺는다는 것의 의미를 생각하게 된 점이다. 그분은 단지 아버지와 아들을 아는 것에 이르는 길을 표시해 둔 지도가 아니다. 또한 그분은 하나님 나라 건설을 위해 쓸 능력을 개발하는 일에 영감만 주시는 분이거나, 개인적으로는 나와 상관없는 영적 저명인사 또는 자신은 내어 주지 않고 충고만 주는 전문 코치 같은 분이 아니다. 지금 나는 성령이 개인적으로 관계를 맺으시는 실제 인격 체임을 새로운 눈으로 보고 있으며, 성령과의 관계가 더 긴밀해질수록 성부 성자 하나님과의 관계를 더 온전히 누릴 수 있다는 것 역시 새롭게 깨닫고 있다. 삼위일체 중 한 분을 아는 것은 다른 두 분을 아는 것으로 자연스럽게 흘러간다.

그러나 또한 나는 성령과의 관계가 깊어지게 하려면 이상하게도 내가 주저하는 무언가를 해야 한다는 사실을 깨달았다. **사랑하고자 하는 나의 노력을 변질시키는 자기중심성, 바쁜 일상 아래 감추어 놓는 편이 낫다고 여기는 영혼의 극심한 고통, 이 모든 것을 직면하게 하시는 성령의 인도하심을 따라가야 한다는 것을 말이다.** 이 세상과 교회와 내 안의 너무 많은 것이 잘못되었다. 나는 그것들이 나아지기를 바란다. 내가 가르치는 것과 반대로, 그리스도인의 삶이란 하나님이나 타인에 대한 사랑의 질은 따질 필요 없이 기분 좋은 성취감을 즐기고 적극적으로 선한 일을 행하는 것이라고 생각하는 편이 나을지도 모른다.

그런 생각이 내 의식의 표면에 드러날 때, 도전받는 것 이상의 어떤 느낌이 든다. 겁이 나고 조금은 불안하다. 내가 책상 앞에 앉아 빈 노트 왼쪽 맨 위에 "18장"이라고 쓴 뒤 더 이상 쓸 말이 떠오르지 않았던 이유는 아마 그것 때문이었을 것이다. 페이지는 공백으로 남아 있었다. 텔레비전이나 보러 가고 싶었다.

내가 성령을 근심하게 했고, 소멸시켰나? 알 수 없었다. 나는 시편 139편 형식으로, 내 마음을 샅샅이 살피면서 내가 그분께 무엇을 잘못했는지 드러나게 해 달라고 하나님을 초청했다. 그때 책

장에서 몇 년 전 지루해하며 읽었던 것으로 기억하는 책을 꺼내야 한다는 부담감이 조용히 느껴졌다. 17세기 청교도 목사였던 토마스 왓슨의 책이었다. 책 제목은 단순하게 『회개』였다. 나는 이미 16장에서 이 책을 언급한 바 있다. 여기서 간략하게 다시 한 번 더 언급하고 싶다.

나를 사로잡았던 여러 통찰 중 거짓 회개에 대한 왓슨의 이해는 단연 뛰어났다. 왓슨에 따르면, 어떤 죄에서 벗어나려는 갈망이 덜 힘든 삶을 바라는 마음에서 비롯된 것이라면 우리의 회개는 거짓이다. 참된 회개는 하나님께 더 가까이 가고자 하는 뜨거운 열망에서 자라난다. 거짓 회개와 참된 회개의 구분이 가슴에 내리꽂혔다. 책이 더 이상 지루해 보이지 않았다.

며칠 뒤 나는 다시 또 다른 책에 끌리는 것을 느꼈는데, 너무 좋아서 이미 여러 번 읽은 책이었다. 이안 매튜(Iain Matthew)가 쓴 십자가의 요한의 삶과 사상에 관한 짧지만 밀도 있는 책 『하나님의 영향력』(*The Impact of God*)을 집어 들고 머릿속에서 맴돌던 두 인용문을 찾기 위해 열심히 뒤졌다. 먼저, "하나님의 목적은 영혼을 위대하게 만드는 것이다"라는 십자가의 요한이 했던 강력한 선언이었다. 다른 하나는 요한이 스스로에게 물었던 질문이었는데, 그 순간 나는 성령이 나에게도 동일한 질문을 하고 계심을 느꼈다. "오, 위대함을 위해 창조되었고 위대함으로 부름받은 [영혼이여]. **그대는 무엇을 하고 있는가?**"(그렇다. 15장도 동일한 인용문으로 시작한다. 두 번 강조해도 지나치지 않은 문장이다.)

성령은 나에게 말씀하고 계셨고, 내 영혼 안에서 무슨 일이 일어나고 있는지 더 깊이 들여다보라고 요청하고 계셨을까? 성령께 나의 마음을 살펴보시길 구했던 기도, 거짓 회개에 대한 왓슨의 생각, 위대함을 위해 창조된 영혼이 하찮은 것에 안주하는 것에 대한 요한의 염려, 이 모든 것은 의식을 흔들어 깨웠다.

나는 성령—바람처럼 그분이 원하는 대로 불어오시는—의 신비를 축소시켜 성령의 능력을 이용해 내 관심 주제에 협조하시게 하려는 꽤 영적인 듯한 단계들을 밟아 나가고 있었음을 깨달았다. 심지어 나는 이 일을 숭고하다고 여기고 있었다. 그러한 깨달음으로 인해 나는 많이 놀랐다. 오랫동안 나는 영적 성숙에 이르게 하는 공식 같은 것은 없다고 믿으면서, 그러한 단계 밟기를 반대하는 일에 앞장섰다. 잘 관리된 삶이나 '이것만 고쳐라. 그러면 삶이 순조로워질 것이다'라는 식의 노력에 강력하게 반대해 왔다. 그런데 지금 나는 그동안 내가 의식적으로 반대해 왔던 것과 다르지 않은, 잘 위장된 단계를 받아들이고 있었음을 발견한 것이다. 내가 무슨 말을 하고 있는지 좀더 자세히 설명해 보겠다.

십자가의 요한은 성령의 임재를 느끼는 것을 "영혼의 '잔치'"로 설명했다.[2] 나는 그 잔치가 내 영혼에서도 일어나게 하려면 무엇을 해야 할지 알아내기 위해 애쓰고 있었던 것이다. 십자가의 요한은 우리의 영혼이 비어 있는 동굴이고, 그 동굴이 깊은 것은 "그 영혼을 채울 수 있는 분이 깊고 무한하기 때문이며, 그분은 바로 하나님"이라고 보았다.[3] 나는 계산을 하고 있었음을 깨달았다. 즉 무한한 갈증에 닿을 수 있게 해 주고 그리하여 나를 채워 주시도록 성령을 설득할 수 있는 영적 수련법을 알고자 했다는 것을 말이다.

나의 관심은 성령과의 **관계**가 아니었다. 나의 관심은 내가 느끼기 원하는 것을 느끼기 위해 그분을 **이용**하는 것에 있었다.

잔치는 일어나지 않았다. 내 영혼에서 잔치가 열리고 있었다 해도, 나는 어떤 음악 소리도 들을 수 없었을 것이다. 영혼의 고통과 갈증을 느꼈다. 어느 누가 주는 물로도 해소할 수 없는 그런 갈증이었다. 나는 공허한 영혼으로 살고 싶지 않았다. 나는 내 정신이 그나마 또렷할 때, 그 갈증이 천국에 이르기 전에는 결코 해소될 수 없음을 깨닫는 경험을 하도록 하나님의 해결책을 얻고 싶었다.

※ ※ ※

나는 영적인 사람이며, 성령으로 충만한 예수님의 제자인가? 이런 질문을 받는다면, 나는 거의 모든 경우에 곧바로 의기소침해질 것이다. 이유는 무엇일까? 내가 영적 진리로 받아들인 사탄의 거짓말을 듣고 있기 때문인가? 서구 문화, 특히 서구의 **교회** 문화는 그리스도인에게 성령 충만한 제자란 일반적으로 늘 좋은 기분을 느껴야 하고, 사랑, 기쁨, 화평과 같은 성령의 열매로 인해 죄와 슬픔에 맞서 계속 싸울 필요가 없어졌다고 생각하라고 북돋는다. 우리는 항암 치료가 암 덩어리를 죽이는 것처럼 사랑은 모든 자기중심성을 파괴한다고 확신한다. 그렇지 않은가? 성적 즐거움이 관계적 긴장감을 잠깐 없애 주는 것처럼 기쁨은 슬픔을 몰아낸다. 적어도 원칙적으로는 그렇다. 그리고 뜻밖의 횡재가 고지서에 대한 걱정을 없애 주듯, 평안이 올 때 걱정은 자리할 틈이 없다. 당연한 것 아닌가?

그러나 이것은 넓은 길의 사고방식이다. 그러다 자기중심성이 드러날 때, 관계적 긴장감이 재발할 때, 걱정거리들이 우리 마음을 흔들어 놓을 때, 사탄은 기회를 잡는다. "좁은 길은 너를 생명으로 이끌지 않아. 예수님을 따르기 원한다고? 성령과 교제하고 그분의 인도하심을 받고 싶다고? 너 자신을 위해 애쓰는 게 어때?" 우리의 믿음은 흔들리고 때로 완전히 무너지기도 한다. 우리에게 잘못을 저지른 사람들을 사랑함으로써 하나님께 순종하라고? 왜 그래야 하는데?

아마도 무의식적으로 그러나 의도적으로 계속 바쁘게 살아감으로써 그들의 영혼 안에서 어떤 일이 일어나고 있는지 관심을 기울이지 않는 그리스도인들을 위해 사탄은 여섯 번째 질문의 다른 답을 준비한다. "너는 잘하고 있어. 너는 문화에 영향을 끼치고 있어. 너는 교회를 섬기고 있잖아. 너는 선교 후원도 하고 있어. 사소한 일에 집착해서 네 일을 망치지 마. 선한 일을 계속하도록 해. 너의 내면세계에 대해서는 걱정할 필요 없어. 스스로에게 영혼에서 무슨 일이 일어나고 있는지 물어볼 필요도 없고, 다른 이들에게 네가 그들을 사랑하는 것이 느껴지는지 물어볼 필요도 없어. 너는 잘 사랑하고 있어. 너는 잘하고 있어."

사탄은 우리 중 가장 깊이가 얕은 이들에게 이렇게 부추긴다. "하나님은 네가 모든 것이 잘 돌아가는 인생을 살면서 행복하기를 원하셔. 그리고 힘든 일이 생길 때도 긍정적으로 생각해. 하나님은 모든 일을 다시 잘 풀리게 해 주시면서 네 믿음을 칭찬하실 거야. 너는 크신 하나님을 섬기고 있어. 그러니 더 큰 축복을 기대하렴."

여섯 번째 질문에 답하는 사탄의 매혹시키는 기만적 대답이 얼마나 창조적이고 다채로운지 보라.

- 넓은 길을 시도해 보아라. 성령은 개의치 않으신다. 그분은 거기서도 선한 일을 하실 수 있다.
- 너의 문화에 성경적 가치를 심는 삶을 살아라. 그것이야말로 성령이 네가 하기 원하시는 가장 중요한 일이다.
- 네 스스로에 대해 가장 행복하다고 느낄 때, 너는 네가 좁은 길에서 성령을 따르고 있음을 알 것이다.

우리는 여섯 번째 질문에 대한 하나님의 답을 들어야 한다. 삼위일체의 세 번째 위격이 고요히 우리에게 그분의 **임재**에 대한 견고한 인식을 주시고, 그분의 **능력**에 대해 해방의 깨달음을 주셔서 우리가 더 나은 사랑을 위한 싸움을 할 수 있다는 좋은 소식으로 시작하는 답을 말이다.

이어서 두 부분으로 된 답이 계속된다. 우리 영혼의 문제, 곧 우리의 끈질긴 자기중심성 때문에 필요해진 것들이다. 하나님은 그분의 자녀들이 행복하기 바라신다. 그러나 이때의 행복은 **우리가 예수님처럼 사랑하기를 배울 때 찾아오는 일차적 행복**이다. 그리고 성령은 사랑하고자 하는 우리의 노력을 망치는 자기중심성이라는 인간의 문제를 천천히―천국의 때까지는 불완전하겠지만―해결하기 위해 그리스도의 죽음과 부활이라는 하나님의 해결책을 실행하고 계신다. 이제 여섯 번째 질문에 대한 하나님의 답이라 믿는 두 부분을 제시하려 한다. 각각이 사탄의 거짓말과 어떻게 대조되는지 잘 살펴보기 바란다.

첫째: 성령의 임재는 우리의 어둠과 고통 속에서 가장 풍성하게 드러난다.
둘째: 성령의 능력은 우리의 연약함과 실패 속에서 가장 강력하게 드러난다.

성령의 임재는 우리의 어둠과 고통 속에서 가장 풍성하게 드러난다

예수님을 생각해 보라. 그분에게 아버지의 사랑을 확인시켜 주는 성령의 임재가 가장 필요했던 때는 언제였는가? 겟세마네를 기억해 보라. 그 동산에서 예수님은 세상으로부터 거부당하고, 가장 가까운 친구로부터 버림받았으며, 아무에게도 말할 수 없는 고통이 예견된 자신이 감당해야 할 임무로 인해 가슴 깊숙이 어둠을 느끼고 계셨다.

그 어둠 속에서 그분은 하나님을 **아버지**라고 불렀다. 관계의 실재 안으로 깊이 들어가는 말이었다. 예수님은 어둠의 고통을 경험할 때조차 성령으로 충만하셨을까? 성령이 그분의 영혼 안에 살아 계셔서 천사가 붙들어 주는 힘을 얻으셨던 것일까? 영적 실재의 새벽별은 동이 트기 직전, 곧 영적 전투의 밤이 가장 어두울 때 가장 밝게 빛난다.

갈보리를 생각해 보라. 예수님은 우리 죄를 위해 죽는 순간조차 성령으로 충만한 삶을 살고 계셨나? 그분은 말 그대로 지옥 같은 어둠의 세 시간 동안 사랑하는 아버지의 임재를 인식하지 못했다. 성령은 예수님의 영혼이 아버지의 선한 목적에 계속 초점을 맞추도록 함께하셨을까? 나로서는 알 수 없지만, 그러셨을 것이다. 겟세마네의 고통을 견디실 때, 천사가 그분을 도왔다. 갈보리의 지옥을 견디실 때도 성령이 그분을 도우셨다고 생각하고 싶다. 완전한 어둠 속에서 절망을 경험하는 영혼도 그 마음이 하나님과 함께한다면, 성령의 친밀하고도 힘을 북돋워 주는 임재를 확신할 수 있다. 설령 느낄 수 없을지라도 말이다.

바울을 생각해 보라. 그는 사방으로 죄어들고 답답한 일을 당하며 쫓기고 매 맞으며 타고 가던 배가 난파당하는 일을 겪었다(고후 4:8-9에서 그가 겪었던 일의 일부만 읽어 보라). 바울은 좁은 길을 걷고 있었는가? 그때 그는 성령으로 충만했는가? 성령이 그의 영혼 안에 살아 계시고 좁은 길을 계속 가도록 힘을 공급하신다는 것을 가장 절실히 알고자 했을 때, 성령은 그분의 임재를 그에게 알게 하셨다. 바울은 자신이 겪는 극심한 어려움과 고통스러운 감정으로 인한 어둠은 눈부신 사랑의 빛이 드러나게 하는 배경이 된다는 것을 알았다. 어둠 속에서 비로소 하나님을 향한 사랑, 하나님의 메시지를 향한 사랑이 빛난다. 그리고 위대함을 위해 창조되었고 위대함으로 부름받은 영혼을 향한 사랑이 빛을 발한다(고후 4:10을 보라).

삶의 어려움도, 감정적 몸부림도, 절망의 끝까지 우리를 몰아갈 만큼 가혹한 어려움도, 그리스도의 십자가와 부활이 가능하게 한 것

—곧 우리가 예수님처럼 사랑하는 사람들이 되는 것—을 우리 안에서 이루시는 성령을 신뢰할 신비로운 기회로 받아들이지 않는다면, 생명을 주시는 성령의 임재에 관해 말하는 것은 허울 좋은 종교적 수사에 지나지 않는다.

사탄은 거짓말쟁이, 저주받을 거짓말쟁이다. 나는 이 단어를 신학적으로도 정확하게 사용한 것이다. 사탄은 우리가 저주받을 거짓말, 곧 성령의 임재는 계속되는 어려운 시기와 고통스러운 감정으로부터 우리를 보호해 줄 것을 보장한다는 거짓말을 믿기 원한다. 하나님은 성령의 임재가 이 땅에서는 완전하게 얻을 수 없는 것을 갈망하는 우리 영혼의 고통뿐만 아니라 가장 어려운 시절에도 사라지지 않는 소망을 일깨운다고 말씀하신다. 그 소망은 곧 그리스도가 다시 오실 내일에 대한 소망이자, 더 나은 사랑을 위한 오늘의 싸움이 예정된 방향으로 나아갈 것이라는 소망이다. 삶의 가장 어두운 시간을 보내고 있을 때, "우리는 이 모든 일에서 우리를 사랑하여 주신 그분을 힘입어서 이기고도 남[는다]"(롬 8:37). 인격체이신 성령이 우리와 함께하시며 우리 안에 온전히 살아 계신다. 이것을 신뢰하라. 아니, 그분을 신뢰하라!

특히 믿음이 요구되는 아주 깊은 어둠 가운데 있을 때, 성령이 하나님의 사랑과 능력으로 우리 안에 거하시며 우리를 위해 살아 계신다는 견고한 확신(설령 느껴지지 않을지라도), 가장 어려운 상황과 가장 참혹한 실망감 속에서도 사라지지 않을 확신을 키워 갈 수 있다.

성령의 능력은 우리의 연약함과 실패 속에서 가장 강력하게 드러난다

축복 속에서 내가 살아 있다고 느낄 때, 아내의 사랑을 가장 분명하게 느낄 때, 건강이 회복된 것에 대해 감사할 때, 내 일과 사역에 대해 가장 신이 났을 때, 나는 사랑하기 위해 성령의 능력에 의존하지 **않을** 위험에 처한다. 급진적으로 사랑하기 위한 급진적 능력이 내게 필요 없다고 생각하면서 말이다.

성령은 때로 우리가 그런 위험에 처하지 않게 하시려고 우리의 소중한 꿈이 깨지는 것을 허락하신다. 그럴 때 우리의 영혼은 스스로 채울 수 없는 괴로운 공허함으로 고통스러워한다. 여러 가지 방법으로 공허함을 마비시킬 수도 있는데, 그중 몇 가지는 분명 죄를 짓는 일이기도 하다. 그러나 만약 그 공허함과 고통의 실재를 받아들이기로 한다면, 우리는 기도하기를 배울 것이다.

고통스러운 공허함 속에서, 어떤 수를 써도 우리 자신은 채울 수 없는 텅 빈 마음으로부터 간절한 목마름이 터져 나올 때 비로소 집중된 마음과 열정으로 기도할 수 있다. "성령이여, 저를 채우소서. 좁은 길 위에 머물 힘을 제 안에 채우소서. 그럴 때만 저는 사랑을 위한 싸움을 싸울 수 있습니다."

이러한 의존은 변화를 가져온다.

그러나 성령은 더 많은 것을 하신다. 부드럽게, 하지만 고통스럽게—사랑하려는 우리의 노력을 망치는—우리 안의 자기중심성을 드러내신다. **관계적 거룩함**(예수님이 십자가에 달리셨을 때 가장 온전히 드러난, 희생하며 고통받는 사랑)과 **관계적 부정함**(자신에 대한 관심으로 얼룩진, 우리가 사랑하는 방식) 사이의 결코 건널 수 없을 것 같은 간극을 본다. 그때 우리는 자신이 무력하게 비어 있을 뿐만 아니라, 성령의 능력이 없다면 결코 예수님처럼 사랑할 수 없는 처참하게 깨진 존재임을 깨닫는다. 어떠한 가혹한 말도 더 이상 가혹하게 느껴지지 않을 정도로 말이다. 우리는 나 같은 **죄인** 살리신 그 은혜가 놀랍다고 노래한다. 상담이 성행하고 정치적으로 올바른 문화에서는 모두가 자신이 가진 스스로에 대한 긍정적 평가에 흠집 내는 것을 죄악시한다. 그러나 오직 고통스러운 회개 안에서, 예수님처럼 사랑하지 못하는 것에 대한 진정한 회개 안에서, 관계적 죄를 분명하게 인식하고 애통해하며 이를 고백하는 것에서만, 우리는 깊이 의존하는 기도를 할 수 있다. "성령님, 저를 변화시켜 주십시오. 저는 용서받았지만, 아직 관계적으로 예수님과 같은 형상으로 완전히 변화되지 못했습니다. 좁은 길을 걸을수록 제 안에서 당신을 거스르는 모든 것이 빠져나오고, 당신이 제 안에 두셔서 당신을 기쁘시게 하는 생명이 더욱 퍼져 가게 해 주십시오."

여섯 번째 질문에 대한 하나님의 답을 듣고자 한다면, 즉 우리의 영혼을 관계적 거룩함으로 위대하게 만들기 위해 성령이 어떻게 일하시는지 알고자 한다면, 우리는 따라갈 공식이나 수월한 단계를 찾아서는 안 된다. 오히려, 우리는 자신을 열어 현실을 직면해야 한다. **성령 없이는 우리의 삶이 공허할 것이며, 성령 없이는 사랑할 능력을 갖지 못할 것이다.** 기쁨, 곧 예수님의 행복 역시 여전히 닿을 수 없는 곳에 있을 것이다.

죄를 깨닫고 진실하게 회개하는 것은 구원을 위해, 용서받고 하나님과의 관계가 회복되는 것을 위해 필수적이다. 그러나 그리스도의 방식대로 타인을 사랑하면서 생명에 이르는 좁은 길을 걷는 데는 더 많은 것이 요구된다. 비난받아 마땅한 관계적 잘못에 대한 고통스러운 회개 **그리고** 절망을 가져오는 관계적 공허함에 대한 고통스러운 자각 **그리고** 모든 소망을 위협하는 관계적 어둠에 대한 부동의 인식은 우리의 성화를 위해, 성령이 계획하신 때에, 예수님을 닮아 가게 하는 능력 안에서 우리가 관계적으로 성숙하기 위해 필수적이다.

좁은 길은 좁다. 그러나 그 길은 우리로 하여금 삼위일체의 각 위격과 친밀함을 누리는 가장 큰 기쁨을 향해 나아가게 한다.

우리는 함께 그 길을 걸을 수 있다. 함께 변화될 수 있다. 우리가 삼위일체 하나님과 이루는 공동체, 우리가 서로 이루는 공동체 그리고 좁은 길을 걷는 친구들과 이루는 공동체 안에서 살아갈 때, 하나님은 위대한 영혼, 즉 위대하게 사랑하는 영혼을 만드신다. 그리고 이것은 영성 신학의 일곱 번째이자 마지막 질문을 제기한다. **우리는 성령이 하시는 일에 어떻게 협력할 수 있는가?**

이 질문에 대해서도 사탄은 좋아 보이는 답을 제시하지만, 그 답은 결코 서로를 그리스도로 채우는 관계로 이끌지 않는다. 다음 장에서는 일곱 번째 질문에 대한 하나님의 답을 살펴볼 것이다.

19장　　일곱 번째 질문

> 우리는 성령이 하시는 일에
> 어떻게 협력할 수 있는가?

그가 사랑하신 것처럼 우리도 사랑할 수 있기를—지금!　_마더 테레사[1]

나는 현실 감각 없는 이론가에 불과하며, 당연히 실패할 수밖에 없는 너무 높은 기준을 잡은 것인가? 아니, 나는 그렇게 생각하지 않는다. 그러나 기준이 높은 것은 사실이다. 기준을 그렇게 정하신 분은 하나님이다. 그렇다. 그분의 기준에서, 사랑하기 위한 우리의 노력은 매일 실패할 것이다. 내가 도달하기 위해 싸우는 더 나은 사랑은 예수님만 완벽하게 하실 수 있는 사랑이다. 나는 자기 이익을 구하는 마음이 전혀 섞이지 않은 순수한 사랑의 반응이 정확히 어떤 것인지 알지 못한다. 특히 친구가 짜증 나게 굴 때는 더욱 그렇다. 쉽고 재빨리 내 안에는 그 친구를 사랑하는 마음 대신 판단하는 마음이 자리 잡는다.

남편 때문에 마음에 큰 상처를 입은 아내가 있다. 남편에게 예수님의 사랑과 닮은 모습을 보일 때, 깊은 슬픔과 고통 속에 있는 그녀가 기쁨에 찬 자유를 누릴 수 있다고 생각하면, 나는 터무니없이 비현실적인가? 차갑고 무반응인 아내가 있다. 남편이 그녀에게 여전히 불완전하기는 하지만 진실한 사랑으로 다가설 때, 그는 왠지 익숙하지는 않지만 만족스러운 행복을 정말로 누릴 수 있을까? 하나님을 드러내는 남편의 태도와 행동으로 아내의 마음에 덮인 얼음을 녹이지 못한다 해도, 여전히 예수님을 드러내는 것이 그에게 기쁨을 가져올까? 첫 번째 물음에 대한 답은 '그렇지 않다'이다. 두 번째와 세 번째 물음에 대해서는 '그렇다'이다.

나는 더 나은 사랑을 위해 싸우고 싶다. 당신 역시 그 싸움을 싸우길 바란다. 그러나 위험은 실재한다. "그리스도 예수 안에서 경건하게 살려고 하는 사람은 모두 박해를 받을 것입니다"(딤후 3:12). 예수님의 제자들은 상처받을 것이다. 대가가 크다. **그러나 얻는 것은 더 크다.** 우리를 사랑하기 위해 예수님이 치르셨던 대가도 아주 컸음을 기억하라. 그러나 얻은 것은 무한할 만큼 더 컸다. 덕분에 이제 우리는 하나님의 사랑 이야기에 편입되었고, 그 이야기는 계속 펼쳐진다.

아들이 무뚝뚝하고 버릇없이 군다. 부모에게 가장 먼저 드는 생각은 아들을 바로잡을 가장 좋은 방법을 결정하는 것이다. 그것이 **먼저**일 수 있다. 강하게 나가는 것이 최선일까? 상담을 받아 보는 것이 더 나을까?

예수님의 제자, 진정한 제자는 다르게 생각할 것이다. 그런 부모에게는 **그들 안에서** 일하시는 성령께 협력하는 것이 먼저일 것이기 때문이다. 아들을 바로잡고자 하는 바람과 그것을 위해 열심히 기도하는 것 자체는 합당할지라도, 사실 그것은 두 번째 문제다. 그들이 예수님과 같은 사랑으로 아들을 사랑하기 위한 싸움에 우선순위를 두고 마음을 쏟을 때, 성령은 그들의 부차적 기도에 가장 자유롭게―언제 그 일을 하실지 혹은 그 일을 정말로 행하실지의 여부까지―응답하실 수 있다.

그러나 나는 다시 물어야 한다. 모든 의지를 꺾어 놓을 정도로 기준이 너무 높은가? 이러한 새로운 삶의 방식은 실현될 수 없는 이상적 꿈에 불과한가? 배우자는 서로에게 상처를 준다. 아이들은 부모의 마음을 찢어 놓는다. 친구는 서로에게서 이것저것 얻어 내려고만 한다. 관계들이 엉망이며 이렇게 자꾸 어려움을 줄 때 더 나은 사랑을 위해 싸운다는 것은 무슨 의미인가? 그런 것이 가능하기는 한가?

쉽게 단념해서는 안 된다. 예수님은 우리가 끔찍하게 실망하고 고통스럽게 거부당할 위험에도 불구하고 타인에게 우리 자신을 내어 주기 원하신다. 다른 이들로부터 우리가 원하는 것을 **얻으려고** 하거나 다른 이들이 우리에게 줄 수 있는 상처로부터 우리 자신을 **보호하려고** 하면서 동시에 우리 자신을 다른 이들에게 **내어 줄 수는** 없다. "이제 나는 너희에게 새 계명을 준다. 서로 사랑하여라. **내가 너희를 사랑한 것같이**, 너희도 서로 사랑하여라"(요 13:34).

기준은 아주 높다. 그러나 우리의 목표를 낮추어서는 안 된다. 그리스도인들이 관계 맺는 방식을 통해 하나님이 들려주시는 더 큰 이야기를 드러내지 않는다면, 대부분은 그 이야기를 결코 보지 못할 것이다. 우리는 마음이 맞는 정도의 관계에 너무 쉽게 만족해 버린다. 좁은 길을 걸어가는 동료 여행자들과 만날 때, 영혼과 영혼이 맞닿는 관계를 맺는다는 것이 어떤 것일지 상상조차 해 보지 않는다. 우리가 우리의 그리스도인 공동체 안에서 사랑의 능력을 경험하지 못한다면, 이 세상 안에서 선을 행함으로써 사랑의 능력을 퍼뜨리는 일도 불가능하다. 우리는 서로의 삶 깊은 곳에서 일하시는 성령께 협력함으로써 하나님의 이야기를 들려주는 법을 배워야 한다.

※ ※ ※

자신이 모르는 이야기를 남에게 들려줄 수는 없다. 우리에게 그 이야기가 자연스러워지지 않는다면, 들려줄 수도 없다는 것은 이제 분명한 사실이다. 사탄의 자기중심성에 관한 이야기는 늘 우리에게 자연스럽게 느껴진다. 더 나은 사랑에 관한 하나님의 이야기는 그렇지 않다. 우리가 지은 관계적 죄에 대해 용서받을 때 우리는 하나님의 이야기에 편입된다. 동시에 하나님처럼 관계적으로 거룩한 본성도 부여받는다. 그러나 그때야말로 우리는 예수님을 따르는 자들로서 하나님이 우리를 통해 들려주기 바라시는 이야기를 배우고 그 대본에 따라 훈련해야 한다.

지금까지 영성 신학의 여섯 가지 질문에 대한 답을 통해 그 이야기의 줄거리와 대본을 읽어 보았다. 이제 우리는 일곱 번째 질문을 통해 성령이 하시는 일에 어떻게 협력할 수 있는지 묻고자 한다. 그러나 앞서 해 왔던 여섯 가지 질문에 대한 답을 지속적으로 기억하면서 소화해 낼 때만 일곱 번째 질문에 대한 답을 발견할 수 있다. 여섯 가지 질문과 답을 간략하게 다시 살펴보도록 하자.

- 첫 번째 질문: **하나님은 누구신가?** 하나님은 관계적 존재시며, 세 위격이 이루는 거룩한 공동체시다. 그분은 **지금 벌어지는 잔치**, 무한하게 행복한 잔치와 같은 분이다.
- 두 번째 질문: **하나님의 관심은 무엇을 향하는가?** 하나님은 우리를 향해 그분의 잔치에 참여하고 삼위일체 하나님과 함께 춤추는 법을 배우며 그분이 지니신 관계적 본성의 리듬에 맞추어 다른 이들과 관계를 맺으라고 초대함으로써 그분의 거룩한 사랑의 영광을 드러내신다.
- 세 번째 질문: **우리는 누구인가?** 우리는 사랑함으로써, 예수님의 관계적 성품을 덧입음으로써, 하나님의 숨겨진 사랑 이야기를 드러내기 위해 창조된 관계적 하나님의 형상이자 작은 상징물이다.
- 네 번째 질문: **무엇이 잘못되었는가?** 우리는 잔치를 떠났다. 이제 우리는 행복을 찾고 실망감을 피하려면 자신을 가장 우선시해야 한다고 생각하면서 사탄이 들려주는 이야기에 리듬을 맞추어 춤추고 있다.
- 다섯 번째 질문: **하나님은 우리의 문제를 위해 무슨 일을 하셨나?** 예수님은 자기중심성이 낳는 필연적 결말인 고립의 죽음을 견디셨다. 이제 우리는 그러한 결말을 면하게 되었고, 관계적 죄에 대해 용서받았으며, 하나님과의 관계가 회복되었다. 성령이 우리 안에 심어 놓으신 타인 중심적인 하나님의 본성으로 살아가도록

생명을 얻었다.

- **여섯 번째 질문: 우리 인간의 문제에 대한 하나님의 해결책을 실행하기 위해 성령은 어떻게 일하고 계신가?** 성령은 계속해서 자기중심적 관계는 고립감을 초래하고 즉각적 만족을 우선시하는 관계 맺음은 악하다는 것을 내보이신다. 공허하고 상한 마음속에서 우리는 일차적 기도를 하는 법을 배운다. 나를 작은 그리스도로 만들어 주세요! 왜 그런가? 절망적인 공허함을 느끼며 형편없이 마음이 깨어졌을 때 그것보다 더 중요한 것은 없기 때문이다. 우리는 그것보다 더 나은 것은 없음을 깨닫는다.

그것이 더 큰 이야기다. 그리고 하나님은 이제 우리가 새로운 방식으로 관계를 맺음으로써, 성령의 임재와 능력으로 가능해진 사랑을 위해 싸움으로써, 그 이야기를 들려줄 것을 신뢰하고 계신다. 그렇지만 어떻게? 그것이 일곱 번째 질문이다. **우리는 성령이 하시는 일에 어떻게 협력할 수 있는가?** 다음의 세 단어가 하나님의 답을 지시해 준다. '**함께하다**', '**알다**', '**주다**'이다.

일곱 번째 질문에 대한 하나님의 세 가지 답

함께하다: 예수님처럼

내가 결코 너를 떠나지도 않고, 버리지도 않겠다. (히 13:5)
내가 세상 끝 날까지 항상 너희와 함께 있을 것이다. (마 28:20)

우리는 우리 자신과 다른 이들을 포기하지 않음으로써, 우리와 그들 안에서 일하시는 성령과 협력한다. 긴 여정 동안 나는 당신과 **함께할** 것이다. 우리에게 어떤 일이 일어나든, 우리가 무슨 일을 하든, 작은 그리스도가 되고자 하는 비전은 우리 모두의 것이라는 분명한 소망을 가지고 당신 곁에 있을 것이다.

한 여자가 자신의 남편이 여러 차례 외도를 했다는 사실을 알았다. 눈물을 흘리며 그녀는 남편에게 자신이 그 사실을 알게 되었다고 말한다. 그는 격분해서 그녀를 때린다. 그녀는 경찰에 도움을 요청하고, 남편이 경건한 사람으로 바뀔 것이라는 비전을 품고 그의 곁에 있어 준다. 그녀가 행한 일(다른 방식도 있을 수 있다)보다 그 일을 한 **이유**가 더 중요하다. 남편과 **함께** 있어 주려는 아내의 마음은 남편이 예수님의 사랑에 기쁘게 항복하기 바라는 그녀의 바람을 드러내어, 이후 그들의 상호 관계에 반영될 것이다.

좋은 친구 사이에도 늘 어려움이 있기 마련이다. 성령이 하시는 일에 협력한다는 것은, 서로 간에 긴장이 흐를 때 이를 해소한다는 명목으로 친구를 포기해 버리는 일을 하지 않는 것이다. 그 친구와의 관계에서 한 발 물러서기는 해도, 그렇게 하는 우리의 관심이 친구의 안녕에 있다면 우리는 친구를 위해 계속 기도할 것이며 화해하려는 마음을 포기하지 않을 것이다.

더 나은 사랑을 위한 싸움은 **함께함**이라는 하나님의 이야기를 들려주기 위해 나 자신을 내려놓는 것이다. 또한 성령이 일하실 때 상대가 어떤 사람이 될 수 있을지 예리한 비전을 가지고 그의 곁에 있어 주라는 하나님의 부르심을 따르는 것이다.

알다: 예수님처럼

주님, 주님께서 나를 샅샅이 살펴보셨으니, 나를 환히 알고 계십니다. (시 139:1)

[하나님은] 마음에 품은 생각과 의도를 밝혀냅니다. (히 4:12)

하나님은 언제나 아신다. 그러나 우리는 그렇지 않다. 우리는 상대방을 하나님의 형상을 지닌 존재이자, 우리 호기심을 계속해서 자극하며 작은 그리스도가 되어 가는 존재로 바라볼 때, 그 사람을 알게 된다. 그리고 그들을 알고자 하는 호기심에 성경이 주는 지혜의 인도가 더해질 때, 우리는 하나님이 그들을 아시는 것처럼—물론 결코 완전하지는 않겠지만—그들을 알 수 있을 것이다. 예를 들면, 다음과 같다.

- 하나님의 형상을 지닌 존재로서, 모든 사람은 무언가를 원하고 믿고 선택하며 느낀다.
- 하나님의 관계적 형상을 지닌 존재로서, 모든 사람은 다른 사람과 만족을 주는 관계 안에 있기를 가장 열망한다.
- 하나님의 형상을 지닌 타락한 존재로서, 모든 사람은 본질적 두려움에 쫓긴다. 그래서 자신이 필요로 하는 것을 얻기 위해 다른 사람을 이용하고 두려워하는 것으로부터 자기를 보호하는 것을 마음속에서 정당화한다.

이러한 예는 더 많다. 영성 신학의 질문들을 계속 탐구해 갈수록 우리의 지혜는 깊어질 것이다. 그 질문들에 대한 답을 들을수록, 타인에 대한 우리 생각의 방식과 호기심에 지혜의 안내가 더해져 이해의 범주가 넓어지기 때문이다.

한 친구가 사는 게 지루하다고 말한다. 더 나은 사랑을 위해 싸우는 사람은 그 친구를 위한 기도에 바로 돌입하지는 않는다. 재빠르게 재밌고 흥미로운 일들을 해 보라고 추천하지도 않을 것이다. 유창한 말솜씨로 "[당신]은 낙심하여 지치는 일이 없을 것입니다"(히 12:3)와 같은 성경 구절을 인용하지도 않을 것이다. 그 대신, 그들이 하는 말을 듣는다. 수동적인 태도가 아니라 적극적인 태도로, 지혜로운 호기심을 가지고 말이다. 그리고 그가 맺는 관계들이 어떠한지 물을 것이다. 즉 활기찬 생명력으로 사는 것은 관계 안에서 사랑하며 사는 것임을 아는 지혜가 인도하는 질문을 할 것이다.

더 나은 사랑을 위한 싸움은 예수님을 따르는 이들이 타인을 **알고** 싶어서 부드럽지만 적극적으로 그 사람의 영혼에 관한 호기심을 표현함으로써 예수님의 사랑 이야기를 드러낼 때 시작된다. 진정한 제자들은 영성 신학의 여섯 가지 질문에서 드러나는 지혜의 안내를 받아, 잘 관계 맺기 위해 자신이 해야 할 고투와 성령이 주시는 관계적 거룩함을 향해 나아가는 길을 분별한다.

주다: 예수님처럼

아버지께서 죽은 사람들을 일으켜 살리시니, 아들도 자기가 원하는

사람들을 살린다. (요 5:21)

하나님은 주시는 분이다. 언제나 밖을 향해 흘려보내는 관계적 하나님이시며, 자신의 생명을 다른 이들에게 부어 주기를 기뻐하신다. 우리는 그분의 사랑을 드러내기 위해—그분을 무시하고 심지어 미워하는 이들에게조차 자비를 베푸시는 비교할 수 없는 그 사랑을 드러내기 위해—창조되었다.

온전히 자유로우신 하나님은 자신의 모든 것을 다른 이들에게 베풀어 주신다. 그러나 나는 그럴 수 없다. 하나님과 다르게, 나라는 존재는 늘 상대방이 내게 원하는 것을 줄 만큼 나를 열어 주기 전에 그가 먼저 내게 무엇을 주어야 한다고 요구한다. '나는 잘못된 방법으로 나 자신을 챙기고 있는가? 나에 대한 불안감 때문에 존경심을 얻어 내려고 노력하고 있는가? 나는 치밀한 계산하에 거부당할 어떤 위험도 없을 만큼만 스스로를 주고 있는가?' 하나님은 이런 질문을 하실 필요가 없다. 이것은 하나님이 아닌 당신과 내가 물어야 할 질문이다.

정직한 자기 성찰은 회개의 이유를 알려 줄 것이다. "하나님, 제가 이 사람에게 하고 싶은 말이나 행동은 당신의 더 나은 사랑을 닮은 구석이 조금도 없습니다." 거의 모든 대화와 만남에 적용되는 이러한 회개는 성령이 거하시는 내 안의 본성에서 하나님의 생명이 뿜어져 나오게 하며 예수님의 사랑을 닮은 사랑을 할 수 있도록 나를 자유롭게 한다.

나는 말과 행동으로 선한 것을 줄 때, 그렇게 하는 내 동기를 돌아보고 거기서 드러나는 자기중심성을 회개한다. 그때 비로소 예수님의 사랑이 구속받은 나의 심장으로부터 타인에게로 조금씩 흘러간다. 그리고 때로 넘쳐흐르기도 한다.

물론 사탄도 어떻게 다른 이들과 관계를 잘 맺을 수 있는지 조언을 하지만, 이 조언은 우리에게 매력적으로 들릴지는 몰라도 우리 자신과 타인의 삶에서 성령이 움직이시는 것을 가로막는다.

일곱 번째 질문에 대해 하나님의 답으로 위장한 사탄의 답

물러나다: 예수님과 다르게

누가 당신을 깎아내리고 실망시키고 깊이 상처를 주었는가? 똑같이 갚아 주어라. 당신은 그런 식으로 취급받아서는 안 된다. 그(녀)는 당신의 우정이나 사랑을 받을 가치가 없는 사람이라고 생각하고 무시해 버려라. 당신 자신을 돌보아라. 당신을 무너뜨리려는 사람과 제한된 방식이나마 관계를 지속하려 하는 것이 누구에게 어떤 이익이 되겠는가? 하나님은 당신을 사랑하신다. 당신은 다른 이들에게서도 그와 비슷한 사랑을 받을 자격이 있다.

못 본 체하다: 예수님과 다르게

당신의 주된 에너지를 다른 사람을 아는 데 소비하지 마라. 대신 다른 이들이 **당신을** 알게 하라. 그러나 오직 당신이 원하는 만큼만 그리고 당신이 상처받지 않을 정도로만 당신을 알게 하라. 안전선 안쪽에 머물러라. 그리고 다른 사람의 인생을 너무 깊이 알려고 하지 않는 게 좋다. 기분 나쁘거나 불편하게 하는 것을 발견할지도 모르니까 말이다. 당신이 좋아하는 사람들하고만 진지한 교제를 나누어라. 하나님은 당신이 행복하기를 바라신다. 다른 이들에게 무슨 일이 일어나는지에 대해서는 못 본 체하라. 다른 사람을 너무 깊이 알고자 하는 것은 당신에게 짐만 될 뿐이다. 혼란스럽게 하고 스스로 부적절하다고 느끼게 할 것이다. 명백하게 필요한 사항에 대해서만 아는 체하고 당신이 도울 수 있는 것만 하라. 하나님이 그 이상을 바라지는 않으신다.

보호하다: 예수님과 다르게

하나님은 당신을 격려하기 위해 당신과 함께하실 것이다. 그러나 다른 사람들이 당신에게 끼칠 수 있는 해로부터 스스로를 보호해야만 한다. 우리는 밤늦게 외딴 공원을 혼자 산책하지 않는다. 너무 위험하기 때문이다. 그와 같이 상처받을 수 있는 관계에서 자신을 열어 보일 이유가 무엇인가? 이 세상에 긍정적 변화를 가져오고자 한다면 먼저 당신 스스로에 대해 긍정적으로 느끼는 것이 필요하다. 그럴 때 비로소 당신은 자신을 즐거워하는 풍성한 삶을 경험할 것이며 다른 이들을 위해서도 선한 일을 할 수 있을 것이다. 기억하라. 모든 관계의 목표는 당신이 다른 이들로부터 좋은 대접을 받을 만한 사람이라는 사실을 즐기는 것이다. 하나님은 당신이 행복하기를 바라신다는 것을 잊지 마라. 당신을 나쁘게 대하는 사람과의 관계를 지속한다면 어떻게 행복할 수 있겠는가? 당신을 제대로 사랑해 주는, 그래서 당신이 즐거워하는 사람들과의 관계 위주로만 사랑의 지경을 넓혀 가라.

✻

  사탄은 우리가 삶과 다른 사람들이 우리를 잘 대해 줄 때만 느낄 수 있는 부차적 행복에 계속 몰두하게 하려고 수단과 방법을 가리지 않는다. 우리는 삶이 어렵고 다른 사람들이 나쁘게 대하는 순간에도 예수님을 드러냄으로써 누리게 되는 기쁨, 즉 일차적 행복을 향해 뻗은 좁은 길로 우리를 이끌어 가시는 하나님의 이야기를 들어야 한다. 다른 이들과 **함께** 머물고 그들을 **알고자** 힘쓰며 예수님이 우리에게 값없이 준 사랑을 그들에게 **줄** 때, 우리는 그분을 가장 잘 드러내고 성령이 행하시는 일에 가장 잘 협력할 수 있다.

3부

가장 어두운 밤에도 아름다운 이야기는
계속 펼쳐진다

내가 들려주는 이야기의 아름다움이 보이느냐?

    네, 조금이요. 그런데 제가 다른 사람들과 맺는 관계에서 지속적으로
    그 아름다움을 드러내기에는 너무 희미하게만 보입니다.

너는 아직도 너의 작은 이야기 안에 머물러 있구나.
너는 네 인생에서 부차적인 것들을 얻으려고 근근이 살아가는구나.
인생이 잘 돌아갈 때 느끼는 즐거움은 내 이야기의 아름다움을 보고자 하는
갈망을 느끼지 못하게 한단다.

    그렇지만 예수님, 저는 당신의 희생적 사랑이라는 더 큰 이야기를 보기 원합니다.
    제가 맺는 관계에서 당신의 이야기를 들려주기 원해요.
    그렇지만 너무 자주, 때로 너무 처참하게 실패하고 맙니다.

너는 내가 사랑하는 방식에 언제까지나 미치지 못할 것이다.
그렇지만 네가 실패를 깨닫고 고백할 때,
용서하고 힘을 주는 내 사랑의 소망 안에서 너는 쉴 기회를 얻을 것이다.
나의 십자가에 초점을 맞춰라. 나의 부활을 경축하라.

    그동안 저는 주님이 주시는 사랑의 생수를 홀짝거리기만 한 것 같아요.
    제가 주님의 그 사랑을 차고 넘치도록 마음껏 충분히 마셔서
    다른 사람에게까지 흘러가게 할 날이 과연 올까요?

좁은 길을 계속 걸으렴. 너를 위한 나의 계획은 실패하지 않을 것이다.

20장 싸움에 임하라

> 우리는 그를 진지하게 받아들이지 않습니다. 예수님이 오시기 전, 우리는 하나님을 보지 못했고 인간도 제대로 보지 못했습니다. 우리는 인간을 안다고 생각했지만, 하나님의 숨결을 불어넣은 순전한 인간성…우리는 예수님 안에서 그것을 봅니다.
> _페레그린 신부[1]

우리가 관계적 하나님을 바로 알아서 그분의 방식대로 관계를 맺어 그분을 드러내는 삶을 사는 것보다 인생에서 더 중요하거나 지속적이고 만족을 주는 일이 있을까?

우리 대부분에게 이 물음에 답하라 한다면 아마도 '그렇다'라고 할 것이다. 다른 것들이 더 중요하다. 이번 장을 쓰고 있는 오늘은 미국 총선이 치러진 지 이틀 후다. 당선자들은 공연장의 소녀 팬들만큼이나 신이 났다. 낙선자들은 벌써부터 2년 후를 위해 당선 계획을 세우고 있다.

예수님처럼 사랑하는 것? 물론 그것은 좋은 일이지만, 국가가 번영의 길을 가게 하는 것이야말로 정말 중요한 문제처럼 보인다. 그리고 이미 우리는 정부 시책에 그분의 원칙을 반영하고자 노력함으로써 그분처럼 사랑하고 있지 않은가?

어제 오후 1시 35분, 과거의 내 암 치료 기록을 살펴보고 최근에 받은 피검사 결과를 확인한 주치의는 웃으면서 암은 재발하지 않았다고 말해 주었다. 나는 이 좋은 소식을 들었던 시각을 정확히 기억한다. 그 순간만큼은 누군가를 사랑할 기회를 얻는 것보다 건강이 괜찮다는 사실이 더 감사했다.

부차적인 것들이 우선순위를 차지하는 것은 얼마나 순식간인가. 어쩌면 원래부터 그랬는지 모른다. 중요한 것은 우리가 맺는 관계가 아니라 우리의 건강인 것이다. 우리는 대부분의 사람과 잘 지낸다. 우리의 체계적 관심이 필요한 문제는 관계를 위한 노력보다 식사와 운동 습관처럼 보인다.

그리고 나는 이 책을 마쳐야 한다. 마감 기한이 다가오고 있다. 내가 서명한 계약서는 편집자에게 제 날짜에 원고를 넘기기로 한 것이지 그 편집자를 사랑하는 것에 관한 것이 아니지 않은가. 후자도 물론 중요하다. 그렇지만 적어도 지금 이 순간만큼은 잘 팔릴 원고를 마쳐서 건네주는 것이 더 중요하다. 그렇지 않은가?

6주 전 탱크가 필요 없는 새 온수기를 집에 설치했는데, 지금 그 온수기에서 물이 샌다. 나는 한 번 더 전화를 해야 하고, 배관공이 오기를 기다리면서 한 번 더 한나절을 허비해야 한다. 배관공이 도착할 때 나는 그를 사랑해야 할까? 그러기는커녕 인내심을 잃지 않기만 바랄 뿐이다. 물이 새는 것은 고쳐야 한다. 이렇듯 관계적 성숙을 위해 고민하는 것보다 더 많은 시간과 노력이 요구되는 일들이 늘 있다.

그러나 하나님의 관계적 성령은 우리가 살아가면서 누구를 마주치더라도 그 사람과 관계를 잘 맺고 있는지 끊임없이 스스로에게 묻게 하고, 예수님처럼 사랑하게 하는 그분의 능력을 알도록 초대하신다. 그러나 우리는 그런 것을 생각할 에너지가 없다. 다른 사람들과 대체적으로 잘 지내고, 특히 그들이 우리를 대하는 방식보다 우리가 그들을 대하는 방식이 더 훌륭하다고 생각하면서 성령의 질문을 한쪽에 밀어 놓는다.

이 책을 시작하면서 나는 교회든 세상이든 오늘날의 문화에서 사랑―곧 하나님이 사신 방식대로의 사랑―만큼 잘 이해받지 못하고 경시되는 것은 없다고 했다. 예수님은 일반적 사고방식으로는 전혀 이해되지 않는 종류의 사랑을 내거신다. '해 위에서'의 사랑, 즉 우리가 '해 아래에서' 행복하게 살아가려면 필요하다고 생각하는 것들을 기꺼이 희생하는 사랑을 보여 주시는 것이다. ('해 위에서'와 '해 아래에서'라는 표현은 다음 장과 마지막 장에서 더 자세히 다룰 것이다.)

예수님이 관계를 맺는 방식은 우리 대부분이 살면서 피하고 싶어 하는 고난을 가져온다. 거부, 비난, 배신, 버려짐, 종살이, 잔인함 등, 그분은 이 모든 것을 겪으면서도 사랑하기를 결코 멈추지 않으셨다. 부차적 행복이 우리의 목표라면, 예수님처럼 사랑하는 것은 결코 좋은 생각이 아니다.

우리에게는 더 좋은 계획이 있다. 우리에게 좋은 일을 할 것이라 믿을 수 있는 사람에게만 좋은 일을 하라. 우리 자신의 안녕을 먼저 생각하고 그것을 보호하라. 오직 그럴 때, 즉 먼저 우리 자신과 삶에 대해 좋게 느낄 때만, 타인의 안녕을 염려하는 마음으로 그들에게 다가갈 수 있다.

우리는 하나님의 관계적 아름다움에 미치지 못한다. 하나님은 우리를 위해 그분의 '위험한 사랑'이라는 파도가 일렁이지만 맑은 바닷물에서 헤엄칠 수 있는 길을 만들어 주셨고, 그리하여 우리가 관계적 성숙이라는 항구를 향해 헤엄쳐 갈 때 감사하게도 자기중심성이라는 여전히 매력적으로 느껴지는 해변으로부터 점점 멀어질 수 있게 해 주셨다. 그런데도 우리는 마치 우리의 당연한 권리처럼 주장하는 '다른 사람을 향한 기대'라는 진흙탕 속에서 철벅거린다. 나는 그에게서 이런 것을 **받아야** 해! 나는 그녀에게서 이런 것을 **받지 말아야** 해!

책을 마무리해야 할 시간이 다가오는 지금도 나는 여전히 스스로에게 묻고 있다. 나는 싸우고 있는가? 과연 옳은 방향을 향해 헤엄쳐 가고 있는가? 비유를 바꿔 보면, 나는 좁은 길을 따라 더 멀리까지 와 있어야 하지 않을까? 나는 더 나은 사랑을 위한 싸움을 해 왔는가? 나에게는 다른 것이 더 중요한 것은 아닌가? 물이 새는 온수기를 고치는 일이나 나 자신에 대해 좋게 느끼는 것이나 내가 지향하는 가치를 지지하는 대통령이 당선되는 것같이 더 긴급한 일에 최우선적 관심을 집중하기 위해, 타인과 관계 맺는 방식에 대해 만족하고 잘 사랑하고 있다며 흡족해하는 것은 아닌가?

❈ ❈ ❈

우리의 삶과 세상 안에서 벌어지는 온갖 잘못된 일들과 걱정거리를 감안할 때, 하나님을 충분히 잘 앎으로써 거룩한 사랑의 아름다움에 감탄하고 그리하여 더 나은 사랑을 위한 싸움이자 이번 생애에서 가장 중요한 이 싸움에 임하는 것보다 더 긴급한 일은 없다는 것이 정말 참인가? 바울의 고백 중 가장 잘 알려져 있지만 가장 적게 받아들여지는, 하나님이 인정하신 믿음의 고백을 들어보라.

> 내가 사람의 모든 말과 천사의 말을 할 수 있을지라도 내게 사랑이 없으면 울리는 징이나 요란한 꽹과리가 될 뿐입니다. 내가 예언하는 능력을 가지고 있을지라도, 또 모든 비밀과 모든 지식을 가지고 있을지라도, 또 산을 옮길 만한 모든 믿음을 가지고 있을지라도 사랑이 없으면 아무것도 아닙니다. 내가 내 모든 소유를 나누어줄지라도, 내가 자랑삼아 내 몸을 넘겨줄지라도, 사랑이 없으면 내게는 아무런 이로움이 없습니다. (고전 13:1-3)

우리는 바울의 말을 믿는가? 내가 여러 언어를 할 줄 알고, 하나님의 비밀스러운 계획이나 알아야 할 모든 것을 저절로 아는 능력을 타고났고, 엄청난 기적을 일으킬 만한 믿음을 가졌으며, 테레사 수녀마저 이기적으로 보이게 할 만큼 가난한 이들을 긍휼히 여기고, 훌륭한 대의를 위해 육체적 안락함을 포기한다 해도, 예수님이 사랑하시는 것처럼 다른 사람들을 사랑하지 않는다면 나의 삶은 정말로 무가치하다고?

바울은 예수님을 알았다. 예수님이 사랑하시는 것처럼 타인을 사랑한다는 것이 무엇인지도 알았다. 오늘날의 적어도 일부 그리스도인은, 예수님처럼 사랑하는 것이란 사람들을 잘 대하고 무례하게 행하거나 판단하지 않으며 기분 좋게 맞장구 쳐 주고 친절하게 도와주는 것을 의미한다고 생각한다. 그러나 예수님은 잘 길들여진 고양이나 꼬리 흔드는 강아지가 아니었다. 자신의 좋은 친구였던 마르다를 부드럽지만 직접적으로 꾸짖으셨으며(눅 10:41-42을 보라), 바리새인들을 "눈 먼 인도자들", "어리석고 눈 먼 자들"이라고 부르며 통렬하게 비난하셨다(마 23:16-17). 한번은 열정적인 제자 베드로를 향해 "사탄아, 내 뒤로 물러가라"고 말씀하기도 하셨다(마 16:23). 십자가에 달리기 몇 시간 전 재판을 받으실 때도 처음에는 대제사장의 오만한 질문에 답하기를 거부하셨지만 멸시하는 태도로 대제사장이 두 번째 묻자 노여워하며 답하셨다(마 26:62-64).

예수님처럼 사랑한다는 것은 무엇을 의미하는가? 아버지의 목적을 위해 일하실 때 예수님은 온순한 양 같기도 했고["도살장으로 끌려가는 어린 양처럼"(사 53:7)], 교만한 유대인들을 향해서는 포효하는 사자 같기도 했다["너희는 너희 아비인 악마에게서 났으며, 또 그 아비의 욕망대로 하려고 한다"(요 8:44)]. 그분은 사람들과의 모든 만남에서 하나님 사랑의 지극히 거룩한 본성을 보여 주셨다. 그렇다. 예수님은 친절하지 않으셨다. 적어도 우리 대부분이 친절하다는 말을 이해하는 식으로라면 그렇다. 다른 사람들과의 만남에서 그분의 성품을 드러낸다는 것의 의미를 알려면 깊이 고민해야 한다.

우리는 수동적이고 물러 터진 사람처럼 관계를 맺어서는 안 된다. 그러나 또한 부차적 행복을 누리는 데 방해가 되는 사람은 누구든 밀어 버리려는 충동으로 행동해서도 안 된다.

친한 친구(또는 배우자나 자녀)가 당신을 나쁘게 대한다. 당신이 그(녀)를 먼저 실망시켰기 때문에 불친절하게 대하는 것이 정당하다고 믿으면서 말이다. 당신은 그 사실에 동의하지는 않지만, 관계의 갈등을 해결하기 위해 노력하고 싶다는 뜻을 보인다. 그런데 친구는 화내며 절교를 선언한다. 이런 상황에서 더 나은 사랑을 위해 싸우고 싶다고 하는 것은 무슨 의미일까?

사탄은 이에 대해 몇 가지 제안을 내놓는데, 그 제안들은 저마다 매력이 있다. 그중 하나는 다음과 같다. '당당해라. 당신의 친구가 미성숙한 것이므로, 그가 성숙해질 때까지 한 발 물러서 있어라.' 또한 다른 제안도 가능하다. '네가 잘못했다고 생각하지 않는 어떤 것에 대해 그냥 사과하라. 평화를 지켜라. 그(녀)가 원하는 방식대로 관계를 회복하기 위해 할 수 있는 것은 무엇이든 하라.' 기가 센 사람들은 첫 번째를 선택하기가 쉽다. 마음 약한 사람들은 두 번째를 선택할 것이다.

이런 제안은 관계를 맺는 방식에서 하나님의 영광을 드러내는 것이 아니라 자신을 먼저 챙기라고 유혹하는 사탄의 목소리임을 안다면, 당신은 이미 좁은 길을 꽤 걸어온 것이다. 당신은 성령의 목소리를 듣기 원한다. 귀를 기울이고 책을 읽으며 기도한다. 그러나 어떠한 직접적 지침도 없고, 따라갈 구체적 단계도 제시되지 않는다.

어쩌면 화가 난 친구에게서 한 걸음 물러서 있는 것이 긴장감에서 벗어나 친구에게 화를 식힐 시간을 줄 수 있고 그를 사랑하는 방법일 수 있다. 혹은 당신은 몰랐지만 어쩌면 정말로 당신이 친구를 실망시켰음을 인정하는 것 역시 사랑의 에너지를 담아내는 것일 수도 있다. **이제 당신은 더 나은 사랑을 위한 어렵고 때로 헷갈리기도 하는 싸움으로 들어왔다.** 당신이 무엇을 해야 할지 정확하게 알고 있다면 싸움은 훨씬 쉬울 것이다. 그러나 아무리 하나님의 이야기를 하고 싶어도 그 장면에서 말할 대사를 알지 못한다. 어쩌면 처음부터 정해진 대사는 없었는지도 모른다. **성령은 어쩌면 다른 방식으로 일하고 계신 것 아닐까.**

이렇게 생각해 보라. 거룩한 사랑의 성령이 어떤 방향으로 이끌어 가든 당신의 마음과 생각이 그것에 열려 있다면, 하나님의 사랑은 타인의 안녕을 위해 자존심을 희생한다는 것을 이해한다면, 문제투성이인 당신의 친구가 하나님의 부르심에 반응할 때 어떤 사람이 될지 곰곰이 상상해 본다면, 당신이 어떤 선택을 하든 성령으로 충만한 당신의 영혼은 그 일을 통해 예수님께 속한 무언가를 친구에게 흘려보낼 것이다.

당신이 다른 사람의 영혼에 다가설 때 그 사람에게 선한 영향력을 끼친다면, 그것은 당신 영혼 안에서 일하시는 하나님의 역사다. 그리고 기억하라. **더 나은 사랑을 위한 싸움의 성공 여부는 당신이 다른 사람에게 끼친 영향이 가져온 가시적 결과로 판단해서는 안 된다.** 당신이 사랑하려고 노력할 때 그 노력의 결실을 보는 것에 목표를 둔다면, 그것 때문에 부담을 느낄 것이다. 친구가 겸손해지고 관계가 회복되기를 바란다면 기도하라. 아무것도 요구하거나 당연하게 여기지 않으면서, 그저 당신이 그토록 바라는 부차적 축복을 위해 기도하라. 당신이 목표로 삼아야 하는 것은 당신이 선택한 관계의 방식이 무엇이든 그것을 통해 그리스도를 영화롭게 함으로써 아버지를 기쁘시게 하는 것이다. 그럴 때 깨어진 관계, 어쩌면 다시는 회복되지 않을 관계로 인한 계속되는 슬픔 가운데서도 기쁨을 알 수 있을 것이다.

생명에 이르는 좁은 길은 좁다. 부차적인 것들을 얻게 해 줄 공식과 부차적 행복으로 이끌어 줄 단계별 접근법을 앞다투어 찾는 일은 넓은 길 위에서만 일어난다. 좁은 길을 걸을 때, 예수님이 때로 그분의 친구들을 꾸짖으셨던 것처럼 당신도 당신의 친구를 엄하게 꾸짖을 수 있다. 예수님이 겟세마네에서 가장 가까운 세 친구에게 하셨던 것처럼 당신 안에서 일어나고 있는 일을 누군가와 나눌 수도 있다. 예수님이 언젠가 제자들에게 말씀하셨던 것처럼, 발에서 먼지를 털어내듯 어려운 관계에서 돌아서서 당신의 인생을 살아갈 수도 있다. **예수님처럼 사랑하는 것에 의지를 순복하면 사랑 많으신 예수님의 열정이 따라온다.** 시간이 흐른 후에 당신은 다른 방식으로 행동하는 것이 그분의 열정을 더욱 가져왔다는 사실을 깨달을 것이다. 성령이 주시는 지혜는 더 큰 분별력을 가지고 좁은 길을 따라 더 멀리까지 나아갈 수 있게 할 것이다.

좁은 길을 계속 걸어갈 때, 다음의 몇 가지 질문을 자신에게 던지고 하나님 앞에서 정직하게 대답함으로써 더 나은 사랑을 위한 싸움에 임하라.

- 나는 나에게 이토록 큰 상처를 입힌 그 사람 안에서 하나님이 일하시기를 진정으로 열망하는가?
- 나는 내 친구가 어떤 사람이 될 수 있을지 그려 보고 그 비전이 실현되기를 기도할 수 있는가?
- 나는 이 어려운 상황에서 성령이 나를 어떤 식으로 반응하도록 이끌어 가시든지 그것에 열려 있는가?
- 나는 하나님께 나의 마음을 살피시고 나의 태도에서 하나님을 거스르는 것이 있다면 무엇이든 지적해 달라고 구한 적이 있는가?
- 나는 나의 슬픔과 어려움을 경건한 친구들에게 알리고 그들의 지혜를 구할 것인가?

무엇을 해야 할지 주님의 직접적인 인도를 받을 수도 있고 받지 못할 수도 있다. 어느 쪽이든 스스로에게 이러한 질문(그리고 이와 비슷한 다른 질문들)을 하고 정직하게 답하는 것에 확고히 마음이 열려 있다면, 당신은 더 나은 사랑을 위한 싸움에 임하고 있는 것이다. 당신은 **해 아래에서**, 즉 나쁜 상황에서도 어떻게든 최선의 것을 만들어 내겠다고 결연하게 마음을 다지는 곳에 살지 않는다. 이제, 어떻게 하면 당신 삶의 이야기가 하나님의 이야기를 가장 잘 전달할 수 있을지 알기를 갈망하는 **해 위에서** 살고 있다.

일평생 좁은 길을 걸어가면서 우리를 인도해 줄 하나님의 답을 듣기 위해 우리가 물어야 할 가장 핵심적인 질문이 있는가? 다음 장에서 나는 이 책에서 답하고자 했던 그 질문을 분명히 제시할 것이다.

마지막 장에서는 **해 아래에서** 사는 것이 무엇을 의미하는지, 즉 사탄의 이야기를 전하며 인생을 낭비하는 것이 무엇인지 살펴본 뒤, 진정으로 우리가 속한 곳인 **해 위에서** 살라고 제안할 것이다. 그곳에서는 하나님의 이야기를 전함으로써 모든 관계에서 예수님을 드러내고자 하는 우리의 가장 깊은 갈망이 마음껏 충족되는 기쁨을 누릴 것이다.

21장 답

질문이 무엇인가?

당신이 중요하게 생각하지 않는 질문에 답하는 것보다 지루한 것은 없다.

_피터 크리프트[1]

많은 실수 중에서 내가 이 책을 쓰면서 했을 가능성이 있는, 그러나 내가 정말로 하고 싶지 않은 두 가지 실수가 있다. 하나는 이것이다. 아무도 묻지 않는 질문에 책 한 권 분량의 답을 하는 것이다. 두 번째 실수도 비슷한데, 우리 모두가 묻는 중요한 질문에 대해 장황하고 난해한 답, 무언가를 명확하게 해 주기보다 더 헷갈리게 만드는 답을 내놓고 싶지는 않다.

만약 이전 장들에서 잘 하지 못했다면, 마지막 두 장에서만큼은 내가 이 책에서 묻고자 했던 질문을 명확하게 제시하고 그 답을 찾는 데에 관심을 불러일으킬 수 있기를 바란다. 동일한 간절함으로, 내가 이제 말하려는 바로 인해, 당신에게 중요한 한 가지 질문에 대한 답을 신중하고 진지하게 생각해 보고자 하는 마음이 모아지기를 바란다. 그러나 중요한 질문을 하는 것은 때로 어렵다. 이제 설명해 보려고 한다.

※ ※ ※

목사인 한 친구가 어떤 경고도 미리 받지 못한 채, 교회 장로들에 의해 해임되었다. 친구는 "목사님이 우리 교회가 다음 단계로 성장할 수 있도록 이끌 수 있는 분인지 믿기 힘듭니다"라는 말 외에 어떤 설명도 듣지 못했다. 그는 혼란스러웠고 마음이 쓰렸다. 두렵기도 했다. 부양해야 할 가족과 갚아야 할 대출금이 있기에 직장이 필요했다. 가장 시급한 질문이 무엇이었을지 추측해 볼 수 있다. 나라도 그 상황에 처한다면 똑같이 물었을 것이다. **나는 지금 뭘 해야 하지?** 그가 다른 질문을 해야 했을까? 보다 긴급하게 그러나 차분하게? 그럴 수 있었을까? 나는 어떠한가?

재혼한 지 10년 된 중년 여성이 또다시 남편에게 실망했다. 첫 남편은 부끄러워할 줄 모르는 성 중독자였다. 재혼한 남편은 도덕적이며 실수에 관대하지만 나약했다. 둘 사이에 갈등이 일어날 때면(그는 언제나 아내가 먼저 갈등을 촉발시킨다고 생각한다), 웃음을 지으며 숨어 버린다. "저는 어떻게 해야 하죠?" 하고 그녀가 내게 물었다. "저는 외롭고 화가 나고 우울해요. 남편을 존중하는 마음이 생기질 않아요. 이 남자와 단 1년을 더 사는 것조차 생각할 수 없어요." 그녀는 하나님이 가장 답하고 싶어 하시는 질문을 하고 있는가? 그 질문에는 그녀가 하나님이 하시는 이야기에 진정으로 관심이 있다는 것이 드러나는 흔적이 있는가?

다른 친구는 좌절감을 느꼈다. 결혼 생활도 일도 잘되는 것이 없었다. "나는 언제나 자신만만했는데, 이제는 내 자신이 실패자처럼 느껴져. 자존감이 바닥에 떨어졌어. 어떻게 해야 나 자신과 삶에 대해 다시 좋게 느낄 수 있을까?" 다른 질문이자 더 중요한 질문을 제기하기 전까지, 그 친구에게 이 책은 아무 의미가 없을 것이다. 복음 역시 마찬가지다.

한 여성의 십 대 딸이 최근 데이트 중이던 그리스도인 남자 친구에게 성폭행을 당했다. 딸은 어둠에서 나오려 하지 않는다. 심리안정제가 약간의 도움은 주었지만, 딸은 상담도 받으려 하지 않는다. "제가 왜 그래야 하죠?" 딸은 말한다. "제 삶은 이미 망가졌어요." 엄마는 이미 세 가지 싸움을 벌이고 있으며, 네 번째 싸움도 머릿속에서 맴돈다.

- 나는 그 남자아이를 증오한다. 그렇지만 나는 그 아이를 용서해야 한다는 것을 안다. 그것이 그리스도인으로서 해야 할 일이다.
- 나는 딸이 우울증에서 벗어날 수 있도록 어떻게 돕는 것이 최선일지 모르겠다. 출석 교회의 목사도, 상담가도 명확한 방향을 제시해 주지 않는다.
- 나는 이상할 정도로 딸에게 거리를 두는 남편에게 몹시 화가 나 있다. 내가 얼마나 화가 나는지 남편에게 말하려고 하면, 그는 뒷걸음치며 더욱 멀어질 뿐이다.

네 번째 싸움은 그녀가 그리스도인이기 때문에 존재한다. 그녀는 자신에게 묻는다. '이 모든 것에서 **하나님은 어디에 계시는가? 그분은 왜 이런 일을 허락하셨을까? 나는 엉망진창인 이 상태를 어떻게 감당해야 하는가?**'

그녀가 화가 나고 걱정이 되며 혼란스러워하는 것은 충분히 이해할 만하다. 그러나 성령이 거하시는 그녀 안 더 깊은 곳으로부터 다른 질문이 솟아오를 때, 비로소 그녀는 하나님이 엉망진창인 이 상황 가운데서 무슨 일을 하시려는 것인지 들을 마음의 귀가 열릴 것이다. 또한 그녀가 딸과 남편을 대하고 성폭행을 가한 그 남자아이를 향한 자신의 태도를 생각할 때, 마침내 하나님의 영원한 목적에 협력할 준비가 될 것이다.

※ ※ ※

내가 신학교에서 상담학을 가르치던 때였다. 첨예한 신학 내용을 다루던 중이었는데, 강의 시간이 다 끝나기도 전에 학생들이 자리를 떠나며 불평하는 소리를 여러 번 들었다. "이 교수님은 도대체 현실의 삶을 알기는 하는 거야? 현실에서는 아무도 묻지 않는 질문에 답을 하고 있어. 우리가 언젠가 실제로 강단에 섰을 때 교인들의 삶과 무관한 가르침을 하면서 모두를 지루하게 만들길 바라시는 건가?"

아마 학생들에게 다가오던 임무―즉 하나님이 답하신 질문들이자 모든 사람의 인생과 모든 사람의 불운한 행복 추구와 깊이 관련된 질문들―에 대해 관심을 불러일으키는 것이야말로 지금 나의 임무다. 나는 이 책에서 현실의 삶에서 동떨어져 있거나 추상적인 신학에 대해서만 말하고 싶지 않다. 만약 그러했다면, 그것은 첫 번째 실수일 것이다. 두 번째 실수는 이것이다. 하나님이 답하신 중요한 질문에 강렬한 관심을 불러일으켜 놓고, 정작 영혼을 변화시킬 능력으로 답을 분명하고 의미 있게 전달하는 데는 실패하고 싶지 않다.

오래전, 조니 카슨이 심야 공연에서 흰 깃털이 달린 터번 모자를 쓰고 밀봉된 봉투를 귀 옆으로 들어 올린 뒤 2초 정도 뜸을 들였다가 "정답은…"이라고 엄숙하게 발표하던 장면을 기억하는 사람이 있을지 모르겠다. 사람들을 웃겼던 포인트는 질문과 답의 명백한 부조화에 있었다.

지난주에 우연히 "카슨 클래식"이라는 프로그램이 텔레비전에서 다시 방영되는 것을 보았다. '답 먼저—질문은 나중에' 유머를 보고 있자니 나는 묻지 않을 수 없었다. 이 책에서 내가 제시하는 답과 우리 모두가 물어야 하는 질문 사이에 달갑지 않은 부조화가 존재하는 것은 아닐까? 내가 제시하는 답은, 삶이 우리에게 묻게 하는 결정적 질문을 하는 예수님의 신실한 제자들에게 과연 진실하게 들릴까?

당신은 이미 이 책의 20장을 읽었다. 두려움 반 망설임 반으로, 이제 가장 중요한 질문이자 모두가 묻고자 했던 질문을 맞이하며 내가 이 책에서 제시하려고 했던 답을 요약해 보겠다.

당신이 평생 좁은 길을 걷고 있다면, 당신은 더 큰 이야기 안에서 살고 있습니다. 더 큰 이야기 안에서 살고 있다면, 당신은 더 나은 사랑을 위한 싸움에 임하고 있습니다. 당신은 해 아래가 아닌 해 위에서 삶을 바라보고 있기 때문입니다.

이것이 답이다. 그런데 질문이 무엇인가? 그 질문에 답하기 전, 방금 요약한 문장에서 네 가지 핵심 표현에 주의를 기울이고자 한다. 처음 세 가지는 앞에서 이미 살펴보았기 때문에 간략하게 살펴보아도 충분할 것이다. 네 번째 표현은 20장에서 스쳐가며 언급했으며 더 깊은 논의가 필요하기에 다음 장에서 자세히 다룰 것이다. 좀 전에 제시한 문장과 네 가지 핵심 표현 안에 있는 답을 제대로 이해한다면, 우리가 묻고자 하는 질문이 더 명확해질 것이다.

첫 번째: 평생 좁은 길을 걷는 것
두 번째: 더 큰 이야기 안에 사는 것
세 번째: 더 나은 사랑을 위한 싸움에 임하는 것
네 번째: 해 아래가 아닌 해 위에서 삶을 바라보는 것

평생 좁은 길을 걷는 것

단순히 당신의 인생이 힘들다고 해서 좁은 길 위에 있다고 생각하는 것은 오산이다. 삶은 모든 사람에게 힘들다. 무신론자에게나 그리스도인에게나, 뜨뜻미지근한 그리스도 추종자에게나 진정한 제자에게나 모두 마찬가지다. 어려움이 곧 좁은 길을 의미하는 것은 아니다. 대신, 어려움은 좁은 길을 걷는 그리스도인들이 새로운

결심과 견고한 소망을 가지고 다음 단계로 나아갈 기회를 선물해 준다. 또한 도덕적인 삶을 살고 그리스도인으로서 해야 할 일을 하고 하지 말아야 할 일은 하지 않는다고 해서 좁은 길 위에 있다고 생각해서도 안 된다. 평생 좁은 길을 걸어간다는 것을 그렇게 이해한다면, 바리새인들이 당신을 잘 인도해 줄 것이다.

당신이 두 이야기, 하나는 사탄이 들려주고 다른 하나는 하나님이 들려주시는 두 이야기가 매일 매 순간마다 들려온다는 것을 예리하게 인식한다면, 당신은 좁은 길 위에 **있다**. 좁은 길 위의 여행자들은 두 이야기 모두에 매력을 느끼며, 자주 잘못된 쪽에 더 강하게 끌린다. 그러나 기도하면서 두 이야기를 분별하고, 각 이야기가 어떤 결말로 가는지 살핀다. 성령이 일하시면, 묘하게 가장했지만 사실은 관계를 죽이는 사탄의 이야기에서 악취를 감지한다. 반면, 관계를 세우고 묘하게 요구하는 것이 많은 하나님의 이야기에서는 향기를 맡는다. 그리고 점차 관계를 맺는 방식을 통해 그들의 구속받은 심장이 가장 들려주고 싶어 하는 이야기를 전한다는 것이 무슨 의미인지 더 잘 이해하게 된다.

더 큰 이야기 안에 사는 것

당신이 하나님의 이야기에 관해 성경에 계시된 모든 것을 알고자 하고 그래서 그 이야기의 관계적 대본을 따라간다면, 당신은 더 큰 이야기 안에 사는 것이다. 반면, 기독교 진리라 여기는 진술 및 따르고자 하는 성경적 원칙 몇 가지를 아는 것에 안주한다면, 당신은 더 작은 이야기 또는 비관계적 이야기 안에 사는 것이다.

이야기꾼들, 더 큰 이야기를 들려주는 사람들은 영원의 과거— 곧 시간이 존재하기도 전—에 그 이야기가 어떻게 시작되었는지 상상하기를 좋아한다. 오직 하나님, 사랑의 공동체를 즐거워하시는 삼위일체 세 분의 위격만 존재하시던 그때 말이다. 그리고 이 이야기꾼들은 영원의 시간을 지나 시간이 시작되던 극적인 순간으로 빠르게 넘어온다. 하나님의 이야기꾼들은 하나님이 한 가지 위대한 목적을 위해 그들을 창조하셨음을 안다. 즉 사랑할 만하지 않은 사람, 반역자, 어리석은 사람, 교만한 독선가, 쾌락에 중독된 향락주의자까지 사랑하는 사랑을 예수님 안에서 보고 그 사랑을 내보이라고 창조하신 것이다. 작은 악마를 작은 그리스도로 변화시키기 위해 필요하다면 어떤 고난도 기꺼이 직접 견디는 사랑, 오직 사랑이라고 부르기에 합당한 그런 종류의 사랑을 말이다.

당신과 내가 하나님의 더 큰 이야기 안에 사는 사람들이라면, 우리는 시간이 끝나는 날, 천천히 성숙해 가던 작은 그리스도인 모두가 순식간에 완전히 성숙에 이르고 하나님의 거룩한 능력으로 새롭게 된 세상에서 거룩한 행복을 누리는 거룩한 공동체의 일부로 환영받을 그날을 열렬히 고대한다. 영원의 과거와 영원의 미래 사이에 존재하는—바라기는 당신과 나 역시 포함되어 있을—하나님의 이야기꾼들은 부당하게 일자리를 잃고, 불행한 결혼 생활로 힘들어하며, 자신감을 완전히 잃게 하는 일을 겪고, 가족이 불행을 겪어 분노를 느낄 때조차도, 그들을 지켜보는 세상 앞에 예수님의 놀라운 사랑을 드러낼 기회를 찾는다. 더 큰 이야기의 줄거리를 알고, 소망 가운데 그것을 붙잡으며, 관계 맺는 방식을 통해 그 줄거리가 더욱 진전되기를 원할 때, 우리는 더 큰 이야기 안에 살고 있음을 깨닫는다.

더 나은 사랑을 위한 싸움에 임하는 것

예수님의 진정한 제자들은 더 나은 사랑, 그분이 보여 주신 사랑을 위해 싸운다. 그들의 주된 싸움은 행복한 환경에서 더 나은 삶을 살기 위한 것이 아니다. 더 나은 삶을 위해 싸우면, 더 나은 사랑을 위해서는 싸우지 않을 것이다. 더 나은 사랑을 위해 싸우면, 하나님이 정의하시는 방식대로의 더 나은 삶 그리고 예수님이 경험하셨던 더 나은 삶을 발견할 것이다. 하나님이 우리에게 주시기로 선택하신 행복한 환경 역시 덤으로 따라올 수 있다.

그러한 싸움이 불러오는 위험을 인식하고 놀랄 수도 있겠지만, 예수님처럼 가장 최악의 위험을 기꺼이 감수하려 할 때, 당신은 가장 온전히 그 싸움에 임할 수 있다. 예수님처럼 사랑하기 위해 싸우는 사람들은 더 큰 실망과 상처로부터 마음을 보호하려고, 혹은 그들에게 상처를 준 배우자나 친구에게 똑같이 되갚아 주려고, 싸움터를 떠나고 싶은 유혹을 받는다. 유혹의 시절에, 예수님처럼 사랑하기를 갈망하는 그리스도인들은 그들이 충분히 싫어할 만한 이유를 가진 사람들에게조차 은혜를 부어 주라는 성령의 요청을 듣는다. 그러한 요청은 불합리하고 심지어 어리석어 보이기도 한다. 너무 많은 것을 요구하거나 그들이 응답할 수 있는 능력을 넘어서는 요청 같아 보인다.

이때 우리 중 선한 싸움을 싸우는 이들은 **우리**야말로 싸움터임을 이해하게 된다. 예수님의 좋은 군사가 되기로 단단히 각오하지만, 그분의 적을 위해 싸우기도 하고 때로 위치를 바꿔 우리의 적을 위해 싸우기도 한다. 그러나 그때에도 우리는 관계적 영혼이 아닌 개인적 자아로 사는 관계적 죄를 고백하고, 하나님의 놀라운 은혜를 찬양하면서 그 안에서 쉼을 얻기도 한다. 우리는 예수님을 드러낼 때, 특별히 어려운 관계에서 그렇게 할 때, 그것을 가능하게 하시는 세 위격의 하나님 공동체를 찬양할 수 있다. 또 우리가 하나님의 이야기를 사랑하고 있으며, 언젠가 영원한 승리를 얻게 될 선한 싸움으로 우리를 부르시는 하나님을 사랑하고 있음을 더욱 깊이 깨닫는다.

평생 좁은 길을 걷는 것, 더 큰 이야기 안에 사는 것, 더 나은 사랑을 위한 싸움에 임하는 것. 바로 이것이 매일 대가를 따져 보는 예수님의 진정한 제자들이 그분을 따라갈 때 하는 일들이다.

나는 이것이 모든 정직한 사람이라면 물을 질문에 대한 하나님의 답이라고 믿는다. 그들이 불확실하고 불만족스러우며 불행한 이 세상을 살아가면서 하나님의 선한 이야기의 신나는 절정 안에서 쉴 수 있길, 창조될 때부터 누리도록 계획된 영혼의 만족을 경험할 수 있길, 더 이상 가시도 눈물도 없는 세상에서 사랑받고 사랑하며 사는 것을 경축하길, **예수님을 보고 그분과 영원히 함께 있길** 갈망하며 던지는 질문에 대한 하나님의 답이라고 말이다. 그러나 대부분의 사람은 살아가면서 이 세상이 얼마나 불확실하고 얼마나 불만족스러우며 얼마나 불행한지 부인하게 하는 넓은 길을 찾는다. 오직 하나님이 답하실 수 있는 한 가지 큰 질문은 절대 묻지 않아도 되고, 그런 질문을 하는 친구를 병적이라며 비웃을 권한을 주는 길을 말이다.

※ ※ ※

당신은 나의 답을 들었다. 그런데 질문이 무엇인가? 그 질문은 여러 방식으로 표현될 수 있지만, 결국 모두 다음과 같이 압축된다.

나는 내가 경험하는 삶을 어떻게 이해할 것인가? 내게 일어나는 모든 일을 하나의 위대한 목적에 맞추어지게 하는 그런 이야기가 있는가? 곧 내게 의미가 있고, 설명할 수 없는 모든 어려움이 선하고 가치 있는 것이라 믿을 수 있게 하는 그런 목적이 있는 이야기 말이다.

해 아래에서 인생을 바라보면, 모든 일을 하나의 거대하고 영광스러운 목적에 엮어 주는 이야기를 발견하지 못할 것이다. '기독교' 형식의 이야기를 비롯해, 해 아래에서 들리는 모든 종교적 이야기는 단순히 사탄이 들려주고 싶어 하는 이야기의 위장된 형태일 뿐이다. 정치든 학문이든 해 아래에서 들리는 모든 세속적 이야기는 사람들로 하여금 오직 예수 그리스도와 그분이 이 땅에 가져오신 좋은 소식 안에서 얻을 수 있는 원천에 의지하지 않고도 그들 자신과 세상을 변화시킬 수 있다고 믿도록 부추긴다.

마지막 장에서 우리는 어떻게 해 아래에서 삶을 바라보는 것이 하나님을 위해 사는 것을 불가능하게 하는지 살펴볼 것이다. 그리고 해 위에서 삶을 바라보는 것이란 무엇이며, 해 아래에서는 보이지 않는 이야기를 보는 것은 무엇인지 살펴볼 것이다. 모든 것을 하나의 위대한 목적, 누구도 심지어 사탄도 어쩌지 못하는 목적과 이어 주는 이야기 말이다.

22장   삶

해 아래와 해 위에서

> 삶에 대한 우리의 시각이 '해 아래'를 벗어나지 못한다면, 우리의 모든 노력은 불행의 기운을 띨 것이다. _마이클 이튼[1]

우리는 하나님을 출생으로 시작해서 죽음으로 끝나는 '내 이야기'의 조연 배우라고 믿을 수 있다. 반면, 우리는 영원의 과거부터 시작해서 창세기 1장 1절에서부터 계시록 22장 21절까지 펼쳐지는 이야기, 곧 영원의 미래까지 사랑의 춤으로 계속되는 하나님의 영원한 이야기 속 작지만 중요한 역할을 맡은 배우로 스스로를 인식할 수도 있다.

해 아래에서
- 우리는 모든 것을 오감을 통해 경험하며 인간의 이성으로 이해할 수 있다.

- 모든 것은 우리 삶을 구성하는 작은 이야기다.

해 위에서
- 우리는 모든 것을 성령이 주시는 믿음으로만 볼 수 있으며 하나님의 계시를 통해서만 알 수 있다.
- 모든 것은 하나님의 더 큰 이야기를 구성한다.

※ ※ ※

나는 몸부림을 치고 있다. 우리에게 일어나는 일은 때로 몸부림을 치게 한다. 그러나 이것은 아니다. 나 스스로 자초한 일이다.

뭔가 잘못되었다. 마지막 장을 쓰기 시작한 지금, 좁은 길 위에서 더 멀리 나아간다는 생각은 소망으로 가득 찬 기회가 아니라 달갑지 않은 짐처럼 느껴진다. 계속해서 하나님의 이야기를 하면서 사탄의 이야기를 인식하고 거기에 저항하는 일이 지금 이 순간만큼은 아주 오랜 뒤에야 결과를 볼 수 있는 일처럼 보인다. 화가 날 정도로 힘든 일로 말이다. 하나님의 더 큰 이야기를 살아 내기 위한 믿음이 조금 흔들린다.

다른 문제도 있다. 내가 지금 마주하는 예상치 못했던 장애물과 씨름해야 하는 이 번거로운 상황은 예수님처럼 더 잘 사랑하기 위한 싸움을 지속할 동기와 에너지를 모두 소진시킨다. 지금은 잠시나마 훨씬 쉽고 기분을 좋게 해 주는 넓은 길을 걷고 싶은 마음이 굴뚝같다.

3주 전, 즉 내가 최근 부딪힌 이 문제에 관해 듣기 전, 전도서를 읽어야 한다는 생각이 들었다. 그때도 지금도 나는 그것이 하늘의 영적 지도자가 넌지시 부추긴 생각이라 믿는다. 당시는 이유를 몰랐다. 이제는 알 것 같다. 성경에 있는 유일한 책, 곧 자신의 삶을 이해하기 위해 몸부림치지만 하나님의 응답은 들을 수 없고 하나님의 개입을 드러내는 눈에 보이거나 느껴지는 어떤 증거도 찾을 수 없었던 한 사람에 관한 책을 통해, 하나님은 나에게 말씀하기 원하셨다. (그 사람은 솔로몬일 수도 있고, 솔로몬의 생각을 전하려 했던 이름 모를 현자일 수도 있다. 우리는 전도서를 실제로 누가 썼는지 정확히 알 수 없다. 편의상 여기서는 저자를 솔로몬으로 언급하겠다.)

솔로몬은 살면서 이 세상이 줄 수 있는 모든 것을 누렸다. 더 큰 이야기가 있다거나 보이는 것 너머에 어떤 이야기가 흐르고 있다는 것을 아는 데서 오는 즐거움이나 소망과는 담을 쌓고 삶을 바라보았다. 솔로몬 스스로도 자신이 인간의 감각으로만 모든 것을 보았고 인간의 이성으로 헤아릴 수 있는 것만 이해했다고 말한다. **그는 해 아래에서 사는 사람이었다.**

마이클 이튼(Michael A. Eaton)은 내가 전도서에서 단연코 가장 중요한 메시지라고 생각하는 바를 정확히 꼬집어 낸다. 나의 거룩하신 영적 지도자가 나에게 그리고 아마도 우리 모두에게 들려주시고자 하는 바로 그 메시지다. 그럴 만한 이유가 있다. **이 메시지를 듣지 못하면 우리는 삶을 허비하기 때문이다.** 이번 장을 시작하면서 나는 전도서의 메시지를 간파한 이튼의 책에 나오는 문장을 인용했다. 이제 그 문장을 조금 바꾸어 표현해 보겠다.

해 아래에서 삶을 바라보는 사람들은 세상을 바꾸고 삶을 좀더 의미 있고 만족할 만한 것으로 만들고자 하는 자신의 눈물겨운 노력에 불행의 기운이 깃들어 있음을 감지할 것이다.

불행의 기운. 이 가슴을 저미는 말은 내 몸부림의 핵심을 표현해 준다. 나는 진리로 알고 있는 것에서 분리된 것 같고, 내 마음이 분명히 들떴던 어떤 것에서도 아무 흥분도 느껴지지 않는 것 같다. 이튼이 옳다면—나는 그렇다고 생각하는데—스스로에게 진지하게 물어야 한다. 솔로몬처럼 나도 해 아래에서 삶을 바라보고 있는 것 아닌가? 겉도는 삶을 살면서, 나의 믿음이 나에게 진짜라고 말해 주는 것, 하나님이 성경에서 계시해 주신 것들을 무시하고 있는가?

신앙을 고백하는 수많은 예수님의 추종자들이 의식하지 못한 채, 즉 자신이 무엇을 하고 있는지 깨닫지 못한 채, 해 아래에서만 삶을 바라볼 수 있을까? 우리는 기독교 신앙에 대해 꽤 진지하다고 생각하고 실제도 그러한데, 왜 산들바람 같은 유쾌한 기분 아래 가끔씩 흐르는 불행의 기운이 감지되는지 의아해하면서 피상적인 삶을 살고 있는가? 분명히 짚어 보아야 한다. 진정한 그리스도의 제자는 속으로 탄식한다. 하지만 그것은 비참함이 아닌 소망 안에서 하는 탄식이다. 아직 집에 온 것이 아님을 일깨워 주는 영혼의 욱신거리는 고통은 피상적 삶이 아닌 성숙의 표지다. "하나님은 우리 주 예수 그리스도의 아버지이시며, 그분 안에 있는 축복의 높은 자리로 우리를 데려가시는 분이십니다. 하나님께서는 땅의 기초를 놓으시기 오래전부터 우리를 마음에 두시고 사랑의 중심으로 삼으셔서, 우리가 그분의 사랑으로 온전하고 거룩하게 되도록 하셨습니다"(엡 1:3-4, 메시지). 이러한 이유로 우리는 비참해하는 것이 아니라 오히려 기뻐한다. 그러나 우리가 본향에 이를 때까지, 고통은 남아 있으며 불행의 기운과는 다른 희망이 담긴 탄식은 계속된다.

최근에 나는 낙관적 탄식보다는 비참함의 속삭임을 듣고 있는 것 같다. 따라서 적어도 지금 이 순간만큼은 내가 생각하고 관계 맺는 방식을 통해 내 삶이 들려주는 이야기가 하나님이 계시해 주신 것이 아니라 내가 보는 것에 의해 이루어지고 있지 않은지 물어야 한다.

우리 대부분은 삶의 무의미함을 느끼지 못하도록 관심을 돌릴 만한 일을 찾거나 그런 느낌을 부정해 버린다. 불행의 기운을 단순히 기분이 저조하거나 잠시 기다리면 지나갈 무엇으로 치부해 버린다. 좋은 일을 하고 도움이 필요한 사람들을 돕는다. 그리고 좋은 음식을 먹고 좋은 친구들과 어울리며 좋은 영화를 보러가는 등 합당한 즐거움을 마음껏 즐긴다.

그리스도인으로서 우리는 하나님의 원칙을 중요하게 생각하고 그 원칙에 따라 살고자 최선을 다한다. 우리 중 너무 많은 사람이 영혼 안에 있는 내면세계를 들여다볼 필요는 느끼지 못한다. 내면에 골몰하는 것은 우울한 성격을 가진 사람들이나 하는 일인 것이다. 어린 시절의 상처 따위는 잊어버리고, 최근의 실망스러운 일은 잘 지나가면 된다. 상담과 영적 지도는 수술처럼 필요할 때 언제나 받을 수 있다. 바로 그때, 무슨 일이 일어난다.

며칠 전, 의사에게서 이메일을 받았다. 피검사 결과 암과 네 번째 싸움을 해야 할 것 같다는 내용이었다. 두 번의 싸움, 즉 거의 20년 전에 처음 발견되었고 3년 전에 발견되었던 두 번째 암은 큰 수술을 통해 성공적으로 이겨 냈다. 세 번째 싸움은 앞서 언급한 대로 8개월 전에 국부 시술로 해결되었다. 모든 것이 좋아보였다. 그러나 지금은 더 많은 검사와 치료가 불가피해 보인다. 불행의 기운을 감지한다. 이야기는 내가 예상하던 길에서 완전히 벗어났다.

책상 앞에 앉아 커피를 두 잔째 홀짝거리며 이 글을 쓰는 지금, 일주일 전과 비교해 볼 때 더 나은 사랑을 위한 싸움에 임하고자 하는 마음은 훨씬 줄었다. 더 큰 이야기를 살고자 하는 마음도, 좁은 길을 계속 걷고자 하는 마음도 마찬가지다. 그러나 전도서를 읽으면서, 그렇지 않았다면 계속 흐릿하게만 보였을 무언가가 또렷이 초점 잡히는 것을 느낀다. 바로 이것이다. **예수님을 따르고자 하는 나의 갈망이 약해진 것은 암이 재발한 탓이 아니다.** 원인은 나에게, 내 몸이 아니라 내 영혼에 있었다.

나는 내 작은 이야기가 잘 돌아가기를 주장하는 것이 어느 정도 당연한 권리라고 느끼면서, 하나님이 삶에 대한 나의 계획과 꿈에 타당하게 협력해 주시는 한 좁은 길을 기꺼이 걸어가려고 했다. 즉 나는 해 아래에서 삶을 바라보고 있었다. 그런데 내 작은 이야기가 대본에서 벗어났다. 그리고 이 불행의 기운은 내 시선이 더 큰 이야기에 고정되어 있지 않음을 알려 주는 하나님의 확성기가 되었다.

언제나 나를 염려해 주는 친구가 내 암 재발 소식을 들었다. 그녀는 격렬하게 반응했다. "오, 래리. 정말 유감이에요. 내 생각엔, 그토록 많은 사람을 돕는 당신의 사역을 사탄이 방해하려는 것 같아요. 사탄이 원하는 대로 되지 않도록, 암이 깨끗하게 치유되도록, 당신이 더욱 큰 에너지를 가지고 하던 사역을 계속할 수 있도록 정말 열심히 기도할게요."

그녀의 관심에 정말 감사하고 그녀의 기도를 귀하게 여긴다. 그녀의 관심과 기도 모두 배려심과 좋은 의도에서 나왔다. 나 역시 하나님이 그녀의 요청을 들어주시길 바란다. 그러나 하나님은 그러실 수도 있고, 그러지 않으실 수도 있다. 전도서를 묵상하면서, 나는 내 영혼에서 일어나는 일에 최우선으로 주의를 기울일 필요가 있음을 알고 민감하게 분별력 있는 관심을 보여 주었다면 훨씬 더 고마워했을 것임을 깨달았다. 나는 건강을 회복하고 사역을 지속하는 것 같은 부차적인 것들을 일차적인 것으로 여기고 있었는지 모른다. 하나님의 이야기에서는 그것이야말로 또 한 번 치러야 할 암과의 일전보다 대본에서 더 벗어나는 일이다.

해 위의 삶을 엿볼 때(이것은 말씀과 기도를 통해 언제나 가능하다), 하나님의 이야기가 들려주는 삶의 목적은 살아남는 것 자체가 아니라, 우리가 사는 동안 하나님께 영광을 돌리는 것임을 알 수 있다. 그리고 예수님을 따르는 이들이 그 일을 가장 잘 하는 것은 하나님이 우리로 하여금 이 세상에서 살도록 허락하신 시간이 얼마나 되든, 우리가 하는 모든 일—특히 우리가 관계를 맺는 방식—에서 예수님의 사랑을 드러냄으로써 그 시간을 구속할 때다. **그것이**

하나님 나라의 삶이다. **그것이** 하나님의 관계적 나라를 이 땅에 임하게 하는 것이다. **그것이** 우리의 가장 높은 부르심이다.

내가 받고 있는 가장 큰 도전은 암이 아니다. 물론 하나님은 몸을 다시 건강하게 회복하기 위해 내가 할 수 있는 모든 것을 하기 원하신다. 내 몸은 하나님의 성령이 거하시는 곳 아니던가. 그러나 나에게 있어 가장 큰 도전이자 성령의 가장 깊은 역사하심이 필요한 도전은, 때로 어떤 설명도 없이 암이 찾아오는 해 아래의 세상에서 계속 살아가면서도 해 위에서의 삶을 바라보는 것이다. 하나님은 나에게 좋은 시절이든 나쁜 시절이든 그분의 이야기는 제 길로 가고 있음을 확신 속에서 알 수 있는 믿음을 가능하게 해 주셨다. 심지어 나쁜 시절이 더 악화되어 갈 때도 말이다. 일차적인 일, 즉 그분이 이미 시작하신 나를 작은 그리스도로 만들어 가는 그 일은 그리스도가 다시 오시는 날 완성될 때까지 계속될 것이다. 해 아래에서는 보이지 않는 하나님의 이야기는 해 아래서 사는 내게 일어나는 모든 일을 통해 분명하게 계속 펼쳐지고 있다. 이 진리가 곧 **섭리**다.

※ ※ ※

나는 믿음의 사람이 되고 싶다. 하나님이 언제나 선한 일을 하신다는 확신 속에 안식을 누리고 싶다. 좁은 길 위의 내 다음 여정은 불행의 기운을 잠재우는 것이 아니라, 오히려 더 강하게 느껴서 내가 이 책에서 답하고 했던 질문을 더 열렬히 묻는 것이다.

하나님, 제가 경험하는 이 삶을 어떻게 이해할 수 있나요? 당신은 정말로 선한 이야기를 들려주고 계신가요? 제가 보고 느끼는 모든 것을 사랑의 목적과 조화를 이루게 하는 이야기를요. 제가 본다면 간절히 따르기를 원할, 설명할 수도 없고 감당하기도 힘든 모든 고통과 두려움마저 감수할 가치가 충분한 그 목적에 들어맞는 그런 이야기를요.

영성 신학의 일곱 가지 질문에 대한 답을 통해, 하나님은 당신과 나에게 그리고 듣는 모든 이에게 그분의 사랑 이야기를 드러내신다.

나는 스스로 존재한다. 그리고 세 위격이 이루는 사랑의 공동체로 언제나 존재해 왔다(첫 번째 질문). 사랑이 풍성한 나의 마음은 나의 잔치에 다른 이들이 들어오기를, 나의 행복을 그들과 나누기를 열망한다(두 번째 질문). 그래서 나는 너를 내 형상을 지닌 존재로, 내 사랑을 기쁨으로 받아들일 수 있고 또 그것을 기쁘게 다른 이들에게 부어 줄 수 있는 나를 닮은 관계적 존재로 지었다(세 번째 질문).

그러나 너는 내 사랑을 믿기 거부했다. 오직 나만 줄 수 있는 것을 다른 사람에게서 얻겠다며 어리석고 불운한 길을 택했다. 그 길은 사랑받지 못하고 사랑할 수 없는 비참한 삶으로 이어진다. 그리고 그 길에서 비참함을 맛본 너는 네 자신을 타인에게 내주지 않고 타인으로부터 자신을 보호함으로써 그 불행에서 벗어나기 원한다. 또한 너는 부차적 즐거움을 구하면서 그 즐거움으로 얻는 행복을 내가 너에게 누리라고 만든 더 나은 행복, 곧 일차적 행복으로 착각한다. 그 여정은 결국 관계적 고립, 네가 진정한 사랑과 행복의 유일한 원천인 나와 떨어져서 살 때 오는 비참함으로 끝이 난다(네 번째 질문).

진정한 사랑, 내가 누구인지 말해 주는 사랑은 내가 어떤 대가를 치르든 너의 안녕에 헌신한다. 따라서 자기중심성의 열정에 지배당하여 나를 반역하는 너로 인해, 네 사랑의 결핍이 가져온 결과물로 인해, 나는 고통스러웠다. 십자가는 너를 덮었다. 너는 이제 용서받았고, 나와의 관계가 회복되었으며, 나의 거룩한 본성에 참여하는 존재가 되었다(다섯 번째 질문). 이제 나는 네 안에 살아 있으며, 타인에게 나를 보여 줌으로써 나를 경험할 기회를 붙잡도록 너에게 힘을 주고 있다. 그러나 이 기회는 계속 부차적인 것들을 위해 살 때 네가 얼마나 비참한지 느끼고 또 네가 깨달은 관계적 죄에 대해 얼마나 애통해야 하는지 인식할 때 비로소 의미 있게 받아들일 수 있다. 오직 그때 비로소 너는 내 사랑을 바라보며 너를 위한 최고의 선으로 귀하게 여길 것이다(여섯 번째 질문).

진정한 제자들과 함께 살아감으로써, 서로 더불어 살아감으로써, 서로를 알아 가고 서로에게 나의 생명을 주기 위해 살아감으로써, 나의 이야기를 들려주어라. 너를 아는 모든 이가 해 위에서 삶을 바라볼 때 볼 수 있는 것을 보게 해 주어라(일곱 번째 질문).

아마도 그 어떤 진정한 제자보다 바울은 분명하게 하나님의 이야기를 들었고 그 이야기를 들려주기 위해 살았다. 약간의 부연 설명과 함께 그의 고백을 들어 보자.

나는 내게 이로웠던 것[명성, 권세, 특권]은 무엇이든지 그리스도 때문에 해로운 것으로 여기게 되었습니다. 그뿐만 아니라, 내 주 예수 그리스도를 아는 지식[일차적인 것]이 가장 고귀하므로, 나는 그 밖의 모든 것[해 아래에서 얻을 수 있는 모든 의미와 행복의 원천]을 해로 여깁니다. 나는 그리스도 때문에 모든 것을 잃었고, 그 모든 것[한때 나에게 생명을 가져온다고 믿었던 모든 것]을 오물[헬라어 원문에서 이 단어는 실제로 우리가 변기에 배설하는 물질을 뜻한다]로 여깁니다. 나는 그리스도를 얻고, 그리스도 안에 있는 사람[작은 그리스도로 성숙해 가는 그리스도의 추종자]으로 인정받으려고 합니다. (빌 3:7-9)

이제 내가 몸부림치는 이유는 불행의 기운을 지워 버리기 위함이 아니다. 오히려, 그 불행의 기운이 해 위에서 삶을 바라보고 하나님이 들려주시는 이야기를 들으며 그리스도를 알고 또 알리길 열망하는 목마름의 고통으로 바뀌는 것을 보기 위함이다.

성령이 나를 그리스도와 닮아 가게 하실 때, 그 성령의 역사에 점점 더 내 자신을 굴복시키기 위한 나의 투쟁은 예수님과 마주 보고 설 때까지 계속될 것이다. 당신의 투쟁 역시 마찬가지다. 그러나 그것은 선한 투쟁이다. 믿음의 눈을 들어, 해 위에서 펼쳐지는 이야기에 고정하라. 하나님이 우리에게 쓰신 66권의 연애편지에 드러난 그분의 사랑 이야기에 말이다.

좁은 길을 걸어라. 더 큰 이야기를 살아가라. 더 나은 사랑을 위해 싸우라. 그것이 우리가 살아 있는 이유다.

후기

인생을 바라보는 시각을 해 아래에서 해 위로 옮기기 위한 제안을 하려고 한다. 충분히 디뎌 볼 만한 여정이다.

1. 당신이 느껴 왔던 관계적 실망감의 역사, 즉 초창기부터 현재까지 어떻게 다른 사람들이 당신의 기대를 저버렸는지 되짚어 보아라. 자신을 희생자로 보지는 마라. 대신 여전히 충족되지 않은 채 남아 있는 당신의 깊은 갈망, 예수님과 함께할 때까지 결코 완전하게 충족되지 않을 그 열망을 느껴 보라. 당신의 공허함을 대면하라. **당신의 갈증을 받아들여라.**

2. 두려움의 경험을 떠올려 보라. 다른 사람과 관계 맺는 방식에 자주 영향을 끼치는 공포감의 뿌리를 캐 보라. 단순히 아무도 당신을 봐 주지 않거나 보고도 원하지 않을지 모른다는 두려움이 아니라, **타당한 이유가** 있는 공포감의 뿌리를 말이다. 관계적 죄는 당신으로 하여금 버려지는 것이 당연하다고 생각하게 한다는 것을 깨달아라. **당신의 깨어져 있음을 받아들여라.**

3. 지금은 제대로 된 것이 아무것도 없으며 모든 것이 뭔가 잘못되었다는 불편한 진실을 직면하라. 역사가 증명하듯, 우리가 원하는 모습대로 세상을 개편하고자 하는 과학자, 정치가, 박애주의자, 이념주의자, 종교 지도자가 하는 최선의 노력은 실패할 것이다. **무익함을 받아들여라.**

4. 솔로몬에 동의하라. 그는 "하나님은 왜 사람을 이런 수고로운 일에다 얽어매어 꼼짝도 못하게 하시는 것인가?"라고 물었다 (전 1:13). **불행을 받아들여라.**

5. 하나님을 향해 마음과 정신을 열어 놓음으로써 갈증, 깨어짐, 무익함, 불행에 반응하라. 그분이 말씀하셨다. 그분이 들려주시는 이야기가 성경에 드러나 있다. 그것은 선한 이야기다. **소망을 받아들여라.**

6. 갈림길에 선 자신을 보라. 당신을—지속되는 갈증, 깨어져 있음, 무익함, 불행이라는—공허함으로 이끌어 갈 당신의 더 작은 이야기를 들려줄 수도 있고, 충만함을 고대하고 회복이 약속되며 의미를 누리고 기쁨을 경험하게 하고 십자가에 달리신 하나님을 알고 닮아 가길 가장 강렬한 갈망으로 품게 하시는 하나님의 더 큰 이야기를 들려줄 수도 있다. **그리스도를 받아들여라.**

7. 그리스도의 진정한 제자로서 그분을 받아들일 때 예수님을 닮아 가고자 하는 갈망과 그렇게 할 능력을 풍성하게 맛보게 하는 좁은 길을 갈 준비를 하라. 현재에는 고난이 수반되지만 기쁨의 영원한 절정으로 끝나며 지금도 달콤함을 맛

볼 수 있는 더 큰 이야기를 살아 내는 것에 헌신하라. 더 나은 사랑을 위해 싸우라는 부르심, 타인과 관계를 맺을 때 예수님을 드러내는 특권을 즐기라는 부르심을 받아들여라. **삶, 다른 종류의 행복, 장차 올 것에 대한 먹음직스러운 맛보기를 받아들여라.**

마지막 질문

십자가 위에서 아버지로부터 버림받았던 어둠의 세 시간 동안
예수님은 성령으로 충만하셨을까?

이 질문은 중요하다. 이 질문의 답은 오늘날 우리가 특별히 어려운 시기를 지나는 순간에도 기쁨을 아는 것이 가능한지와 관련 있기 때문이다. 그리고 어떻게 성령은 예수님이 가장 어려운 순간에도 누리셨던 기쁨을 우리 안에 동일하게 부어 주시는지와도 전적으로 관련된다.

이런 식으로 생각해 보자. 예수님이 십자가에서 고통스러워하시던 그 모든 시간 동안 성령으로 충만하셨다면, 그리고 그분이 한 번도 성령을 소멸하거나 근심하게 한 적이 없었다면(물론 그분은 그러신 적이 없으셨다), 그분은 삶의 가장 어두운 순간에도 성령 충만의 열매를 경험하셨던 것이 분명하다. 그리고 성령의 열매에는 무엇보다도 기쁨이 있다.

십자가 위의 그 오랜 시간 동안 성령이 인간 예수 안에 계속 살아 계셨다면, 놀랍게도 믿을 수 없는 것이 믿어진다. 곧 **예수님은 고난을 받는 중에도 기쁨을 아셨고, 따라서 우리 역시 그럴 수 있다**는 것이 말이다. 우리는 경험할 수 있는 가장 최악의 고통을 통과할 때도 사라지지 않는 기쁨이 있음을 알 수 있다.

이 요지는 아무리 반복해도 지나치지 않다. 정말로 예수님이 십자가에서 고난을 받으실 때도 성령으로 충만하셨다면, 그분은 분명 고통당하는 그 시간 내내 성령의 열매를 경험하셨음에 틀림없다. 기쁨은 성령의 열매가 주는 달콤함이므로, 예수님은 친구들의 도망, 베드로의 배신, 군사들의 잔혹함, 구경꾼들의 조롱하는 소리, 사탄의 맹공격, 무엇보다도 영원의 시간 동안 처음이자 마지막으로 느낀 아버지로부터 버림받음이라는 상상한 적 없는 공포를 처절하게 경험하면서도 여전히 기쁨을 아셨음에 틀림없다.(우리가 이런 식으로 말할 수 있을까?)

방금 내가 쓴 문장을 읽고, 나는 궁금해진다. **즐거움을 주는 축복을 누리고 있든 엄청난 시련을 견디고 있든 상관없이 예수님의 행복을 경험한다는 것은 무슨 뜻일까?** 배우자가 나를 거부하고, 사랑하는 사람이 죽고, 자녀가 속을 썩이고, 질병으로 인해 장기적인 장애가 생기거나 죽음이 닥쳐올 상황에 처하고, 직장을 잃어 쌓여 가는 청구서에 겁이 날 때에도, 우리 안에 여전히 살아 있어야 하는 것은 무엇인가? 오직 성령만이 우리 안에 살아 있게 하시는 그것은 무엇일까?

믿음으로, 성령 충만한 내 영혼 가장 깊은 곳에 자리 잡아 어떤 순간에도 사라지지 않는 그 무언가는 예수님처럼 사랑하고 싶은 갈망이라 할 수 있을까? 그렇다면 다른 이들을 사랑할 어떤 기회가 주어지든 나는 이 갈망을 충족시켜야 할까? 그러한 갈망에 따라 행동하기로 신중하고도 활기차게 선택하는 것은 내 안에서 사랑의 물결이 흘러넘치게 만들까? 그리고 그 물결은 어떤 방식으로든 내게 주어진 숙명을 실현시킬까? 신기하게도 나는 그에 따르는 기쁨을 알게 될까?

이러한 질문들에 대해 아직 완전히 검증되지 않았지만 나는 '그렇다'라는 답을 내놓고 싶다. 그러나 십자가에서 예수님이 성령으로 충만하지 않으셨다면, 나의 조심스러운 긍정은 슬픈 부정이 되고 말 것이다. 그렇다면 성령이 최악의 순간에도 기쁨을 가져오실 수 있다는 사실을 의심할 수밖에 없다. 우리는 답이 필요하다. **예수님이 십자가의 고통을 견디셨을 때 성령 충만하셨는가, 아니었는가?**

✕ ✱ ✕

이 질문에 대해 생각해 보기 위해 한 가지 가정에서 출발하자. 동정녀 마리아의 잉태를 가능하게 한 원천인 성령은 예수님이 잉태된 순간부터 거룩한 태중의 사람으로서 오롯이 인간인 그분 안에 즉시 내주하기를 기뻐하셨다.

12년 동안 죄 없는 인생을 사신 뒤, 십 대 초반의 예수님이 학식이 뛰어난 유대인 스승들과 성전에서 대화를 나누며 영적인 것들에 대한 이해로 그들을 놀라게 했을 때, 그분 안에 거하시던 성령이 그분에게 영감을 주었다는 것에 대해 누가 의심할 수 있을까?

그 뒤, 서른 살에 예수님은 요한에게 세례를 받으셨다. 물에서 올라오시던 순간, 예수님은 기도하고 계셨다. 오직 누가만 그 세부 내용을 전한다. '**기도하다**'로 번역된 헬라어 단어는 '앞을 향해 소원하다'라는 뜻이며, 이는 자신의 죽음을 향해 나아가고자 하는 주님의 확고한 결심을 가리키는 것이 거의 확실하다. 예수님이 기도하실 때, 언제나 그분과 함께 계셨고 그분 안에 거하셨던 성령은 새로운 방식으로 그분을 만나셨다. 하나님의 영은 비둘기 형태로 예수님 위로 내려오셔서 그분 위에 **기름을 부으신** 것이다. 아버지가 아들을 보내신 목적을 성취하려는 거룩한 열정으로 그분을 부르시고 구비시키기 위함이었다. 그 목적이란 완벽하게 성령의 인도를 받는 인간이자 세상의 죄를 위한 흠 없는 어린 양으로서 살고 죽고 부활하는 것이었다.

빨리 돌리기를 해서 3년 후로 가 보자. 이제 예수님은 겟세마네에 계신다. 그분은 무엇이 자신을 기다리는지 알고 계셨고 그것에 묶여 있었다. 깊이 동요된 인간으로서 십자가의 견디기 힘든 육체적 고통을 경험하는 것, 자신과 아버지가 혐오하는 존재가 되어야 하는—한 번도 경험한 적 없었던—관계적 고통을 겪는 것을 피하고 싶으셨다. 그러나 철저히 무고한 예수님의 바람은 그분에게 기름을 부으신 성령과 충돌하는 것임을 아셨고, 그때 천사가 나타나 힘을 주었다. 그리하여 예수님은 좁은 길에서 떠나지 않으셨다. 자신의 공포보다는 하나님의 부르심에 더욱 압도되어, 사랑을 위한 싸움에서 이겨 승리의 자유를 누리며, 갈보리를 향해 결연히 나아가셨다.

그다음, 그분은 십자가에 달리셨다. 금요일 아침 9시부터 정오까지, 정오부터 오후 세 시간 동안 짙은 어둠이 땅을 뒤덮기 전, 예수님은 하나님의 성품으로 채워진 인간의 마음에서만 나올 수 있는 세 번의 울부짖음을 토하시고 성령의 열정에 완전히 굴복하셨다(요 19:26-27; 눅 23:34, 43을 보라). 그 울부짖음을 들어 보라.

- 아버지, 제 손과 발에 못을 박은 저 냉소적인 군인들을 용서하여 주십시오.
- 어머니, 이 사람을 어머니의 아들로 생각하십시오. 요한아, 이분이 네 어머니시다.
- 도둑질을 한 죄인아, 너는 오늘 나와 함께 기쁨의 영원한 낙원에 있을 것이다.

그 뒤, 어둠이 임했다. 그 길이 가장 비좁아지는 순간에도 예수님은 우리에게 생명을 가져오기 위해 죽음까지 감당하는 좁은 길을 계속 걸으셨다. 사랑하는 아버지의 임재를 전혀 느낄 수 없었고, 영원의 세월 동안 단 한순간도 멈추지 않았던 아버지와 아들 간 기쁨에 찬 친밀함은 단절되었다. 사탄이 예수님의 영혼에 마음껏 드나들 수 있었던 끝나지 않을 것같이 긴 그 세 시간 동안 **성령은 어디에 계셨을까**? 아버지처럼 삼위일체의 세 번째 위격도 아들에게서 떠나 계셨을까?

이 질문에 어떻게 답하느냐에 따라 함의들이 달라진다. 생각해 보라. 완전한 하나님이시면서 당신과 나처럼 살과 피를 가진 인간이신 예수님은 오롯이 혼자의 힘으로 사탄이 가할 수 있는 최악의 공격을 한 치의 물러섬 없이 견뎌야 했고 지옥을 온몸으로 경험해야 했을까?

그것이 아니라면, 그때도 성령은 여전히 예수님 **안에** 거하셨고 예수님 **위에** 기름을 붓고 계셨을까? 겟세마네에서 로마 군인들이 예수님을 체포하기 위해 왔을 때 성령이 그곳에 함께 계셨음을 의심할 이유는 전혀 없다. 예수님은 죄가 전혀 없으셨지만, 온전한 인간으로서의 한계를 넘어 고요히 확신에 차서 제자들에게 말씀하셨다. 자신이 아버지께 한마디만 드리면 즉시 열두 군단 이상의 천사들이 나타나 자신을 죽이려 하는 로마인과 유대인 지도자로부터 구해 줄 것이라고 말이다. (여기서 로마의 한 군단이 군사 6천 명으로 이루어져 있었음을 언급할 필요가 있다. 우리는 "그는 1만 천사를 부를 수 있었네"라고 찬양하지만, 아마도 더 정확히 말하면 "그는 7만2천보다 더 많은 천사를 부를 수 있었네"라고 해야 할 것이다.)

또 다른 질문이 떠오른다. 그 어둠의 세 시간 동안, 예수님은 아버지께 구출 작전을 펴서 큰 무리의 천사들을 보내 달라고 간청**할 수 있었나**? 가장 처절한 고통을 경험하던 그 순간, 예수님은 자신이 그 고통을 계속 당해야만 성취될 수 있는 임무에 완전히 헌신했기에 하나님의 도움을 요청**할 수 없었나**? 그리고 그분이 아버지께 고통을 즉시 끝나게 해 달라고 요청했다면, 아버지는 그 요청을 **거부하셨을까**?

모든 경우가 성립되지 않는다! 생각할 수 없는 일이다. 예수님은 십자가에 머물러 있든지, 천사를 동원해 거기서 벗어나든지, 무엇이든 언제고 선택할 수 있었다. 나는 아버지가 예수님이 둘 중 어떤 선택을 하든지 존중하셨을 것이라고 생각한다. 그러나 사랑은 우리가 상정하는 그런 가설들을 일축해 버린다. 고난받는 사랑에 대해 삼위일체 각 위격이 공유하는 굳은 결의를 고려하면, 이 질문은 다음과 같이 정리된다. 예수님은 죄인들을 구원함으로써 하나님 사랑의 영광을 드러내기 위한 하나님의 열정적 의지를 성취하는 일에 실패하지 **않으실** 것이다. 자유로운 사람 그러나 분명한 목적의식을 가지고 임무를 수행 중인 사람으로서 예수님은 죄인들이 당해야 마땅한 죽음을 대신 당하기로 선택하셨고, 그럼으로써 결정적 권위를 가지고 다음과 같이 말씀하실 수 있었다. "**다 이루었다.** 사탄은 정복되었다. 죽음은 패했다. 죄의 값이 치러졌다. 하나님께 영원히 버림받고 영원히 외로움 속에서 살아야 마땅한 사람들이 이제 삼위일체와 친밀한 관계를 누리는 것이 가능해졌다. 나는 내 아버지께서 나를 보내셔서 하라고 하신 그 일을 다 마쳤다. 그분의 영원한 사랑이 이제 시간 안으로 들어와 그 사랑의 능력이 필요함을 아는 모든 이들에게 값없이 주어지고 있다."

그러나 또 다른 질문이 생긴다. 예수님이 아버지로부터 버려짐을 경험하는 것을 비롯해 십자가의 모든 고통을 견디기로 선택할 수 있었던 것은 인간의 헌신적 힘에 의한 것이었나, 아니면 성령 충만함의 힘에 의한 것이었나? 아버지는 분명 아들을 버리셨다. 성령도 그분을 떠났던 것인가? 만약 그렇다면, 나는 예수님이 그 끔찍한 시간을 견디실 때 기쁨을 아셨을 것이라 생각할 수 없다. 어느 누구도 그렇게 할 수는 없다.

그러나 최악의 괴로움 가운데서 구세주의 사랑이 담긴 말에 성령의 열정이 묻어나는 것을 보면 알 수 있듯, 만약 그 순간에도 우리의 이해를 넘어선 방식으로 예수님이 성령으로 충만하셨다면,

꺼지지 않는 성령의 충만함으로 인한 성령의 분명한 열매인 기쁨이 있었을 것이다. 그것은 축복을 받은 삶이라는 맛있는 열매가 아니라, 하나님의 사랑을 드러내고자 하는 궁극적 결의라는 만족을 주는 열매다. 그렇다면 우리도 가장 최악의 순간에 예수님이 아셨던 것과 같은 기쁨을 우리의 것으로 삼을 수 있다고 믿을 수 있다. **우리가 성령의 능력 안에서 예수님처럼 사랑하고 있다면** 말이다. 우리의 기쁨을 재는 척도는 우리의 사랑을 재는 척도에 달려 있다. 더 나은 사랑을 위한 싸움은 더욱 매력적으로 다가올 것이다.

세 시간의 어둠을 포함하여 예수님이 십자가 위에 달려 있던 그 시간, 성령은 그분을 떠나 계셨나? 나의 답은 '그렇지 않다'이다. 두 가지 이유로—두 가지 모두 신학적으로 난해하며 따라서 충분한 설명은커녕 충분히 이해하는 것도 내 능력의 한계를 넘어선다—나는 예수님이 삶의 모든 순간뿐 아니라 죽어 가던 모든 순간마저도 내 마음을 뛰게 하는 신비로운 방식으로 성령 충만하셨다고 믿는다.

이유 1

나는 성령이 영원히 사랑하는 아버지와 아들이 이루는 관계적 연합의 인격적 실재이며, 초월적 아름다움을 지닌 관계의 표현이라고 이해한다. 그 관계의 영이 영원한 위격이시며 시작도 끝도 없이 아버지와 아들로부터 흘러나오는 성령이다.

60년 이상을 함께 살았고 어느 때보다 마음이 하나가 된 부부와 함께 시간을 보낸다고 하자. 그들과 함께 있을 때, 당신은 그들 사이에 존재하는 연합의 영을 느낄 수 있을 것이다. 그렇다면 그런 부부의 사랑마저 불완전한 복제품처럼 느껴지게 할, 아버지와 아들 간의 완전한 사랑을 상상해 보라. 이러한 아버지와 아들 사이에 있는 관계의 영은 너무도 무한히 영광스럽고 생명이 가득하여, **그것** 아니 그 영은 **그분**이라 칭해야 할 인격이다. 그분은 순전한 사랑의 거룩한 본성이자 어떠한 오점도 없는 관계성이며 거룩한 사랑의 영이시다.

이제 상상할 수 없는 것을 상상해 보자. 아버지와 아들 간의 관계가 **완전히** 단절되었다고 가정해 보라. 그렇다면 성령의 기반이 될 관계가 없다는 뜻인가? 성령이 더 이상 존재하지 않는다는 의미인가? 생각할 수 없는 일이다! 신성모독이다! 그분은 영원하시다. 따라서 나는 아버지가 아들을 완전히 버리셨다고 생각할 수 없다. 아버지가 아들을 버렸던 그 순간 그리고 아들이 그로 인해 극심한 고통을 느끼던 그 순간조차 아버지와 아들을 묶고 있던 끈이 완전히 끊어진 것은 아니었다. 이것이 사실이라면, 연합의 영은 아버지가 아들을 버렸던 순간에도 여전히 온전히 살아 있었으며, 따라서 예수님이 가장 극심한 고통을 겪는 순간에도 성령은 그분과 함께할 수 있었다.

그러나 아버지가 아들을 버리고 아들이 버림받음을 경험하던 그 세 시간 동안, 두 분의 관계에 남아 있던 것은 무엇인가? 그리고 거룩한 아버지와 거룩한 아들에게서 계속 흘러나와 인간 예수를 거룩한 영으로 가득 채운 것은 무엇인가?

이유 2

아버지와 아들 간의 관계에 무언가 남아 있었음을 인정하고 나면, 짜릿하게 하는 가능성 하나가 머릿속에 떠오른다. 그 무언가란 사랑에 근거한 **친밀감을 누리던 관계**일까? 그러나 사실 그런 관계는 그 세 시간 동안 완전히 사라졌다. 그렇다면 동일하게 사랑에 근거한 **목적을 공유하는 관계**일까? 상호 친밀감을 누리던 유대감은 깨졌다. 그것만큼은 분명하다. 그러나 어쩌면 변함없는 상호 책임에 기반을 둔 유대는 계속되었다. 즉 하나님을 대적하던 반역자들을 그분의 가족으로 회복시킬 수 있는 사랑의 영광을 드러내기 위해서는 어떤 대가도 치르겠다고 단호히 결심하는 하나님의 희생하고 고난받는 사랑에 뿌리내린 하나 됨은 지속되었다. 사랑의 목적을 위해서라면 기꺼이 어떤 대가도 치르는 그런 사랑으로 이루어진 연합은 결코 깨지지 않았던 것이다.

따라서 나는 아버지와 아들 간의 관계에 깨어지지 않는 생명력을 공급했던 그 목적이 철회된 순간은 없었다고 생각한다. 이것이 사실이라면, 우리는 **친밀감을 상실한 끔찍한 시간에도 아버지와 아들이 맺는 관계의 영이 아버지와 아들을 계속 하나로 묶어 주던 그 목적을 위해 예수님 안에 거룩한 열정을 채우셨을 것**이라고 상상해 볼 수 있다.

성령은 예수님이 아버지와의 모든 친밀감을 상실했을 때조차, 아버지와 공유하고 있던 목적에 대한 인식을 예수님 안에 채우고 계셨나? 그렇기에 예수님은 오직 고난받는 사랑만 성취할 수 있는 가장 위대한 목적을 이루기 위해 거침없이 나아가면서, 기쁨이라는 성령의 열매를 맛보셨던 것인가?

그렇다면 우리도 성령 충만한 인간으로서 예수님의 행복, 곧 성령의 열매인 기쁨을 맛볼 수 있는 것 아닐까? 많은 축복을 누릴 때도, 큰 시험을 당할 때도, 좋은 시절이 계속되거나 현재의 고통에서 벗어나기 위해서가 아니라 그저 더 나은 사랑을 위해 싸울 때도, 예수님처럼 관계 맺는 성숙의 과정을 겪으면서 말이다.

※ ■ ※

하나님의 목적을 이루어 가는 기쁨―우리에게 깊은 상처를 주는 이들에게도 예수님이 보여 주신 사랑을 드러냄으로써 우리 공동체에 하나님의 관계적 사랑의 나라가 임하게 하는 기쁨―이야말로 일차적 행복임을 깨달을 때, 우리는 더 나은 사랑을 위한 싸움의 자리에 서게 된다. 그때 비로소 성령 충만한 예수님의 제자들은 그 싸움에 들어가기 위해, 가장 어두운 순간에도 예수님처럼 사랑하기 위해, 또 우리의 가장 높은 목적을 향해 달려가는 기쁨을 알기 위해 준비가 되었고 능력이 주어졌음을 알 것이다. 그 목적이란 하나님을 우리의 가장 위대한 선으로 즐거워하고, 우리가 관계 맺는 방식을 통해 그분 드러내기를 우리의 가장 큰 특권으로 여기는 것이다.

마지막 한 가지 생각

내가 겪어야 할 지옥을 대신 겪으시려고 예수님은 아버지와의 친밀감을 완전히 상실한 채 그 실재를 느끼셔야 했다. 그러나 그분이 지옥을 겪으셨기 때문에, 그리고 그것은 그분이 겪을 수밖에 없었던 당연한 결과가 아닌 내가 당해야 할 것을 대신 당하려는 그분의 선택이었기 때문에, 아버지와의 친밀감을 상실했던 그 세 시간 동안 그분이 받은 고통은 더욱 우리의 찬양을 받기 합당하다.

자유로운 선택이 아닌 인과적 결과로써, 관계적 존재이지만 관계의 부재 속에 지옥을 사는 사람들이 있다. 앞서 그들이 선택했던 것, 즉 그들의 죄를 용서받기 위해 예수님을 믿기로 선택하지 않은 것이 기대하지도 바라지도 않던 지옥이라는 당연한 결과를 가져온 것이다. 그들이 당하는 고통에 대해서는 어떤 것도 찬양할 가치가 없다. 그것은 당연한 결과일 뿐이다.

그러나 지옥을 겪어 내기로 스스로 선택하셨던 분, 내가 받아야 할 고통을 대신 받으심으로써 내가 하나님과의 영원한 친밀함을 누릴 수 있게 해 주신 그분은 희생하며 고난받는 사랑의 아름다움을 온전히 드러내셨다. 그리고 더 나은 사랑을 위한 싸움을 할 때 우리 역시 그 아름다움을 드러내고 또 누릴 수 있다.

주

이 책의 메시지를 읽을 때 숙고할 세 구절
1. 마 7:13-14; 사 30:10-11(현대인의 성경); 시 32:8; 시 42:7-8(현대인의 성경)

4장
1. C. S. Lewis, *Mere Christianity* (New York: Macmillan, 1952), pp. 173-174. 『순전한 기독교』(홍성사).

5장
1. Dietrich Bonhoeffer, *The Cost of Discipleship* (New York: Simon and Schuster, 1995), p. 166. 『나를 따르라』(복있는사람).

6장
1. Iain Matthew, *The Impact of God* (London: Hodder and Stoughton, 1995), p. 135.

7장
1. Claire Harman, *Robert Louis Stevenson: A Biography* (London:HarperCollins, 2005), p. 21에서 재인용.
2. Robert Louis Stevenson, *Dr. Jekyll and Mr. Hyde* (New York: Random House, 1981), pp. 64-65. 『지킬 박사와 하이드』(펭귄클래식코리아).
3. Harman, *Robert Louis Stevenson*, p. 24.
4. Stevenson, *Dr. Jekyll and Mr Hyde*, p. 82.
5. 앞의 책, p. 84.

8장

1. Bonhoeffer, *Cost of Discipleship*, p. 131.
2. 막 10:27.

9장

1. Jürgen Moltmann, *The Trinity and the Kingdom* (Minneapolis: Fortress Press, 1993), p. 217, 219. 『삼위일체와 하나님 나라』(대한기독교서회).
2. Frederick Dale Brunner, *The Christbook: Matthew 1-12* (Grand Rapids: Eerdmans, 1987), p. 349.

10장

1. H. A. Ironside, *Expository Notes on the Gospel of Matthew* (New York: Loiseaux Brothers, Bible Truth Depot, 1948), p. 79. 『아이언 사이드 강해: 마태복음』 (코미조서원).

11장

1. Samuel Bolton, *The True Bounds of Christian Freedom* (Carlisle, PA: Banner of Truth Trust, 1964), p. 13. 『크리스챤의 자유의 한계』(생명의말씀사).

12장

1. C. S. Lewis, "Historicism", in *Christian Reflections* (Grand Rapids: Eerdmans, 1967), p. 106.

13장

1. John M. Frame, *The Doctrine of the Knowledge of God* (Phillipsburg, NJ: P & R, 1987), pp. 9-10.
2. 앞의 책, p. 9.
3. '하나님은 누구신가'라는 질문에 대한 턱없이 짧으며 따라서 부적절한 이 답은 많은 책에서 더욱 풍성히 다루고 있다. 모든 그리스도인이 읽을 수 있는 쉽게 쓰인 세 권을 추천하자면, Michael Reeves의 *Delighting in the Trinity* [『꺼지지 않는 불길』(복있는사람)], Darrell Johnson의 *Experiencing the Trinity* [『삼위 하나님과의 사귐』(IVP)], 그리고 Baxter Kruger의 *The Great Dance*가 있다. 다소 어렵지만 읽을 만한 가치가 충분한 책으로는 Stanley J. Grenz의 *The Social God and the Relation Self*, 그리고 Jürgen Moltmann의 *The Trinity and the*

*Kingdom*이 있다.
4. David Broughton Knox, *The Everlasting God*(Hertfordshire, England: Evangelical Press, 1982), p. 49. 저자 강조.

14장

1. Lewis, *Mere Christianity*, pp. 174-175.
2. 앞의 책, p. 76.

15장

1. Iain Matthew, *Impact of God*, p. 17에서 재인용.
2. Michael Card, *Matthew: The Gospel of Identity* (Downers Grove, IL: InterVarsity, 2013), p. 71.
3. Thomas Chalmers, as quoted in Michael Reeves, *Delighting in the Trinity* (Downers Grove, IL: InterVarsity, 2012), p. 100.

16장

1. C. S. Lewis, *The Problem of Pain* (New York: Macmillan, 1966), p. 57. 『고통의 문제』(홍성사).
2. Thomas Watson, *The Doctrine of Repentance* (Carlisle, PA: Banner of Truth Trust, 1987), p. 15. 『회개』(복있는사람).
3. 앞의 책, p. 9.
4. J. I. Packer, ed., *Puritan Papers*, vol. 2 (Phillipsburg, NJ: P & R, 2001), ix.
5. 앞의 책, p. 119. 저자 강조.

17장

1. James Houston, *In Search of Happiness* (Batavia, IL: Lion Publishing, 1990), p. 53에서 재인용.
2. 앞의 책, p. 54.
3. 앞의 책, p. 189.
4. 앞의 책.
5. 앞의 책, p. 137.
6. 앞의 책, p. 135.

18장

1. Iain Matthew, *Impact of God*, p. 26, p. 17에서 재인용. 저자 강조.
2. 앞의 책, p. 25.
3. 앞의 책, p. 97.

19장

1. Malcolm Muggeridge, *Something Beautiful for God* (San Francisco: Harper & Row, 1971), p. 54에서 재인용.

20장

1. Penelope Wilcock, *The Hawk and the Dove* (Wheaton, IL: Crossway, 2000), p. 491.

21장

1. Peter Kreeft, *Three Philosophies of Life* (San Francisco: Ignatius Press, 1989), p. 53.

22장

1. Michael A. Eaton, *Ecclesiastes* (Downers Grove, IL: InterVarsity, 1983), p. 57. 『틴델 구약주석 시리즈: 전도서』(CLC).

옮긴이 **백지윤**은 이화여대 의류직물학과를 졸업하고, 서울대 미술대학원에서 미술 이론을, 리젠트 칼리지에서 기독교 문화학을 공부했다. 현재 캐나다 밴쿠버에서 살면서, 다차원적이고 통합적인 하나님 나라 이해, 종말론적 긴장, 창조와 재창조, 인간의 의미, 그리고 이 모든 주제에 대해 문화와 예술이 갖는 관계 등에 관심을 가지고 번역 일을 하고 있다. 역서로 『땅에서 부르는 하늘의 노래, 시편』 『손에 잡히는 바울』 『모든 사람을 위한 신약의 기도』 『십자가와 부활을 사는 일상 영웅』 『알라』 『이것이 복음이다』(이상 IVP) 등이 있다.

행복

초판 발행_ 2018년 2월 5일
초판 4쇄_ 2025년 1월 15일

지은이_ 래리 크랩
옮긴이_ 백지윤
펴낸이_ 정모세

펴낸곳_ 한국기독학생회출판부
등록번호_ 제2001-000198호(1978.6.1)
주소_ 04031 서울 마포구 동교로 156-10
대표 전화_ (02)337-2257 팩스_ (02)337-2258
영업 전화_ (02)338-2282 팩스_ 080-915-1515
홈페이지_ http://www.ivp.co.kr 이메일_ ivp@ivp.co.kr
ISBN 978-89-328-1615-9

ⓒ 한국기독학생회출판부 2018

책값은 뒤표지에 있습니다.
무단 전재와 복제를 금합니다.